Ekkehart Krippendorff

GOETHE

Politik gegen den Zeitgeist

Insel Verlag

Erste Auflage 1999
© Insel Verlag Frankfurt am Main und Leipzig 1999
Alle Rechte vorbehalten, insbesondere das der Übersetzung,
des öffentlichen Vortrags sowie der Übertragung durch
Rundfunk und Fernsehen, auch einzelner Teile.
Kein Teil des Werkes darf in irgendeiner Form (durch Fotografie,
Mikrofilm oder anderes Verfahren) ohne schriftliche
Genehmigung des Verlages reproduziert oder unter
Verwendung elektronischer Systeme verarbeitet, vervielfältigt
oder verbreitet werden.
Satz: IBV Satz- und Datentechnik GmbH, Berlin
Druck: Wagner GmbH, Nördlingen
Printed in Germany

Inhalt

Warum Goethe?

Dieses völlige Aufgehen im Jammer des Tages ist mir überhaupt unbegreiflich. Schau z. B. wie ein Goethe mit kühler Gelassenheit über den Dingen stand. Denk doch, was er erleben mußte: die große französische Revolution, die doch aus der Nähe gesehen sicher wie eine blutige und völlig zwecklose Farce sich ausnahm und dann 1793 bis 1815 eine ununterbrochene Kette von Kriegen, wo die Welt wiederum wie ein losgelassenes Irrenhaus aussah. Und wie ruhig, mit welchem geistigen Gleichgewicht trieb er gleichzeitig seine Studien über die Metamorphose der Pflanzen, über Farbenlehre, über tausend Dinge. Ich verlange nicht, daß Du wie Goethe dichtest, aber seine Lebensauffassung – den Universalismus der Interessen, die innere Harmonie – kann sich jeder anschaffen, oder wenigstens anstreben. Und wenn Du etwa sagst: Goethe war eben kein politischer Kämpfer, so meine ich: ein Kämpfer muß erst recht über den Dingen zu stehen suchen, sonst versinkt er mit der Nase in jedem Quark – freilich denke ich an einen Kämpfer größeren Stils, nicht an ein Wetterfähnlein vom Kaliber der ›großen Männer‹ von Eurer Tafelrunde, die mir neulich einen Kartengruß hierher geschickt hat [...]

(Rosa Luxemburg, Brief aus dem Gefängnis Festung Wronke i. P. an Luise Kautsky, 26. Januar 1917)

Wenn die jüngste Goethe-Biographie[1] mit der Feststellung eröffnet wird: »Wahrscheinlich wissen wir über Goethe mehr als über irgendeinen anderen Menschen«, dann gibt es dafür eine Erklärung, die auszusprechen man sich scheut, die aber gewagt werden muß: Wahrscheinlich hat in der uns berichteten Geschichte kein Mensch durch seine geistige Präsenz einen so tiefen Eindruck bei allen ihm begegnenden Zeitgenossen hinterlassen wie Goethe. Es hat unendlich berühmtere, mächtigere und geliebtere, bewundertere oder gefürchtetere Menschen gegeben, aber die meisten von ihnen danken ihren Ruhm entweder dem Amt, das sie innehatten oder dem Werk, das sie hinterließen. Bei Goethe ist das anders. Als Schriftsteller und Dramatiker war er – nach den jugendlichen Bestseller-Erfolgen mit *Werther* und *Götz von Berlichingen* – eher mäßig erfolgreich, und als Wissenschaftler wurde er so gut wie nicht ernst genommen, weshalb Hans Mayer ihm alles in allem Erfolglosigkeit konstatiert.[2] Aber fast ausnahmslos geriet jeder, der ihm persönlich begegnete, in seinen anscheinend unwiderstehlichen Bann und beeilte sich, darüber protokollarisch Rechenschaft zu geben. Selbst Napoleon, der ihn 1808, auf dem Gipfel seines Ruhmes – und selbst gewiß nicht gerade von Minderwertigkeitskomplexen geplagt – zu sich bestellte, wurde spontan zu dem Ausruf verleitet: ›Voilà, un homme!‹

Von dieser persönlichen Ausstrahlung, der Kraft und Faszination, die von Goethe ausging – und die überwiegend im kleinen Kreis der Weimarer Gesellschaft und seines Hauses am Frauenplan wirkte –, ist im schriftlich hinterlassenen Werk, so umfangreich es auch ist, naturgemäß kaum etwas zu finden. Davon findet sich ein Echo nur im Briefwechsel, in den aufgezeichneten Gesprächen und schließlich in den von seiner engeren und weiteren Umgebung über ihn ausgetauschten Mitteilungen.[3] Aber dieses Echo ist noch immer groß und stark genug, um nicht nur bis in die Gegenwart zu wirken, sondern auch jenes einmalige biographische Interesse zu wecken und am Leben zu erhalten. Abgesehen von der unüberschaubaren Flut von Goethe-Studien (die allenfalls nur von denen zu Shakespeare übertroffen werden), würde man wohl mit der Feststellung kaum übertreiben, daß im Durchschnitt alle fünf Jahre eine neue Goethe-Biographie erscheint, obwohl dieses Leben äußerlich kaum besonders »bewegt« und »aufregend« genannt werden kann. Aber eben um so bewegter und aufregender ist es von »innen«: Die exemplarische Ausbildung von Fähigkeiten, Sensibilitäten und Interessen, die schier unbegrenzte Neugier, die Welt, die seine Existenz in sich vereint und spiegelt. Goethe war sich dessen sehr früh schon bewußt, hat seine ungewöhnlichen Gaben als Last, aber auch als Verpflichtung verstanden, sie für die Mitmenschen und die Nachwelt zu ihrer höchstmöglichen Entfaltung und bestmöglichen Darstellung zu bringen, sich mitzuteilen, seine Erfahrungen weiterzugeben: zu zeigen, was dem Menschen möglich ist. Der Soziologe Georg Simmel fragte sich: »Was ist der geistige Sinn der Goetheschen Existenz überhaupt?« und kam zu dem Ergebnis: »Wir empfinden seine Entwicklung als die typisch menschliche [...], in gesteigerteren Maßen und klarerer Form zeichnet sich an ihm, in und unter all seinen Unvergleichlichkeiten, die Linie, der eigentlich jeder folgen würde, wenn er sozusagen seinem Menschentum rein überlassen wäre [...] Und dies ist nun das unsäglich Tröstende und Erhebende der Erscheinung Goethe: daß einer der größten und exzeptionellsten Menschen aller Zeiten genau den Weg dieses Allgemein-Menschlichen gegangen ist. In seiner Entwicklung ist nichts von dem sozusagen Monströsen, qualitativ Einsamen, mit nichts in Parallele zu Stellenden, das der Weg des großen Genies so oft zeigt, mit ihm hat das schlechthin Normale erwiesen, daß es die Dimensionen des ganz Großen ausfüllen kann, das ganz Allgemeine, daß es ohne sich selbst zu verlassen, zu einer Erscheinung von höchster Individualität werden kann.«[4]

Es sei hier dahingestellt, ob es dem Soziologen bewußt gewesen ist, daß er dasselbe auch über Christus hätte sagen können – und Goethe, dem das Christentum als Religion des Kreuzes zwar zutiefst antipathisch war, hätte eine Spiegelung seiner Existenz an der Figur Christi selbst vermutlich nicht empört zurückgewiesen.[5] Aber ein »Prophet« und Menschenführer wollte er gleichwohl nicht sein. Er hatte – und er wußte es – ein ausgesprochenes Charisma, zog Menschen schon sehr zeitig in seinen Bann – aber um so bedeutsamer ist die bewußt reflektierte Entscheidung, eben diese ihm

verliehene Gabe der »Macht über Menschen« nicht aus-
zunutzen, sie zurückzunehmen, auf sie zu verzichten und
den gesellschaftlichen Ehrgeiz »umzufunktionieren« in eine
ganz andere, aber um nichts geringere, vielmehr höhere Form
des sozialen Engagements: des politischen Dienens. Goethe
ging 1775 26jährig nach Weimar, um dort eine gesellschaftlich nützliche, eine politische Tätigkeit zu übernehmen, die
»Weltrolle«, wie er es nannte: Und er wollte diese exemplarisch, vorbildhaft gestalten als einen nicht nur persönlichen,
sondern möglicherweise über das kleine Weimar hinaus
beispielgebenden Schritt eines Bürgers, Verantwortung für
ein Gemeinwesen zu übernehmen. Es ist in einem weiteren
historischen Sinne kein ganz zufälliges zeitliches Zusam-
mentreffen mit dem Beginn der amerikanischen Revolution:
1776 wurde die Unabhängigkeitserklärung verkündet, die
den Menschen das Recht auf ihr eigenes Glücksstreben (»the
pursuit of happiness«) als Zweck der Politik konzedierte –
statt des Ruhmes und der Macht der von Gott eingesetzten
Fürsten – und die mit den unübertrefflichen Worten beginnt:
»We hold these truths to be self-evident, that all men are
created equal [...]«[6]

Goethe ging also 1775 »in die Politik«, und er sah, ähnlich
wie die amerikanischen Revolutionäre, seine Aufgabe darin,
den Menschen mit den Mitteln, die ein Staat[7] zur Verfügung hatte, zu ihrem »Glück« zu verhelfen, ihnen Hilfe zur
Selbsthilfe zu leisten – wobei das »Glück« zunächst ganz
schlicht in der Sicherung der strukturellen Voraussetzungen
für ein erträgliches Arbeitsleben der ›kleinen Leute‹ besteht:
»Wie sehr ich wieder [...] Liebe zu der Klasse von Menschen
gekriegt habe! Die man die niedre nennt! Die aber gewiß für
Gott die höchste ist. Da sind doch alle Tugenden beisam-
men.« (1777) Goethes amtliche Tätigkeit – als Vorsitzender
der Kommission für Bergbau, für Straßen- und Wegebau,
für Flußregulierung, als ›Kultusminister‹ zuständig für die
bedeutende Universität Jena, für die wissenschaftlichen In-
stitute, für Museen und Sammlungen, Vorsitzender auch der

Kriegskommission, Leiter des Theaters usw. – hat in seinem Œuvre einen nur geringen Niederschlag gefunden.[8] Das erklärt allerdings nicht, warum diese Tätigkeit auch von den Biographen weitgehend verdrängt wurde.[9] Hier sei zunächst einmal nur die Tatsache selbst registriert Katharina Mommsen, die wohl beste und empathischste heutige Kennerin des Goetheschen Werkes, hat mit einer kleinen, aber wichtigen Textedition diese Dimension der Biographie besonders betont und gezeigt, »wie die Hauptlehre dieses Dichters auf uneigennütziges Wohltun und opferbereite Menschenliebe hinausläuft«. Sie zeigt anhand der Texte, »wie Goethes gesamtes Schaffen und Leben auf ethischen Motiven beruhte, mit denen er vorbildlich zu wirken hoffte« und dessen Praxis in der »politischen Aktivität als Staatsmann« bestand.[10] Der »Staat«, dem Goethe zehn Jahre (1776-1786) als eine Art Ministerpräsident vorstand und dessen Geschicke er bis an sein Lebensende indirekt mitgestaltete, war das kleine Herzogtum – nach 1815 Großherzogtum – Weimar mit (1775) insgesamt 106000 Einwohnern, wovon aber nur 6000 in der Hauptstadt Weimar selbst lebten (zum Vergleich: die Freie Reichsstadt Frankfurt, aus der Goethe kam, hatte 36000 Einwohner).

Goethes politisches Wirken begann mit der Rolle eines »Fürstenerziehers«. Das war in der neueren europäischen Herrschaftsgeschichte an sich nichts Neues, und es gibt dafür große Vorbilder – nur am Ausgang des 18. Jahrhunderts war es schon fast ein Anachronismus. Für den soeben volljährig gewordenen Carl August (er war acht Jahre jünger als Goethe) war die Entscheidung, den berühmten Dichter nicht nur nach Weimar einzuladen, sondern ihn auch fest an seine Regierung zu binden, die erste wichtige und, wie sich herausstellen sollte, auch folgenreichste Personalentscheidung. Nicht nur Goethes Freunde, sondern auch die dynastischen Berufskollegen des Herzogs kommentierten dieses Bündnis zwischen »Genie und Fürst«[11] skeptisch bis ablehnend. Der Hessische Kurfürst Wilhelm I. z. B. notierte in seinen Lebenserinnerungen für das Jahr 1780: »Am 9. Januar hatten wir die Visite des regierenden Herzogs von Weimar, eines aufgeklärten aber wunderlichen Fürsten. Er hatte Göthe bei sich, einen deutschen Schriftsteller neuen Stils, und in seiner Eigenschaft als fürstlicher Minister völlig fehl am Platze.«[12] Goethe seinerseits nannte die regierende Adelsschicht, je näher er sie kennenlernte, »toll, dumm und albern« und erkannte recht bald auch die Grenzen, die der Erziehung eines erwachsenen und autokratisch sozialisierten Mannes, mag er auch – wie Carl August – vergleichsweise aufgeschlossen und bildungsfähig sein, gesetzt waren: »[...] daß der Frosch fürs Wasser gemacht ist wenn er gleich auch eine Zeitlang sich auf der Erde befinden kann«. (1781) Aus dem Fürstenerzieher wurde der gesellschaftspolitisch engagierte Reformer und Minister, dessen Anstrengungen dahin gingen, der Politik, dem Regieren andere Prioritäten zu setzen: die Förderung von Handwerk und Bildung, von Handel und Bergbau, Wissenschaft und Kunst, Forstwirtschaft, Wegebau usw.[13] Damit sollte das Herzogtum Weimar seine Antwort auf die Herausforderungen der Moderne geben, die zeitgleich mit Goethes ›Regierungsantritt‹ 1776 in der amerikanischen Unabhängigkeit ihre Schatten vorauswarf, um dann 1789 das 19. Jahrhundert revolutionär einzuleiten. Denn am Beginn eben dieser Epoche einer neuen Politik, der Epoche der kapitalistischen Industrie- und Nationalstaaten, steht auch Goethes Weimar.

1989 ist 1789 nicht ausgelöscht worden, ist nicht das »Ende der Geschichte« gekommen, wie es einer orientierungsbedürftigen und begriffshungriger Öffentlichkeit eine Zeitlang eingeredet wurde. Vielmehr wurden die politischen, ethischen und sozioökonomischen Fragen, die 1789 erstmals und mit beispielloser Dramatik auf die Tagesordnung gesetzt worden waren, nunmehr erneut als ungelöst – oder nur teilweise durch die Praxis der letzten zweihundert Jahre beantwortet – präsentiert. »Freiheit, Gleichheit, Brüderlichkeit« und, nicht zu vergessen 1776, »that all men are created equal«: Die Menschenrechte bleiben der Wertehorizont der Politik und das einzig wirklich noble Exportprodukt Europas.

Wie aber haben sich Weimar und Goethes Politik dieser Herausforderung gestellt? Das ist keine historische, sondern eine unbedingt aktuelle Frage – wobei wir davon ausgehen, daß Goethes exemplarische und von ihm auch bewußt als Antwort auf die heraufziehende Moderne konstruierte und stilisierte Existenz mehr und anderes ist als nur die Biographie eines großen Dichters. Daß Goethe ein erklärter Gegner der Französischen Revolution war, ist sattsam bekannt, hat aber mit dem Problem, um das es hier geht, wenig zu tun. Aber »nach 1789« verstand er Weimar und seine eigene politische Rolle in Weimar anders und epochaler als 1775, zum Zeitpunkt seines Eintritts in den staatlichen Dienst. Jetzt wurde Weimar zum Gegenentwurf, zur Alternative des kriegerischen, militanten Nationalstaats, wie ihn nicht zuletzt die deutschen Patrioten in nachahmender Gegnerschaft zu Frankreich ersehnten. »Weimarer Politik« bedeutete – das allerdings in Fortführung jenes Weges, den er als Minister von Anfang an eingeschlagen und auf den er alle seine Energien und die beschränkten Ressourcen des Kleinstaates konzentriert hatte – eine andere Setzung der politischen Prioritäten. Da stand, wie gesagt, Bildungspolitik ganz oben, die Förderung von Wissenschaft, Kunst und Schulen, das Theater erhielt einen zentralen Stellenwert im öffentlichen Leben des Landes (das klassische Griechenland der Polis wurde auch in dieser Hinsicht erinnert), aber nicht weniger wichtig war alles, was das Los der arbeitenden Menschen verbessern konnte: von guter, effizienter Verwaltung über den Ausbau der einschlägigen Infrastrukturen bis hin zur staatlichen Schaffung neuer Arbeitsplätze. Was aber nicht zur »Weimarer Politik« gehören sollte, das war eine aktive »Außenpolitik«, die Beteiligung an »Krieg und Kriegsgeschrei«, an den Abenteuern der Machtpolitik. Bekanntlich hat Goethe gerade diese nicht verhindern können – wie überhaupt das »Modell Weimar« historisch gescheitert ist: Die Deutschen erhielten – wie andere Völker auch – ihren Nationalstaat und glaubten damit politisch alles Erreichbare erreicht zu haben (viele meinten schon damals, 1871, am ›Ende der Geschichte‹ angekommen zu sein ...).

Weimar als Alternative hatte verloren – aber es war damit nicht widerlegt. Es hat der Katastrophen zweier europäischer Weltkriege bedurft, um zu erkennen, daß der große Einheitsstaat, noch dazu wenn er »national« gefüllt und begründet wird, keine Antwort auf die Fragen gerechter, freiheitlicher und friedlicher Ordnung darstellt, er vielmehr Freiheit, Frieden und Menschlichkeit geradezu bedroht. Die nach der »zweiten Katastrophe« endlich ergriffene Europa-Alternative zu diesem Staat ermangelt jedoch bisher so gut wie jeder ethischen, kulturellen und historischen Substanz und bietet lediglich administrative und ökonomische Perspektiven.

Weimar war da weiter – und ist da weiter, wenn wir uns dieses historischen Erbes einer anderen Politik, die ihren Internationalismus durch partizipativen Partikularismus zu verwirklichen versprach, annehmen und es weiterentwickeln. »Weimarer Politik« wäre, perspektivisch, ein »Europa der Kommunen«, zumindest ein »Europa der Regionen«, jedenfalls aber ein diversifiziertes und dezentralisiertes Europa – das Gegenteil von »Maastricht« –, in dem Kultur, Bildung, Erziehung, Wissenschaft und der künstlerische Austausch höchste Priorität hätten, allenfalls in Konkurrenz mit dem Schutz von Natur und Umwelt, wofür die Menschen ›an der Basis‹ als verantwortliche Bürger in ›republikanischer Gesinnung‹ die letztlichen Garanten sind, und nicht eine anonyme Bürokratie in hunderten, ja tausenden Kilometern Entfernung. Und es versteht sich von selbst, daß ein solches Europa der Kommunen und Regionen eines ist, das auf militärgestützte Machtpolitik explizit verzichtet: angefangen mit dem Verzicht auf die Herstellung von profitablem Kriegsmaterial ...

Es ist kein Zufall, verweist vielmehr auf den von Goethe in seiner Praxis als »Weimaraner« gelebten dialektischen Zusammenhang von Partikularität und Universalität, daß hier, in einem der kleinsten europäischen Staaten der Begriff der »Weltliteratur« geboren wurde.[14] Goethe hat ihn 1827 zum ersten Mal und danach sehr häufig benutzt: Die Dichter und Schriftsteller sollten, so hoffte und wünschte er, eine aktive, bewußtseinsbildende, »politische« Rolle bei der geistigen Verknüpfung des National-Partikularen mit dem Menschlich-Universalen im Zusammenleben der Völker spielen. Dabei dachte er nicht an Literatur als Medium gegenseitigen Kennenlernens, sondern an ein gesellschaftspolitisches Engagement der »Literatoren«, an literarische Arbeit als politische Tätigkeit: »Wenn wir eine europäische, ja eine allgemeine Weltliteratur zu verkünden gewagt haben, so heißt dies nicht, daß die verschiedenen Nationen [...] von ihren Erzeugnissen Kenntnis nehmen, denn in diesem Sinne existiert sie schon lange [...] nein! hier ist vielmehr davon die Rede, daß die lebendigen und strebenden Literatoren [...] durch Neigung und Gemeinsinn sich veranlaßt finden, gesellschaftlich zu wirken.« Der »Gemeinsinn« aber bedarf der ›Gemeinde‹, in der er sich praktisch handelnd verwirklichen kann – für Goethe war dies Weimar, für andere wird es deren jeweilige »Kommune« sein, die Stadt, in der sie leben, die Region, der sie sich zugehörig fühlen: aber sie muß überschaubar sein, menschliche Dimensionen haben, sinnlich erfahrbar sein durch die Zusammenarbeit mit den Menschen, die dort leben und tätig sind. Die nationalen Flächenstaaten sind dazu viel zu groß, von den halbe Kontinente organisierenden Großstaaten (Größe, Ausdehnung ist der Traum jeder Herrschaft und das Tonicum der ihr Unterworfenen) ganz zu schweigen. Nur im gesellschaftlich Überschaubaren übt sich der aufrechte Gang – wo man nicht einmal gesehen wird, bleibt er folgenlos. –

Die hier versammelten acht »Essays« – zu verschiedenen Anlässen als Vorträge oder Beiträge entstanden, teilweise anderwärts publiziert, alle überarbeitet, erweitert, ergänzt und korrigiert, dabei jedoch einige Wiederholungen bewußt stehendlassend, weil sie in jeweils anderen Zusammenhängen in neue Bezüge treten – haben Goethes Politik und sein Weimar zum Thema. Nicht, um eine offensichtliche »Lücke« im Goethebild zu füllen – den weitgehend fehlenden, unbekannten »politischen Goethe«[15] –, sondern um sich von ihm inspirieren, leiten und belehren zu lassen. Goethe war ein weiser Mensch. Weise gibt es sehr wenige, und meist haben sie nur wenige Spuren hinterlassen. Goethe hat da »vorgesorgt«, daß die Spur von seinen »Erdetagen nicht in Äonen untergeht«. Die Biographie – und das, was er brieflich und im Gespräch mit seiner Umgebung deponierte – ist da ebenso gewichtig wie das riesige schriftliche Werk; ja, er hat gelegentlich sogar geäußert, sein Leben, sein Tätigsein sei wichtiger als das Geschriebene – und da kann eigentlich nur sein Tätigsein in dem und für das kleine, weltgroße Weimar gemeint sein. Darum also Goethe: Weil hier ein Weiser, dessen Lebenszeit mit Dichtung und Wissenschaft mehr als ausgefüllt gewesen wäre, es für wichtig und richtig hielt, sich auch politisch zu engagieren: »und darin wünscht ichs den größten Menschen gleich zu tun, und in nichts größerm«. (1780) Von einem Weisen also das Politische erlernen, sich auffordern zu lassen, die Welt nicht gehen zu lassen, wie sie will, sondern handelnd an der Gestaltung der Zukunft mitzuwirken, macht selbst – vielleicht, aber wir hoffen es – ein bißchen weise.

Es hat einen anderen großen politischen Weisen gegeben, fast zweieinhalbtausend Jahre vor Goethe, der zwar kein dichterisches und wissenschaftliches Werk hinterließ, wohl aber sein Handeln, die Ethik der Politik, seiner von anderen zu schreibenden Biographie anvertraute, der seine Lehre in Gestalt von Gesprächen, die seine Schüler aufzeichneten, hinterließ, von der man sagen darf, daß sie ihren Urheber zum einflußreichsten Denker und Philosophen der Menschheit machte: Konfuzius – oder Kungfutse – hat das Weltbild des asiatischen Kulturkreises mindestens so stark und folgenreich geprägt wie das Christentum Europa. Konfuzius lehrte eine politische Ethik, die auf allen gesellschaftlichen Ebenen zu verantwortlichem Handeln aufforderte – je höher im gesellschaftlichen Rang, um so größer die Verantwortung, um so bescheidener, demütiger, »entsagender« die Haltung. Politisch tätig sein heißt denen dienen, die sich auf der gesellschaftlichen Stufenleiter unten befinden. Der Privilegierte muß die Last der Verantwortung für die Benachteiligten, die Schwachen, die Hilfsbedürftigen tragen. Eben so verstand Goethe seine Tätigkeit als Weimarer Minister, in diesem Geiste übte er sie aus. Und wenn wir bei Konfuzius lesen: »Wer sich selbst regiert, was sollte der für Schwierigkeiten haben, bei der Regierung tätig zu sein? Wer sich selbst nicht regieren kann, was geht den das Regieren von andern an?«[16], lesen wir bei Goethe: »Niemand als wer sich ganz verleugnet ist wert zu herrschen und kann herrschen« (Tagebuch, 13. Mai 1780), und: »Grenzenlose Lebenspein / Fast, fast erdrückt sie mich! / Das wollen alle Herren sein / Und keiner ist Herr von sich.« (1827) Oder Konfuzius: »Wenn man durch Erlasse leitet und durch Strafen ordnet, so weicht das Volk aus und hat kein Gewissen. Wenn man durch Kraft des Wesens leitet und durch Sitte ordnet, so hat das Volk Gewissen und erreicht das Gute.«[17] (II 3) Und geistesverwandt Goethe: »Man muß Hindernisse wegnehmen, Begriffe aufklären, Beispiele geben, alle Teilhaber zu interessieren suchen. Das ist freilich beschwerlicher als befehlen, indessen die einzige Art, in einer so wichtigen Sache zum Zwecke zu gelangen und nicht verändern wollen, sondern verändern.« (1784) Goethe – ein moderner, europäischer Konfuzius, oder, wie man dieses noch ungeschriebene geistesgeschichtlich-politische Kapitel auch nennen könnte: ›Konfuzius in Weimar‹.[18]

... und dann entdeckt man plötzlich, daß es da sogar ein tatsächliches Verbindungsglied gibt: Im (nicht zur Veröffentlichung bestimmten) Tagebuch findet sich unter dem Datum des 10. Januar 1781, also mitten in den Jahren intensivsten politisch-administrativen Engagements, die Eintragung:

»Früh Kriegskommission et varia, zu [Frau von Stein] zu Tisch, mit Fritz wenig aufs Eis. Kam [Herzog], in den Briefen übers Studium der Theologie gelesen. O Ouen Ouang!« Wen Wang aber ist der von Konfuzius als vorbildlich zitierte ideale Herrscher, der sein Reich vor allem dadurch erfolgreich regierte, daß er auf die Erziehung seiner Untertanen zur Tugend den größeren Wert vor allem anderen legte. Von ihm sagte der Meister: »Er war rasch von Begriff und liebte zu lernen; er schämte sich nicht, Niedrige zu fragen; das ist der Grund, warum er der ›Weise‹ genannt wird.« (V 14)

Politik gegen den Zeitgeist

Es hat lange, zu lange gedauert, ehe die inzwischen gut 200 Jahre (!) alte »Goethe-Philologie«, die scheinbar keine Falte seiner reichen Existenz unausgeleuchtet gelassen hat, endlich den politischen Goethe, den Minister und Staatsmann entdeckte – aber bis ins Zentrum der Auseinandersetzung mit Werk und Biographie ist diese Entdeckung noch immer ebensowenig vorgedrungen wie in jenes über den Schulunterricht vermittelte Goethebild von »Deutschlands größtem Dichter«; die fällige Korrektur bleibt abzuwarten. Allerdings gibt es inzwischen doch einige ernstzunehmende Diskussionsbeiträge zum »politischen Goethe« – die jüngste Arbeit[1] versucht gar zu belegen, daß dieser »ein eminent politischer Schriftsteller, vielleicht der politischste seiner Zeit«, ein »Staatspoet« und »in Personalunion Schriftsteller und praktischer, handelnder Staatsmann« gewesen sei und »den [nicht nur; E. K.] deutschen Traum einer Vereinigung von Geist und Macht« verwirklicht habe.[2]

Dabei ist das tradierte Bild vom »unpolitischen« Goethe, zu dem dieser selbst mit beigetragen hatte, höchst politisch: Es wurde nämlich ›in die Welt gesetzt‹ in Folge der Gründung des Deutschen Reiches, 1871, als dieses Produkt aus »Blut und Eisen« einen international mit Dante, Shakespeare, Racine und Molière konkurrenzfähigen kulturellen Paten brauchte – da war der Dichter des *Faust* gerade richtig als Ausdruck wahren Deutschtums, das (der damals noch national-patriotisch denkende) Thomas Mann auf die schöne Formel von der »machtgeschützten Innerlichkeit« brachte. Die Goethe dergestalt politisch für sich vereinnahmenden nationalen Ideologen – bis hin zum Dritten Reich – plagten offensichtlich keinerlei intellektuelle Skrupel angesichts der Tatsache, daß aus Goethe zwar viel heraus- oder hineingelesen und -zitiert werden kann, aber gewiß nichts zugunsten eines deutschen Nationalstaates. Wenn es eine

Konstante, eine zentrale Achse Goethescher Politik gibt, dann ist es sein Festhalten nicht nur an seinem Kleinstaat Weimar, sondern auch seine feste Überzeugung, daß große Staaten generell eine Gefahr für die politische Kultur, für ein friedlich-bürgerliches Zusammenleben darstellten. Als Goethe 1775 nach Weimar und damit »in die Politik« ging, da wurde der Traum vom deutschen Machtstaat bereits geträumt – Friedrich II. von Preußen hatte auf dem Wege dahin soeben drei blutige Kriege geführt (und mehr durch Glück und Zufall gewonnen), an denen man im Frankfurter Elternhaus lebhaften »parteilichen« Anteil nahm, ohne allerdings die enormen Kosten zu kennen, die die preußischen Siege seinem Lande aufgebürdet hatten –, Goethes politischer »Traum« sah hingegen anders aus, war und blieb ein »Gegenprogramm« wider den Zeitgeist.

Gegenüber Zelter bemerkte er einmal: »Natur und Kunstwerk lernt man nicht kennen, wenn sie fertig sind; man muß sie im Entstehen aufhaschen, um sie einigermaßen zu begreifen.« Wir dürfen diese grundsätzlich gemeinte Aussage auch zur Erhellung von Goethes politischer Existenz verwerten, die ›entstand‹ in der Regierungspraxis und unter den ständig reflektierten politischen Erfahrungen des »ersten Weimarer Jahrzehnts«, das soeben im Rahmen der »Frankfurter Ausgabe« vorzüglich dokumentiert und kommentiert wurde.[3] Diese zehn Jahre bis zur Zäsur der »Flucht« nach Italien enthalten *in nuce* den ganzen politischen Goethe, auch wenn spätere Erfahrungen wie die der Französischen Revolution oder des »dämonischen« Ereignisses Napoleon manches modifiziert, korrigiert bzw. verschärft haben. Von diesen zehn Jahren soll im folgenden vor allem die Rede sein, und zwar gestützt auf den zitierten Band sämtlicher Werke.

Die »Weimarer Entscheidung« hat einen nicht unwichtigen Vorlauf, der hier kurz in Erinnerung gebracht werden soll. Goethe hatte mit seiner Praktikantentätigkeit als Jurist am Reichskammergericht in Wetzlar eine Art »politisches Lehrjahr« (1772) hinter sich, das sich u. a. in dem – wie-

derum politischen – Stoff des »Götz von Berlichingen«
(1773) niederschlug, der ihn, zusammen mit dem ein Jahr
später erschienenen »Werther« (1774) sofort berühmt und
zum Bestsellerautor machte. Aber eben die sich nun anbie-
tende Perspektive eines Erfolgsschriftstellers (das Schreiben
schien ihm schnell von der Hand zu gehen – den *Clavigo*,
sein bis heute sogar meistgespieltes Stück, schrieb er 1774
in knapp 14 Tagen) genügte ihm offensichtlich nicht, ja, sie
schien ihm geradezu eine Falle für die eigene Entwicklung
und seine größeren Ambitionen zu sein: Goethe wollte nicht
das Leben eines freigeistigen Intellektuellen führen, sondern
›etwas tun‹, sich gesellschaftlich nützlich machen, ›in die
Praxis‹ gehen, »regieren!!«, wie er wenig später enthusiastisch in sein Tagebuch schreiben sollte. Die Chance dazu
gab ihm – und er ergriff sie sogleich mit vollen Händen –
der junge Herzog Carl August von Weimar, der sich den
berühmten Schriftsteller auf der Durchreise durch Frankfurt
hatte vorstellen lassen und dabei von Goethe in ein Gespräch über Mösers *Patriotische Phantasien* gezogen wurde,
die damals gerade erschienenen Schriften des Osnabrücker
(bürgerlichen) Regenten, der hier das Lob der politischen
Tätigkeit und Verantwortung in den überschaubaren Dimensionen eines Kleinstaates sang; Goethe hat darüber später in
Dichtung und Wahrheit berichtet und somit auch im Alters-
rückblick seine Entscheidung, die Einladung nach Weimar
anzunehmen, explizit als eine politische Entscheidung, als
Entscheidung für eine politische Tätigkeit im Sinne des
zeitlebens verehrten Möser, gekennzeichnet.

Vielleicht kann man sagen, daß solch bürgerlich-aufklä-
rerischer Reformenthusiasmus »in der Luft« lag, unabhängig und anders motiviert als die Kräfte, die ein Dutzend
Jahre später das Ancien régime Frankreichs in die Luft
sprengten und damit den gesamten europäischen Kontinent
revolutionierten: Denn nahezu zeitgleich mit Goethes »Regierungsantritt« in Weimar (11. Juni 1776) sagten sich die
nordamerikanischen Kolonien durch eine »Unabhängig-

keitserklärung« am 4. Juli 1776 vom englischen Mutterland
los und begründeten mit dem epochalen Satz »that all men
are created equal« eine Republik der aufklärenden Vernunft,
der Goethe zeitlebens seine Sympathien und ein bis ins hohe
Alter zunehmendes Interesse entgegenbrachte – er hat wohl
sogar, wie er später gesprächsweise äußerte, mit dem Gedanken der Auswanderung in diese Neue Welt ernsthaft gespielt.
Auch waren die amerikanischen Revolutionäre eher Reformer als gewalttätige Umstürzler und standen – ähnlich wie
Goethe – der Revolution in Paris eher skeptisch bis ablehnend, jedenfalls entgegen dem, was man hätte erwarten dürfen, alles andere als enthusiastisch gegenüber. Mit Thomas
Jefferson wurde dort später ein universal gebildeter Mann
Präsident, der fast so wie Goethe eher ein Wissenschaftler
und Gelehrter, ein Mann des Geistes denn ein Mann der
Machtpolitik war, jedenfalls »Geist und Macht« miteinander
zu vereinbaren vermochte; zwar haben beide voneinander
keine direkte Notiz genommen – Goethe allerdings ließ sich
aufs genaueste über Jeffersons Universitätsgründung berichten –, aber ihre Lebensdaten stimmen »zufällig« erstaunlich
überein (1743/1749-1826/1832).

Goethe in Weimar 1775-1786 ist eines der aufregendsten
Kapitel deutscher Geistesgeschichte, sofern sich diese an
einem einzelnen festmachen, sie sich in einem einzelnen
spiegeln läßt – aber eben nicht nur einer Geistesgeschichte
im besten Sinne dieser historiographischen Tradition, sondern einer, zu der die Entdeckung und Reflexion des Politischen integral hinzugehört. Und in solcher Perspektive
wäre dieses Jahrzehnt selbst überhaupt neu zu besichtigen,
und zwar nicht von der engeren Goethe-Biographik her,
sondern im Kontext der hier versuchten Wiederbelebung –
um nicht zu sagen »Renaissance« – eines politischen Diskurses, der auf praktisch-tätige Bürgerlichkeit, auf konkrete
Verantwortungsübernahme für das Gemeinwohl setzt und
sich unterscheidet von der bloßen Massenmobilisierung
politischer Meinungen, deren Exekution und praktische

Verwirklichung von professionellen Wortführern (vulgo: »Demagogen«) übernommen wird, die eben daraufhin auch ihre Machterwerbskarrieren anlegen. Vereinfachend und zugespitzt formuliert: Ehe die Französische Revolution die nationale Republik als Form und die parteiliche Meinungsmobilisierung wahlberechtigter Massen als Inhalt der Neuen Politik im »demokratischen Zeitalter« erfand, wurde im kleinen Weimar mehr als ein Jahrzehnt früher das Experiment einer anderen Neuen Politik gemacht bzw. das Politische in anderer Form – dem überschaubaren Kleinstaat – und mit anderen inhaltlichen Methoden – dem Primat der materiellen Melioration und der Bildung – wiederentdeckt oder neu erfunden; um eine »Wiederentdeckung« handelte es sich dabei insofern, als die griechische Polis, wo ja die Politik als das bewußte gemeinsame Handeln und Entscheiden freier Bürger überhaupt erst entdeckt worden war, den vorbildhaften historisch-literarischen Hintergrund abgab.

Der Enthusiasmus, mit dem der Sechsundzwanzigjährige sich Weimar »aneignete«, teilt sich fast in jeder Zeile der erhaltenen Briefe, Tagebücher und überlieferten Gespräche mit. Schon der erste aufgeschriebene Gesprächsbericht, zehn Tage nach Goethes Ankunft in Weimar, handelt von der Politik: Bis vier Uhr morgens habe man sich »hitzigst« gestritten über die Frage, »Ob ein Volk nicht glücklicher sei, wenns frei ist, als wenns unter dem Befehl eines souverainen Herrn steht«, so Goethes Bediensteter Seidel am 18. November 1775. Einen Monat später lädt er den Freund Herder ein, eine freigewordene Superintendentenstelle anzunehmen – dieser selbst hatte, wie er im *Journal meiner Reise im Jahr 1769* bekennt, durchaus vergleichbare Ambitionen öffentlich-politischen Tätigwerdens, obwohl er sich dann, nicht zuletzt im Vergleich mit dem jüngeren Freund, seine geringere Begabung für dieses Feld eingestand. Mit Wieland, dem Erzieher Carl Augusts bis zu dessen Volljährigkeit, hatte Goethe bereits einen eminent politisch denkenden Intellektuellen und Dichter in Weimar vorgefunden, mit dem ihn auch bald eine große Freundschaft verband. Der war zutiefst bewegt und erregt von Goethes politischem Engagement: »Der göttliche Mensch wird, denk' ich länger bei uns bleiben, als er anfangs selbst dachte«, schrieb er schon drei Tage nach Goethes Ankunft in einem Brief; »und wenn's möglich ist, daß aus Weimar was Gescheites werde, so wird es seine Gegenwart wirken«. Und ein Jahr später: »Wenn Goethens Idee statt findet, so wird Weimar noch der Berg Ararat, wo die guten Menschen Fuß fassen können, während daß allgemeine Sündflut die übrige Welt bedeckt.« Während die deutsche literarisch-gesellschaftliche Öffentlichkeit mit Skandalgeschichten über den neuen Wind, der aus und durch Weimar wehte, gefüttert wurde (der große Klopstock z. B. schrieb daraufhin einen väterlich-kritischen Mahnbrief an Goethe, es nicht zu toll zu treiben mit seinem Herzog – was dieser sich höflich, aber deutlich verbat), berichtete der Augenzeuge und Weimar-Besucher Friedrich Maximilian Klinger (*Sturm und Drang*) an einen Freund: »Glaub von allem nichts, was über das Leben hier geredet wird, es ist kein wahres Wort daran. Es geht alles den großen simplen Gang, und Goethe ist so groß in seinem politischen Leben, daß wir's nicht begreifen.« (24. Juni 1776)

Goethe selbst war, wie gesagt, enthusiastisch über die Chancen, die sich hier seinem Tatendrang boten – oder zu bieten schienen, ehe er auf den wachsenden Widerstand der »Scheißkerle auf dem Faß« traf, die seinen Aktivismus und Reformeifer in Steuersachen, Agrarwesen, Verwaltung, Gewerbeförderung, Bildungsanstalten, Militär – und zuletzt der Außen- und Bündnispolitik des Herzogs – überall und letztlich nicht ohne Erfolg zu bremsen und zu konterkarieren suchten. Nach zwei Monaten schon (er war schließlich zunächst ja nur als persönlicher Gast des Herzogs nach Weimar gegangen) heißt es: »Ich werde auch wohl dableiben und meine Rolle so gut spielen als ich kann und solang als mir's und dem Schicksal beliebt. Wär's auch nur auf ein paar Jahre, ist doch immer besser als das untätige Leben zu Hause wo ich mit der größten Lust nichts tun kann. Hier hab ich doch ein paar Herzogtümer vor mir. Jetzt bin ich dran das Land nur kennen zu lernen, das macht mir schon viel Spaß.« (14. Februar 1776) Oder gleich darauf an dieselbe Adressatin: »Liebe Tante ein politisch Lied! Wären Sie hier, könnten Sie die Ehre alle Tage haben.« Offensichtlich war ihm das kein »garstig Lied«, wie man fälschlich später in »Auerbachs Keller« Goethes eigene Anschauung hat erkennen wollen. An den engen Jugendfreund Merck schreibt er, man werde »hoffentlich bald vernehmen, daß ich auch auf dem Theatro Mundi was zu tragieren weiß«, und er sei »nun ganz in alle Hof- und politische Händel verwickelt und werde fast nicht wieder weg können. Meine Lage ist vorteilhaft genug, und die Herzogtümer Weimar und Eisenach immer ein Schauplatz, um zu versuchen, wie einem die Weltrolle zu Gesichte stünde.« Wobei er allerdings nüchterner hinzufügt, er erkenne gleichzeitig »das durchaus Scheißige dieser zeitlichen Herrlichkeit« um ihn herum (Januar 1776). Als nach fünf Jahren die früheren Freunde der Meinung sind, er sei nun lange genug in der Weimarer Provinz gewesen und gehöre zurück in die ›große Welt‹ – die Mutter schreibt ihm darüber –, erklärt Goethe ihnen, sie »beurteilen meinen Zustand ganz falsch, sie sehen nur das, was ich aufopfre, und nicht was ich gewinne, und sie können nicht begreifen, daß ich täglich reicher werde, indem ich täglich so viel hingebe […] und unverantwortlich wäre es auch gegen mich selbst, wenn ich zu einer Zeit, da die gepflanzten Bäume zu wachsen anfangen und da man hoffen kann, bei der Ernte das Unkraut vom Weizen zu sondern, aus irgend einer Unbehaglichkeit davon ginge und mich selbst um Schatten, Früchte und Ernte bringen wollte. Indes glauben Sie mir […] daß alle diese Aufopferungen freiwillig sind.« (11. August 1781)

Obwohl vergleichsweise damals – und in heutigen Größenordnungen gemessen überhaupt – das Herzogtum Weimar ein wirklicher Kleinstaat war (100000 Einwohner, Eisenach mit 8000 und Weimar mit 6000 Seelen die größten

Städte, die meisten Menschen in der Land- und Forstwirtschaft dörflich tätig, keine ernstzunehmende Industrie, zwischen Hof bzw. Adel und den Bauern so gut wie keine bürgerliche Mittelschicht), es wollte doch regiert, d. h., verwaltet und entwickelt werden. Goethe übernahm – freiwillig – mehr Aufgaben, als ein einzelner eigentlich bewältigen kann, wozu ihn neben seinem Enthusiasmus für das Neue, die Lernerfahrung, die Erweiterung seiner Sinne und die Entdeckung von Welt, Politik und nicht zuletzt der Natur eine überdurchschnittliche Selbstdisziplin und strikte Ordnung des Tagesablaufs befähigte – er dankt den Göttern für die in der Tat beneidenswerte Gabe, »daß ich durch die Schnelligkeit und Mannigfaltigkeit der Gedanken einen solchen heitern Tag in Millionen Teile spalten und eine kleine Ewigkeit draus bilden kann« (12. September 1780). (Er hatte gerade mit Warten eine »unschmackhafte Viertelstunde« zu verbringen und »kriegte meinen Euripides hervor«, um sie zu würzen...) Ob wir Normalsterblichen davon etwas lernen können, sei hier dahingestellt. Jedenfalls waren Wege- und Straßenbau, der Bergbau, das Militärwesen, die Bildungsanstalten, das Wasser, die Steuerbehörde ihm unterstellt bzw. gehörten zu seinen Kommissions-Obliegenheiten. Ein- bis zweimal wöchentlich tagte das Geheime Conseil, der »Ministerrat«, und Goethe bereitete sich durch gründliches Aktenstudium sorgfältig darauf vor (es ist, was die »Goethe-Rezeption« und die Unterschlagung des politischen Goethe anbetrifft, kein Zufall, daß es bis vor kurzem keine gründlich edierte Ausgabe seiner amtlichen Schriften gab – erst die »Frankfurter Ausgabe« hat durch zwei Bände mit amtlichen Schriften diesen Mißstand behoben[4]). Wer Einzelheiten zum Thema »Goethe als Minister« wissen möchte, der sei auf die entsprechenden Beiträge im neuen *Goethe-Handbuch* verwiesen.

Welches aber waren seine Motive, abgesehen vom persönlichen Gewinn an Welterfahrung in Wirtschaft, Politik und Menschenkenntnis, und abgesehen von der selbstgestellten

Aufgabe der »Fürstenerziehung« seines Vorgesetzten, des Herzogs (gegen Ende des ersten Weimar-Jahrzehnts hatte er sich mit dem weitgehenden Scheitern dieses Projekts abfinden müssen)?[5] Die Briefe und Tagebücher dieser Jahre sind voller Zorn, Scham und Empörung über das Elend der ›kleinen Leute‹ und die Blindheit und Selbstgerechtigkeit, mit der die Regierenden, der Adel und die Hofgesellschaft von der Ausbeutung leben. »[...] man ist beschämt wie man vor so vielen tausenden begünstigt ist. Man hört immer sagen wie arm ein Land ist, und ärmer wird, teils denkt man sich es nicht richtig, teils schlägt man es sich aus dem Sinn, wenn man denn einmal die Sache mit offnen Augen sieht, und sieht das unheilbare und wie doch immer gepfuscht wird!!« (5. April 1782) Beamtliche Pflichterfüllung, Korrektheit in der Verwaltung, den Schwachen und Unterprivilegierten hilfreich dienen – das waren Goethes Maximen für eine ›gute Regierung‹. Er beobachtet: »So steig ich durch alle Stände aufwärts, sehe den Bauersmann der Erde das Notdürftige abfordern, das doch auch ein behaglich auskommen wäre, wenn er nur für sich schwitzte. Du weißt aber wenn die Blattläuse auf den Rosenzweigen sitzen und sich hübsch dick und grüngesogen haben, dann kommen die Ameisen und saugen ihnen den filtrierten Saft aus den Leibern. Und so gehts weiter, und wir habens so weit gebracht, daß oben immer mehr in einem Tage verzehrt wird, als unten in einem beigebracht werden kann.« (17. April 1782) Goethe redete weder in Briefen an vertraute Freunde noch öffentlich einer Sozialrevolution das Wort – aber er engagierte sich mit allen seinen Kräften für konkrete Reformen »von oben«, soweit sie in seiner Macht und Verantwortung standen. »Könnten wir auch bald den armen Maulwürfen von hier Beschäftigung und Brot geben«, schreibt er aus Ilmenau (7. September 1780), wo er sich um die Wiedereröffnung des Bergbaus intensiv bemühte. Oft zitiert, aber auch in diesem Zusammenhang zu erinnern das Eingeständnis des Leidens an den ›schlechten Verhältnissen‹, die selbst er in diesem Falle nicht direkt verändern bzw. verbessern konnte: »Hier will das Drama [*Iphigenie*] gar nicht fort, es ist verflucht, der König von Tauris soll reden als wenn kein Strumpfwirker in Apolda hungerte.« (6. März 1779) (Müßten nicht auch wir bisweilen verstummen, die wir über das realexistierende Elend dieser Welt – und unseren gleichzeitigen Luxus-Lebensstandard in den Metropolen – bestens informiert sind?)

Der Staatsmann Goethe wirkte in der Stille, lebte eine den bedürftigen Menschen hilfreiche Praxis, sah seine und die Aufgabe jedes Regierenden in guter Verwaltungstätigkeit, Herstellung der Rahmenbedingungen für den arbeitenden, tätigen Menschen, verstand Politik vor allem als gelebte Sittlichkeit (und nicht als Ausübung von Macht über Menschen zur Steigerung des eigenen Selbst): »Hauptaperçu daß zuletzt alles ethisch sei«, heißt ein Stichwort für die nicht geschriebene Fortsetzung von *Dichtung und Wahrheit*, die jene ersten Weimarer Jahre hätte behandeln sollen. Katharina Mommsen hat in einem *Goethe-Lesebuch*[6] Texte zusammengestellt, mit denen sie eindrucksvoll zeigt, »wie die Hauptlehre dieses Dichters auf uneigennütziges Wohltun und opferbereite Menschenliebe hinausläuft«, die er im eigenen Leben ganz unspektakulär verwirklichte. Sie zeigt, »wie Goethes gesamtes Schaffen und Leben auf ethischen Motiven beruhte, mit denen er vorbildlich zu wirken hoffte«, und diese Ethik galt und gilt im Kleinen wie in der Welt der Großen, in der Politik des Staatsmannes Goethe – was unter den konkreten Bedingungen der Zeit nur Eintritt in feudalistisch besetzte Staatsdienste heißen konnte. Rückblickend äußerte er (1827): »Ich wirke nun fünfzig Jahre in meinen öffentlichen Geschäften nach meiner Weise, als Mensch, nicht kanzleimäßig, nicht so direkt und folglich etwas minder glatt. Ich suche jeden Untergebenen frei im gemeßnen Kreise sich bewegen zu lassen, damit er auch fühle, daß er ein Mensch sei. Es kommt alles auf den Geist an, den man einem öffentlichen Wesen einhaucht.« Als eine Art »Regierungsmaxime« hatte er seinem Regierungschef,

dem Herzog, geschrieben: »Man muß Hindernisse wegnehmen, Begriffe aufklären, Beispiele geben, alle Teilhaber
zu interessieren suchen. Das ist freilich beschwerlicher als
befehlen, indessen die einzige Art, in einer... wichtigen
Sache zum Zwecke zu gelangen und nicht verändern wollen, sondern verändern.« (26. November 1784) Das waren
nicht »schöne Worte« und unverbindliche Ratschläge des
weltfremden Dichters an einen Regierenden, sondern hier
zog Goethe auch die methodische Lehre aus seiner eigenen
Praxis, da er z. B. das Projekt des Ilmenauer Bergbaus durch
eben solche fördernde Mitbeteiligung aller Betroffenen bis
zu dessen glücklicher Eröffnung nach achtjähriger mühsa-
mer Tätigkeit als Vorsitzender der zuständigen Kommission
betrieben hatte: Fast wörtlich war jener wichtige Satz nämlich bereits formuliert und gesprochen worden in Goethes
erster – und einziger – öffentlichen politischen Rede neun
Monate zuvor anläßlich der Wiedereröffnung des Bergwerks
am 24. Februar 1784. Dort hatte es geheißen – und enthält die
Quintessenz Goethescher politischer Ethik als kommunaler
Verpflichtung und Verantwortung: »Es tue ein Jeder, auch
der Geringste, dasjenige was er in seinem Kreise zu dessen
[des Bergwerks, aber letztlich jedes Gemeinschaftsprojek-
tes; E. K.] Beförderung tun kann, und so wird es gewiß gut
gehen. Gleich zu Anfange, jetzo meine Herren, ist es Zeit
dem Werke aufzuhelfen, es zu schützen, Hindernisse aus
dem Weg zu räumen, Mißverständnisse aufzuklären, widrige Leidenschaften zu unterdrücken und dadurch zu dem
gemeinsamen Besten mitzuwirken.«

Abschließend zur Motivation und Praxis der rückblicken-
de (1827) Bericht eines Beobachters von Goethes amtlicher
Tätigkeit: »Ich kam mit dem Regierungsrat Töpfer in ein in-
teressantes Gespräch über Goethens segensreiche Wirksamkeit bei der Verwaltung des Landes, die noch jetzt fortdaure,
nachdem er sich längst von allen Geschäften zurückgezogen; wie er bei allen von oben zu ergreifenden Maßregeln
immer nur die Besserung und Schonung der unteren Klas-

sen im Auge gehabt, wie er in vorkommenden dringenden Fällen immer bereit gewesen sei, selbst mit Hand anzulegen, und wie dann vor seinem genialen Überblicke, seinem echt-praktischen Verstande, endlich vor seiner siegenden Persönlichkeit und Beredsamkeit alle Schwierigkeiten sich ebneten.« Die Politik – das Handeln in Gemeinschaft und für die Gemeinschaft – fängt im Kleinen an und muß sich am Kleinen, auch und nicht zuletzt am einzelnen Menschen bewähren. Goethe selbst hat – ohne davon Aufhebens zu machen – vielen solchen einzelnen persönlich geholfen. In einem Brief an Frau v. Stein formuliert er das als seine politisch-moralische Maxime: »Man soll tun was man kann, einzelne Menschen vom Unheil zu retten. Dann ist aber noch wenig getan, vom Elend zum Wohlstand sind unzählige Grade. Das Gute was man in der Welt tun kann ist ein Minimum pp. Und dergleichen Tausend.« (14. September 1780)

Nun wäre der Einwand völlig berechtigt, daß sich solches Politikverständnis und eine solche Direktheit des Handelns an und mit den konkret Betroffenen und an gegebenen Problemlösungen unmittelbar Interessierter nur in den sowohl vergleichsweise wie objektiv »idyllischen« Verhältnissen Klein-Weimars mit einer Hauptstadt von 6000 Einwohnern und wo auch im Lande selbst fast jeder jeden kannte, praktizieren lasse. In der Tat: Aber gerade deshalb hielt Goethe selbst nicht nur an Weimar fest, weil er eben hier seine Vorstellungen einer »anderen Politik« verwirklichen konnte, sondern er war und blieb auch ein erklärter Gegner der großflächigen Territorial- bzw. Nationalstaaten, jedenfalls sah er darin für Deutschland keine wünschenswerte Perspektive. Nicht, weil er ein Gegner des »Nationalen« gewesen sei – das auszuführen würde eine eigene Betrachtung erfordern –, sondern weil er in allen Formen von Größe die Tendenz zur Unwahrheit erkannte: Große Staaten, große Ideen, große Theorien, große Begriffe – sie alle sind Gehäuse des Unwahren, der in der Abstraktion verborgenen

Lüge, die das Konkrete, die Empirie zum Verschwinden bringt, in der Wissenschaft so gut wie in der Politik; dort sind sie »Übereilungen eines ungeduldigen Verstandes, der die Phänomene gern los sein möchte und an ihrer Stelle deswegen Bilder, Begriffe, ja oft nur Worte einschreibt«,[7] hier äußert sich Größe-Abstraktion in Leerformeln, mit denen die distanziert in fernen Hauptstädten Regierenden sich die Zustimmung der Regierten zu ihren Machterhaltungsprojekten sichern: »Allgemeine Begriffe und großer Dünkel sind auf dem Wege, entsetzliches Unheil anzurichten«, heißt es da, und er selbst habe sich »vor nichts so sehr als vor leeren Worten gehütet« – denn er hatte, als er in Weimar ›anfing‹, diese Gefahr an sich selbst beobachtet. Selbstkritisch im politischen »Schlüsselgedicht« *Ilmenau* heißt es 1783:

> Ich brachte reines Feuer vom Altar;
> Was ich entzündet, ist nicht reine Flamme.
> Der Sturm vermehrt die Glut und die Gefahr,
> Ich schwanke nicht, indem ich mich verdamme,
> Und wenn ich unklug Mut und Freiheit sang
> Und Redlichkeit und Freiheit sonder Zwang,
> Stolz auf sich selbst und herzliches Behagen,
> Erwarb ich mir der Menschen schöne Gunst;
> [...]

Später war es die ihn zutiefst erschütternde und bis ans Lebensende beschäftigende Französische Revolution (auch das ein hier nicht zu behandelndes zentrales Thema für den politischen Goethe), wo er die Abstraktion gewissermaßen zum Wesen moderner Politik erhoben sah, die sich in der Formel »Freiheit, Gleichheit, Brüderlichkeit« selbst auf den Begriff gebracht hatte. »Jede große Idee, sobald sie in Erscheinung tritt, wirkt tyrannisch; daher die Vorteile, die sie hervorbringt, sich nur allzubald in Nachteile verwandeln.« (*Wilhelm Meisters Wanderjahre*) Im sechsten Gesang von *Herrmann und Dorothea* hat er diesen Umschlag des durch die großen Begriffe und Ideale verführten Volkes in Hexametern gedichtet:

Aber herrlicher war die Zeit, in der uns das Höchste,
Was der Mensch sich denkt, als nah und erreichbar
                          gezeigt ward.
[...]
Aber der Himmel trübte sich bald. Um den Vorteil
                          der Herrschaft
Stritt ein verderbtes Geschlecht, unwürdig das Gute
                          zu schaffen.
Sie ermordeten sich und unterdrückten die neuen
                          Nachbarn und Brüder [...]

Die ›Großideen‹ finden ihren Nährboden, ihre ›Rahmenbedingungen‹ in der Großen Politik, den Großen Projekten
der Großen – und sie führen, in der Politik, mit an Sicherheit
grenzender Wahrscheinlichkeit in die großen Katastrophen.
Der schöne-falsche Traum vom geeinten Deutschen Reich,
den damals die meisten idealistischen Patrioten träumten,
schuf, als er mit Blut und Eisen verwirklicht war, die Voraussetzungen zur kriegerischen Großmachtpolitik – salopp
ausgedrückt: ›Gelegenheit macht Diebe‹, und weniger salopp
die enthüllende These des jungen Max Weber: »Wir müssen
begreifen, daß die Einigung Deutschlands [heute können wir
dafür »Europa« setzen; E. K.] ein Jugendstreich war, den die
Nation auf ihre alten Tage beging und seiner Kostspieligkeit
halber besser unterlassen hätte, wenn sie der Abschluß und
nicht der Ausgangspunkt einer deutschen Weltmachtpolitik
sein sollte.« Goethe hatte das »begriffen« und widersetzte
sich mit und durch seine Weimarer Praxis diesen gefährlichen
Versuchungen.

Zu den ›Versuchungen‹ der Politik gehört auch das Mili-
tär, dessen pure Existenz seit eh und je auch die friedlichsten
Politiker beflügelt hat, es für schnelle, scheinbar effiziente
Konfliktlösungen auch einzusetzen (daß sich alle staatlich

organisierte politische Macht in letzter Instanz dem Militär überhaupt verdankt, es also zu deren strukturellen Entstehungsbedingungen gehört, steht auf einem anderen Blatt[8]) – von den konstitutionell gewaltbereiten politischen Führern und Staatsherren ganz zu schweigen. Zu ersteren gehörte Friedrich II. von Preußen, der sogenannte Große, den Goethe als Knabe von Frankfurt aus der Ferne bewundert hatte, dessen Kriegsstaat ihm aber auf seiner Reise nach Berlin 1778 unheimlich wurde – der künstlerisch begabte und philosophisch-literarisch gebildete Kronprinz war als König sofort der Versuchung erlegen, das geerbte stehende Heer nun auch einzusetzen und ruinierte durch seine Siege sowohl das Land als auch das politische Denken seiner Untertanen. Vor diesem Hintergrund übernahm Goethe strategisch absichtsvoll zu seinen vielen anderen Aufgaben die Kriegskommission, um aus dieser Position heraus sukzessive Weimar zu ›entmilitarisieren‹: Er wurde – und blieb wohl bis heute – der erste und einzige Abrüstungsminister der Geschichte, der seinem Regierungschef – begründet als Sparmaßnahme – dessen Lieblingsspielzeug wegnahm, in der Hoffnung, ihn damit politisch zu zivilisieren. Denn an der herrschenden Klasse hatte er beobachtet, die »Kriegslust« sitze »wie eine Art von Krätze unseren Prinzen unter der Haut« (2. April 1785), und während er von der Gefahr eines bayrischen Erbfolgekrieges mit Weimarer Beteiligung »ganz fatal gedruckt« ist, sieht er den Herzog »viel in Milit. gedancken« (Tagebuch, 27. März 1778). In der Tat war der durch Goethes Halbierung und Entwaffnung der kleinen Weimarer Streitmacht so frustriert, daß er den Rang eines preußischen Offiziers annahm, um im benachbarten Halle Soldaten exerzieren lassen zu können. Und das Unheil ließ auch da nicht lange auf sich warten: Wieder gegen Goethes Vorhaltungen beteiligte Weimar sich am 1. Koalitionskrieg gegen Frankreich und wurde zuerst bei dieser Gelegenheit und dann noch einmal 1806 in der Schlacht bei Jena als Verbündeter Preußens in die Katastrophe getrieben. Goethe als »Pazifisten« zu etikettieren, wäre gewiß schief und eine unzulässige vereinfachende Etikettierung – aber er war ganz zweifellos ein erklärter und überzeugter Gegner jeden Krieges, dieser »Krankheit, wo die Säfte, die zur Gesundheit und Erhaltung dienen, nur verwendet werden, um ein Fremdes, der Natur Ungemäßes zu nähren« (Gespräch am 13. Dezember 1806). –

Was immer wir über den politischen Goethe zusammentragen – hier überwiegend beschränkt auf die Zeit, in der er intensiver und zeitaufwendiger als in den späteren Jahrzehnten eigentlich »hauptberuflich« politisch tätig war –, trägt dazu bei, das falsche Bild vom »Dichterfürsten« und vom »Olympier«, für den »politisch Lied ein garstig Lied« gewesen sei, zu korrigieren. Es ist nur eine Frage der Zeit, bis sich das durchsetzt, denn die ernstzunehmenden diesbezüglichen Beiträge aus den letzten Jahren sind nicht mehr, wie es noch Mommsen (1948) oder Tümmler (1976) ergangen war, zu ignorieren. Aber was wäre mit einer solchen Korrektur letztlich gewonnen? Denn daß Geschichte und daß Biographien neu geschrieben und durch die Entdeckung bisher übersehener oder auch unbekannter Quellen korrigiert werden müssen, ist ja an sich nichts Aufregendes und Dramatisches – außer möglicherweise für die einschlägigen Experten und Interessierten. In unserem Fall also ein Thema der Goethe-Forschung und Goethe-Rezeption – nun gut.

Hier jedoch haben wir es – und dieses Bekenntnis abzulegen scheint mir eine Ehrlichkeitspflicht zu sein – nicht mit einem beliebigen historischen Gegenstand, nicht mit einer beliebigen Biographie zu tun, auch nicht mit einem biographischen Gegenstand, der in eine gleichberechtigte Galerie bedeutender Persönlichkeiten gehörte. Goethe steht gewissermaßen außerhalb fast aller dieser und gehört zu den ganz wenigen Gestalten, für die Karl Jaspers die Kategorie der »maßgebenden Menschen« – Sokrates, Buddha, Konfuzius, Jesus – eingeführt hat. »Die historische Realität dieser Großen ist nur fühlbar und dann mit Wahrscheinlichkeit erkennbar in der außerordentlichen Gewalt ihres Wesens auf die Umgebung und in deren Widerhall durch die Nachwelt. Die Wirkung ist nachweisbar, insofern sie sich ausdrücklich auf sie zurückbezieht... Man sieht, daß die Wirkung jedenfalls sofort, zu Lebzeiten, einsetzt, daß sie zuerst vom leibhaftigen Menschen selber und nicht von einem Bild ausgeht. Und in der Erfahrung dieser nicht zu bezweifelnden Wirkung werden wir selber mitergriffen. Die Eindringlichkeit der Wirkung noch heute auf uns ist ein Tatbestand, der kein rationaler Beweis, aber ein geistig bezwingender Hinweis ist. Diese Männer sind noch sichtbar, weil sie wirksam sind [...] Sie reden in Gleichnissen, dialektischen Widersprüchen, Gesprächsrepliken, ohne zu fixieren. Sie geben an, was zu tun sei, aber so, daß es nicht geradezu begriffen werden kann nach einer Technik von Zweck-Mittel-Verhältnissen, noch weniger als Programm einer neuen Weltordnung. Sie brechen hindurch durch das Gewohnte, bis dahin Selbstverständliche, und das einfach Denkbare. Sie schaffen einen neuen Raum und neue Möglichkeiten und erfüllen ihn mit Ansätzen, die nirgends zu Ende geführt sind.«[9]

In einer solchen, das Literarische ohnehin, aber auch das Disziplinär-Wissenschaftliche und natürlich auch das Operativ-Politische weit transzendierenden Perspektive wäre Goethe als historische Erscheinung neu zu sehen.[10] Nur wenn man das Außergewöhnliche und Inkommensurable, die Unvergleichbarkeit der Erscheinung Goethes zugrunde legt, kann man, wie der Soziologe Georg Simmel, die Frage nach dem »geistigen Sinn der Goetheschen Existenz« stellen und dann auch dessen Antwort akzeptieren, daß dieser im höchstvorstellbaren Maße von Objektivierung aller Subjektivität bestünde: »Auch wo er über die verwickeltsten und zartesten seelischen Dinge Allgemeinheiten ausspricht, sind das nicht nur psychologische Generalisationen, sondern sie gehen auf das Leben überhaupt und auf die tiefe kosmische oder metaphysische Bedeutung, die das Seelische umfaßt oder sich in ihm offenbart [...] Das Subjektiv-Seelische wird dadurch ein Objektives, daß es als Existenz, als Bestimmung unseres Daseins, einen Weltsinn hat, sich als ein Stück, ein Schicksal oder ein Träger des Lebens überhaupt dem realen oder ideellen, aber immer objektiven Allsein einfügt.«[11] Goethe hat seine eigene Existenz – seine Begabung, auch und nicht zuletzt sein enormes Charisma (das ihm die Rolle eines demagogischen Propheten oder, modern gesprochen, »Gurus« ermöglicht hätte), seine soziale Privilegierung, sein äußeres Lebensglück – immer als eine große Verpflichtung, bisweilen auch als eine schwere Bürde empfunden, die er zu tragen und abzuarbeiten hätte, nicht zuletzt durch die eigene Lebenspraxis und deren objektivierende Dokumentation. Insofern ist, ernsthaft betrieben, die Goethe-Biographik in der Nachfolge und dem Nachvollzug der von ihm selbst absichtsvoll als exemplarische »Botschaft‹ hinterlassenen Lebensspuren kein Luxus und kein Hobby für stille Verehrer und Bewunderer. Er will nicht verehrt und bewundert, sondern studiert und in seiner Exemplarität verstanden und dann produktiv angeeignet werden.

Im Politischen sind es nicht die oft tagesbedingten Einzelaussagen, Unmutsäußerungen und Urteile, die er schriftlich oder mündlich hinterlassen hat, sondern es ist seine Haltung und seine als Vorbild konzipierte exemplarische Praxis, auf die es ankommt. Diese Haltung kann man zweifach verfehlen bzw. als das Wesentliche des politischen Goethe übersehen: Einmal durch die Akkumulation der – oft widersprüchlichen – Aussagen zu diesem und jenem, durch Werkinterpretationen oder das Zitieren Goethescher Spruchweisheiten, die ihn dann einmal als radikalen Demokraten, ein andermal als erzkonservativen Royalisten und was der möglichen Extrempositionen zwischen »links« und »rechts« noch sein mögen, ausweisen; Beispiele für dieses subjektiv durchaus redliche Verfahren gibt es inzwischen genügend. Zum anderen verfehlt man den politischen Goethe mit der realhistorisch-empirischen Frage nach dem Erfolg seiner Politik: Der ist in der Tat schwer auszumachen. Seine sozialreformerischen Impulse haben kaum Früchte getragen, seine Warnungen vor außenpolitischem Engagement wurden in den Wind geschlagen, seine politischen Botschaften waren und sind so verschlüsselt (*Märchen*, *Faust II*, *Wanderjahre*), daß weder die Zeitgenossen noch wir Nachgeborenen sie ohne Hilfestellung zu verstehen vermochten bzw. noch immer vermögen. Ökonomisch stagnierte Weimar und wurde 1871 ohne Widerstand vom preußisch geeinten Deutschen Reich übernommen; hundert Jahre nach Goethes Tod – und zwar schon vor 1933 – wurde es gar eine Hochburg der Nationalsozialisten und erhielt mit Buchenwald eines der wichtigsten und berüchtigtsten KZ. Weimars Bürgertum glaubte sich auf Goethe und die klassische Bildung berufen zu können, als es die Vernunftrepublik ablehnte und seine »faustische Seele« dem Teufel verschrieb So gesehen ist dem geistreichen und überzeugenden großen Goethe-Essay von Hans Mayer[12], der die Biographie als eine große Kette von Mißerfolgen in allem, was dieser sich für sein Leben vorgenommen hatte, interpretierte, auch noch der Mißerfolg als Politiker hinzufügen.

Aber (wie natürlich auch Hans Mayer unterstellt) das trifft nur die äußere Welt der Erscheinungen, gewissermaßen die empirisch-weltliche Dimension der Goetheschen Existenz, die selbst sich einer solchen Frage überhaupt entzieht. Daß Goethes Botschaft einer ethisch begründeten Politik nicht angenommen, nicht wahrgenommen, nicht für wahr erkannt wurde, ist nicht ihm anzulasten, sondern seinen Zeitgenossen und uns Nachfahren. Er war in der Tat weder Sozialkritiker noch liberaler Demokrat, weder Konstitutionalist noch politischer Aufklärer, weder links noch rechts, er paßt in keine dieser Schubladen – und wenn schon, dann wären seine tagespolitischen Äußerungen und seine Aperçus in der Regel eher rechts-konservativ einzuordnen als links-fortschrittlich – ja, wie die jüngste Goethe-Politik-Analyse zu belegen versucht, benutzte er da Worte, »die sich heute nicht der ärgste Rechtsradikale zu äußern getrauen würde«.[13] Aber Goethe hat – im

Unterschied zu anderen, auch großen, aber weniger »maß-gebenden Menschen« – einen Anspruch darauf, daß man ihn fragt: »Warum«? Warum ist er kein Demokrat und Repu-blikaner, warum Gegner der Französischen Revolution und der Befreiungskriege von der Fremdherrschaft, warum ist er grundsätzlich mißtrauisch gegen Mehrheitsentscheidungen, warum hielt er an Stand und Privilegien für eine Friedens-ordnung fest, warum verteidigte er die Pressezensur, warum hielt er die Ordnung für ein höheres Gut als die Gerechtig-keit?

Diese Warum-Fragen müssen zumindest gestellt werden; die bloße Auflistung von Goethes in jeder Hinsicht unzeit-gemäßen, »antifortschrittlichen« politischen Einstellungen kann da nicht nur nicht genügen, sie verfehlt auch die Sache. Der aber kämen wir näher auf dem Umweg über eine andere Reihe von Warum-Fragen, die implizit zumindest die Rich-tung freigeben, in der die von Goethe thematisierte »andere Politik«, seine »andere politische Moderne« in Umrissen und ansatzweise erkennbar wird. Die Frage, warum er nach Weimar ging statt in eine der großen Kapitale Deutschlands oder auch Europas (andere bedeutende Intellektuelle gin-gen damals nach Paris, London oder auch St. Petersburg), ist bis zu einem gewissen Grade leichter zu beantworten und trotz einiger von den Biographen variierter Fragezei-chen einigermaßen nachvollziehbar. Fruchtbarer sind darum andere Umweg-Fragen: Warum stürzte er sich gleichzeitig mit seinen Regierungsgeschäften so enthusiastisch auf die Naturbeobachtung? Warum die Faszination der Geologie? War seine Überzeugung vom »Neptunismus« und gegen den Vulkanismus mehr als eine gesellschaftspolitische Metapher? Warum war ihm die Entdeckung des Zwischenkieferkno-chens so wichtig? Warum überhaupt diese enorme Energie, die er in das naturwissenschaftliche Studium steckte? Warum beschäftigt ihn ausgerechnet während seiner Teilnahme am Krieg gegen Frankreich die Farbenlehre? Und warum dann dieser leidenschaftliche Kampf um eben die Farbenlehre gegen nahezu die gesamte fortschrittliche Wissenschaft seiner Zeit und insbesondere gegen Isaac Newton, deren größten modernen Geist? Warum reagierte er auf das Ende des napoleonischen Zeitalters mit der Übersetzung und Anverwandlung persischer Poesie? Warum hielt er im Juli 1830 die Nachrichten aus Paris über den naturwissenschaftlichen Akademiestreit für wichtiger und aufregender als den Ausbruch der Revolution? Warum hat in Goethes wissenschaftlicher Methodologie die Beobachtung und das anschauende Denken absolute Priorität vor dem eingreifenden Experiment und der Orientierung an der technisch-ökonomischen Verwertbarkeit von Ergebnissen? Warum ist er davon überzeugt, daß der Mensch nicht die »Krone der Schöpfung«, wohl aber daß er für sie verantwortlich ist?

Aus solchen Fragen – und deren möglicher Beantwortung – erstellt sich der Horizont, innerhalb dessen Goethes Politik angesiedelt ist, von dem her sie zu verstehen und aus dem sie hergeleitet ist. Die Natur, um die es da vor allem geht, ist weder demokratisch organisiert noch entwickelt sie sich willkürlich – aber gleichwohl ist sie vernünftig und als vernünftige zugleich die sichtbare Verwirklichung des Göttlichen. Die Vernunft in der Natur und die Verwirklichung des Vernünftigen – und das ist für Goethe ›weltanschaulich‹ so gut wie in der eigenen Lebensführung und eben auch der Politik die hilfreich-solidarische Menschlichkeit, die aufklärerische (doch!) Humanitas etwa Iphigeniens – liegen jenseits und sind unabhängig von so vergleichsweise Sekundärem wie etwa Verfassungsformen oder Mehrheitsentscheidungen; solche sind verhandelbar und unterliegen den jeweiligen historischen Prozessen. Die wichtigere Wahrheit der mitmenschlichen Haltung, die Ethik des Politischen, ist nicht verhandelbar und »durch Wahlen und Abstimmungen«, in denen das Volk des Grundgesetzes z. B. seine Teilnahme am politischen Leben verwirklicht, zu bestimmen. »Werte« können nicht von dazu eingesetzten (Partei-)Kommissionen festgelegt werden, sondern sie können nur exemplarisch

gelebt, von einer verantwortlichen politischen Klasse vorge-
lebt werden. Eben das hat Goethe versucht. Die normativen
Antworten auf die an seine Politik gestellten Warum-Fragen
finden sich in seiner naturwissenschaftlichen Methodologie.
Dort formuliert er z. B.: Der Naturforscher mache es »sich
zur Pflicht, die Rechte der Natur zu sichern; nur da, wo sie
frei ist, wird er frei sein, da, wo man sie mit Menschensatzungen bindet, wird auch er gefesselt werden«.[14] Hier sind wir
dann aufgefordert, selbständig mitzudenken und die Bezüge
zum Historisch-Gesellschaftlich-Politischen herzustellen.

Die im engeren Sinne politischen Maximen (und Reflexionen) hat Goethe allerdings – und das verbindet ihn
mit einem anderen der »maßgebenden Menschen« – überwiegend brieflich und, dieser undogmatisch-persönlichen
Form verwandt, im Gespräch bei seinen Mitmenschen deponiert. Die Briefe und Gespräche sind darum die wichtigste
Quelle und geben Zeugnis ab vom politischen Goethe. Jener andere Maßgebende, dem Goethe geistesverwandt ist,
ist – wie oben angedeutet – der chinesische Staatsphilo-
soph Konfuzius.[15] Konfuzius hat bekanntlich selbst nichts
Schriftliches niedergelegt, aber seine politische Lehre in der
Form von Gesprächen, die von seinen Schülern dann aufgezeichnet wurden, seiner Mit- und Nachwelt hinterlassen.
Dem Philosophen Konfuzius ging es – ähnlich wie dem
Dichter Goethe – um die Begründung einer »anderen Politik« aus der Ethik des Dienstes an den Schwachen, den
Hilfsbedürftigen, den arbeitenden ›kleinen Leuten‹. Und er
wollte das nicht nur philosophisch lehren, sondern selbst
vorleben und praktizieren, wozu er sich in den Dienst eines
Fürsten stellen mußte. Im Unterschied zu Goethe war er
dabei so erfolgreich, daß der eifersüchtige Herrscher unter
dem Druck auch seiner von den Reformen bedrohten Klasse
den Philosophen-Staatsmann bald wieder entließ. Damit
aber teilte er dann auf seine Weise wieder das Goethesche
Politiker-Schicksal der Erfolglosigkeit. Und doch hat er
letztlich, aus dem Abstand der Jahrhunderte, wenn nicht der

Jahrtausende gesehen, höchst maßgebend die Welt und die Politik beeinflußt.

Soweit ich sehe, hat nur ein einziger bisher Goethe in Konfuzius – oder Konfuzius in Goethe – erkannt und beider Existenz in eine Beziehung zu setzen versucht: Bertolt Brecht nämlich plante ein Konfuzius-Drama (*Leben des Konfutse*), von dem nur eine Skizze bzw. eine Szene ausgeführt wurde[16] – bezeichnenderweise während der dunkelsten Zeit des Zweiten Weltkrieges, 1940/41 – und notierte dazu in seinem Arbeitsjournal[17]: »[...] Aus seiner einzigen größeren Stellung, die der Goethes in Weimar gleicht, wird er verdrängt durch Kurtisanen und Pferde, die der Fürst bekommt. Man denkt an den Weimarer Hund [...]« Was aber Brecht seinem »Kung« zu sagen gibt, verweist auf eine innere Verwandtschaft mit Goethes politischer Haltung und seinen Vorstellungen von gutem Regieren: »Die alten Könige gingen den goldenen Mittelweg. Was heißt das? Das heißt sie sparten keine Mühe, damit Mühe aus der Welt käme. Sie strengten sich an, daß die Anstrengung vermindert würde. Die Pflüge und Webstühle benutzten sie nicht dazu, daß die Pflüger und Weber schwerer zu Brot und Röcken kamen, sondern dazu, daß sie leichter dazu kamen [...] Sie verwandten ihre Intelligenz dazu, daß auch andere es leichter hatten, so hatten sie es leichter mit anderen, denn man hat es leicht mit Leuten, die es leicht haben [...]«

Um aber mit Goethe selbst zu beschließen, sei hier – bezeichnend und bedeutsam für die zentrale Bedeutung des Politischen in seiner exemplarischen Existenz – sein letztes Gedicht überhaupt, also sein letztes dichterisches Wort zitiert, das er seiner letzten Besucherin am 6. März 1832 ins Stammbuch schrieb. Es enthält im scheinbar harmlosen Reim die Quintessenz von Goethes Politik und geht zurück auf einen Lutherschen Merkvers, der aber bedeutsam verändert wurde, indem Goethe »lern« durch *übe* ersetzte und dieses zweimal unterstrich:[18]

Bürgerpflicht

Ein jeder *kehre* vor seiner Tür,
Und rein ist jedes Stadtquartier;
Ein jeder *übe* sein' Lection,
So wird es gut im Rate stohn.

Die Stimme der Polis

Goethes »geistige Existenz« (Georg Simmel) transzendiert
seine Biographie und birgt so viele Dimensionen des Verstehens von Welt, daß wir sie bisher nur teilweise entschlüsselt
und uns annähernd angeeignet haben. Anerkannt und weltweit bekannt ist eigentlich nur der Dichter Goethe (wie
sorgfältig gelesen sei dahingestellt). Um den Naturwissen-
schaftler Goethe sieht es bereits entschieden weniger gut
aus: Es gehören schon leicht überdurchschnittliche Goethe-
Kenntnisse dazu, um zu wissen, daß er z. B. seine *Farbenlehre* für entschieden origineller (und vielleicht sogar für
wichtiger) hielt als sein poetisches Werk. Der Erkenntnis-
theoretiker Goethe gar und seine Aussagen zur Methodologie wissenschaftlicher Erkenntnis sind über einen kleinen
Kreis hinaus so gut wie unbekannt, geschweige denn, daß
sie produktiv diskutiert würden. Die amtlichen Schriften des
Ministers Goethe sind – wie oben gesagt – bis heute nicht
einmal vollständig und kritisch kommentiert veröffentlicht,
so daß sowohl seine Tätigkeit als Weimarer Spitzenbeamter
als auch seine Rolle als Politiker im Herzogtum Weimar
selbst wie im deutsch-europäischen Kontext (über die bekannte Begegnung mit Napoleon hinaus) kaum Eingang in
das (deutsche) Goethe-Bild gefunden haben und zur Kenntnis genommen wurden.

Zu dem Schul-Goethebild, das schon im 19. Jahrhundert
geschaffen wurde – das Bismarck-Reich z. B. brauchte eine
international gewichtige Figur, mit der man sich den anderen Nationalstaaten kulturell ebenbürtig zeigen konnte: was
den Engländern ihr Shakespeare, den Italienern Dante, den
Russen Gogol und Puschkin, den Spaniern Cervantes, den
Franzosen ihr klassisches Drama, das sollte für Deutschland
(auch wenn unter den Deutschen selbst Schiller immer bei
weitem populärer war und blieb) eben Goethe sein –, dieses
Goethebild also vom »Olympier«, das sparte u. a. die ersten

zehn Weimarer Jahre bewußt aus: die Jahre von Goethes intensivster Tätigkeit als Minister, als »Geheimrat« und Mitglied des kleinen Regierungskollegiums des Herzogtums, des »Geheimen Consilium«, das durchschnittlich ein- bis zweimal wöchentlich zusammenkam. An mindestens 500 Sitzungen hat Goethe zwischen 1776, seiner Ernennung, und 1786, der »Flucht« nach Italien, nachweislich teilgenommen – und das nicht als bloßer Berater, sondern dazu gehörte auch ein vorbereitendes Aktenstudium, gehörte die Formulierung von Eingaben, Empfehlungen, Ausführungsbestimmungen für die Beamtenschaft usw.

Allerdings geht dieses »Aussparen« der Weimarer politischen Tätigkeit aus dem sich herausbildenden Goethebild bereits auf diese frühen Jahre selbst zurück. Es muß daran erinnert werden, daß der Sechsundzwanzigjährige, der 1775 die Einladung des achtzehnjährigen Herzogs von Weimar-Eisenach annahm und sich bald darauf entschloß, dort zu bleiben und in den Staatsdienst einzutreten, daß dieser Johann Wolfgang Goethe schon damals eine weit über die Grenzen seiner Heimatstadt Frankfurt hinaus bekannte Persönlichkeit war: ein Hoffnungsträger der deutschen Literatur als Dramatiker (*Götz von Berlichingen*, 1773) und Bestseller-Autor (*Leiden des jungen Werthers*, 1774). Fast alle seine Freunde und die an seiner schriftstellerisch-dichterischen Zukunft interessierte Öffentlichkeit hielten die Übersiedlung nach Weimar und die Übernahme von immer mehr Verwaltungsaufgaben für einen schweren Fehler, weil das auf Kosten der poetischen Produktion ginge – womit sie so ganz unrecht nicht hatten, schien doch der Autor und Dramatiker so gut wie zu verstummen: Goethe publizierte in den nächsten Jahren fast nichts mehr. Der berühmte Klopstock warnte den jungen Dichter-Kollegen schon im Mai 1776, also nach einem halben Jahr Weimar, vor den verhängnisvollen Folgen dieses zu vertrauten Umganges mit einem Fürsten, und der enge Jugendfreund Merck ließ Goethe 1781 über dessen Mutter wissen, daß er doch nun genug Zeit und

Energie auf Weimar verschwendet habe. Darauf Goethe: »Merck und andere beurtheilen meinen Zustand ganz falsch, sie sehen nur, was ich aufopfre, und nicht was ich gewinne, und sie können nicht begreifen, daß ich täglich reicher werde, indem ich täglich so viel hingebe.« Täglich entwickelten sich seine Fähigkeiten, vermehre sich seine Kraft, erhellten sich seine Begriffe und erweiterten sich seine Kenntnisse, »und unverantwortlich wäre es auch gegen mich selbst, wenn ich zu einer Zeit, da die gepflanzten Bäume zu wachsen anfangen und da man hoffen kann bey der Ärndte das Unkraut vom Waizen zu sondern, aus irgend einer Unbehaglichkeit davongienge und mich selbst um Schatten, Früchte und Ärndte bringen wollte.«

Was seine besorgten kritischen Freunde nämlich übersehen hatten, war, daß Goethe gerade wegen seiner großen literarischen Erfolge bewußt etwas Neues, etwas anderes beginnen, daß er öffentliche Verantwortung übernehmen, daß er in die Politik *wollte*. Das Vorbild für eine solche »Weltrolle«, wie er es nannte, war dabei der Osnabrücker Kanzler Justus Möser (1720-1794), dessen Schriften, vor allem die *Patriotischen Phantasien*, Goethe verehrte und begeistert las. Hier wurde nicht zuletzt das Lob der politisch-kulturellen Vielfalt, des bürgerlich-politischen Engagements in überschaubaren, »kleinstaatlichen« Einheiten gesungen, deren historisches Modell die griechische Polis war, die Wiege der abendländischen Kultur und Politik.[1] Das Herzogtum Sachsen-Weimar-Eisenach schien für ein solches direktes Tätigwerden geradezu ideale Voraussetzungen zu bieten: die drittgrößte Bibliothek Deutschlands, ein reformeifriger und lernfähiger junger Fürst, der große Dichter und Publizist Christoph Martin Wieland, Herausgeber der damals angesehensten deutschen Zeitschrift, des ›Teutschen Merkur‹, als (inzwischen pensionierter) Fürstenerzieher[2], ein festes Theater … Goethe kam, sah und blieb.

»Regieren!!« schrieb er nach knapp zwei Jahren mit emphatischen Ausrufezeichen in sein Tagebuch, nachdem er im

Februar 1776, zwei Monate nach seiner Ankunft in Weimar, die Entscheidung zum Dableiben in einem Brief so begründet hatte: »Wär's auch nur auf ein paar Jahre, ist doch immer besser als das untätige Leben zu Hause wo ich mit der größten Lust nichts thun kann. Hier hab ich doch ein paar Herzogthümer vor mir. Jetzt bin ich dran das Land nur kennen zu lernen, das macht mir schon viel spaas.« »Regieren« hieß für Goethe, daß die gesellschaftlich Privilegierten, allen voran der Adel, die Fürsten, ihre Vorzugsstellung – aber auch er selbst als Frankfurter Patriziersohn war natürlich ein Privilegierter – dadurch legitimierten, daß sie allem persönlichen Ehrgeiz entsagten und ihre Kräfte darauf konzentrierten, allen wirtschaftlich tätigen Bürgern in ihren Berufen förderlich und hilfreich zu sein, werden doch hier die materiellen Voraussetzungen für Gesellschaft und Kultur geschaffen. »Herrschen und Genießen geht nicht zusammen. Genießen heißt, sich und anderen in Fröhlichkeit angehören; herrschen heißt, sich und anderen im ernstlichsten Sinne wohltätig sein«, heißt es in den *Maximen und Reflexionen*. Dann aber wird auch der Begriff des Herrschens noch genauer gefaßt und deutlich vom Regieren, der höchsten ethischen Kunst der Politik, unterschieden: »Herrschen lernt sich leicht, Regieren schwer.« Und schließlich: »Regieren« ist die Fähigkeit zur Überwindung auch des egoistischen Individualismus in der Gesellschaft. »Welche Regierung die beste sei? Diejenige, die uns lehrt, uns selbst zu regieren.« Das ist eine politische Lebens-Maxime, die Goethe nicht nur in schriftlichen Äußerungen vielfach variiert, sondern die er vor allem selbst gelebt hat, indem sich der jugendliche Dichter unter bewußtem – vorläufigen – Verzicht auf weiteren dichterischen Ruhm in den Dienst am Weimarer Gemeinwesen stellte: Um Straßenbau ging es da, um Flußregulierungen, das Erziehungswesen, ein gerechtes Steuersystem, eine funktionierende, uneigennützige Verwaltung, eine sorgfältige Gesetzgebung, um eine gerechte Justiz, um die Sicherung der tagtäglichen Lebensbedingungen der kleinen Leute.

Eine der großen Plagen jener Zeit waren Feuerkatastrophen, denen mit trauriger Regelmäßigkeit Städte und Dörfer gleichermaßen zum Opfer fielen. Das Weimarer Schloß selbst war kurze Zeit vor Goethes Übersiedlung abgebrannt, und nur gute zwei Monate nach Abfassung des zitierten Briefes über sein Bleiben und das Interesse, das er am Lande gewonnen hatte, wurde auch das Städtchen Ilmenau von einem solchen Brand heimgesucht: Herzog Carl August delegierte sofort den tatendurstigen Goethe, dort hilfreich die Landesregierung zu repräsentieren und die Lösch- und Sicherungsarbeiten in die Hand zu nehmen; Goethe begab sich in sechs Stunden Eilritt, zusammen mit einem Weimarer Husaren, an den Ort des Geschehens, wo der Brand selbst zwar inzwischen schon gelöscht war, man aber gleichwohl dankbar und neugierig den berühmten jungen Mann und einflußreichen Intimus des Herzogs begrüßte. Das war am Abend des 3. Mai 1776.

»Jeder Gegenstand, recht betrachtet, schließt ein neues Organ in uns auf.« Goethes Biographie ist von Relevanz für uns insofern, als es eine exemplarische Biographie ist, in der historisch-gesellschaftliche Erfahrungen sich auf einmalige und einzigartige Weise bündeln und verarbeitet werden und die so umfassend wie keine andere Biographie dokumentiert ist. Seine Begegnung in Ilmenau im Frühjahr 1776 mit Wald, Gestein und Bergen, mit der lebendigen Natur in allen ihren Erscheinungsformen, als sedimentierte Erdgeschichte (Geologie und Mineralogie) so gut wie in Pflanzen (die »botanischen Studien«) und Tieren (von der Osteologie bis zur Entdeckung des menschlichen Zwischenkieferknochens), sie schloß in Goethe nicht nur ein »neues Organ« auf, sondern sie markiert auch, vermittelt über und durch ihn, einen erst viel später, vielleicht erst heute in seiner Bedeutung erkennbaren großen historischen Augenblick. Mit der Goetheschen Naturwissenschaft, die aus der Ilmenau-Erfahrung hervorging, wurde eine ernstzunehmende Alternative zu jener wissenschaftlichen Moderne geschaffen, die Goethe später in Isaac Newton und seiner die Natur unterwerfenden Herrschafts- und Beherrschungswissenschaft so erbittert bekämpfte. Daß diese in der Tat dann in die ökologischen Katastrophen der Gegenwart, auch nach Hiroshima und Tschernobyl führen sollte, konnte damals nicht geahnt, geschweige denn gewußt werden, wohl aber erkannte Goethe mit größter Sensibilität die verhängnisvollen Folgen, die sich aus der Trennung wissenschaftlicher Erkenntnisse von der sinnlichen Beobachtungserfahrung ergeben würden. Goethes produktives Annehmen der Ilmenauer Herausforderung – von der Naturbeobachtung bis zur Bergwerkstechnologie – enthielt und enthält die Chance zu einer »anderen Moderne« (Leo Kreutzer), denn nicht zuletzt die Energie, mit der er sich sogleich auf den Bergbau warf, die Systematik und Gründlichkeit, mit der er dieses Geschäft – es sollte ihn mindestens 20 Jahre lang beschäftigen – betrieb, läßt an Goethes Fortschrittlichkeit keinen Zweifel. Aber es sollte ein anderer Fortschritt sein als der, der sich skrupel- und rücksichtslos aller verfügbaren technologischen Mittel bedient, um so effizient wie irgend möglich aus Natur und Erde das herauszuholen, was herausgeholt und profitabel verwertet werden kann. Möglicherweise hat es schon den Zuhörern der Rede vom 24. Februar 1784 seltsam in den Ohren geklungen, sie sollten »die geringe Öffnung, die wir heute in die Oberfläche der Erde machen werden, nicht mit gleichgültigen Augen« ansehen, vielmehr »die Wichtigkeit dieser Handlung lebhaft empfinden«. Heute, aus der Perspektive der zweiten Hälfte des 20. Jahrhunderts, können wir die Ehrfurcht und den Respekt vor der Natur, die Goethe hier einfordert, deutlicher nachvollziehen, als das damals möglich war: wir kennen inzwischen die Folgen der hemmungslosen Naturausbeutung. Auch könnte Goethes Behauptung von der Wichtigkeit des Unternehmens damals arg übertrieben geklungen haben, da es sich zwar um eine für das kleine Herzogtum kostspielige Angelegenheit handelte, der aber überregional kaum eine ernsthafte Bedeutung zukam.

Davon, daß man »einen großen Teil von Deutschland zu Beobachtern und Richtern« haben werde, konnte damals kaum wirklich gesprochen werden. Lesen wir jedoch diese kühne Behauptung aus gegenwärtiger Perspektive, sehen wir »Ilmenau« in allen seinen geologischen, technologischen und gesellschaftlich-politischen Dimensionen als modellhaftes Projekt jener anderen Moderne, als Entwurf einer anderen Zukunft, dann mag die Behauptung alles andere als überzogen klingen und lädt uns heute mehr denn je zur Reflexion ein. Die Verkürzung des Themas »Goethe und Ilmenau« aufs Biographische oder auf den tatsächlichen Fehlschlag des Unternehmens würde dabei das Grundsätzliche und Paradigmatische völlig verfehlen.

Ilmenau hatte zu jener Zeit bereits eine lange und durchaus ernstzunehmende Bergbau-Tradition für Kupfer und Silber; Ende des 16. und Anfang des 17. Jahrhunderts waren hier – für damalige Verhältnisse beträchtlich – zwischen 600 und 800 Bergleute beschäftigt gewesen. Wohl eher aufgrund von schlechterer technischer Verwaltung denn aus geologischen Gründen war der Bergbau in den dreißiger Jahren des 18. Jahrhunderts zum Erliegen gekommen und 1739 ganz eingestellt worden; schon 1752 hatte ein Feuer die größeren Teile der Ortschaft zerstört. Carl August, 1775 an die Regierung gekommen, hatte u. a. auf Ilmenau Hoffnungen gesetzt, durch Wiederbelebung des Bergbaus seinem Herzogtum eine dringend benötigte Finanzquelle zu erschließen – und natürlich wußte sein Freund und Berater Goethe von diesen Überlegungen. Als er am 4. Mai 1776 nun ohnehin in Ilmenau – einem wohl eher traurigen Städtchen mit kaum mehr als 1500 Einwohnern und weniger als 500 Häusern – weilte, nahm er die Gelegenheit wahr, sich nach diesem Bergbau zu erkundigen, ließ sich die alten, verfallenen Anlagen zeigen und betrat auch zum ersten Mal in seinem Leben einen Stollen. Er »habe traurig die alten Ofen gesehen«, schrieb er am Abend des ersten Tages an Carl August, fügte jedoch hinzu: »Aber die Gegend ist herrlich, herrlich!«

Rückblickend auf die Anfänge seiner »botanischen Studien« schreibt er 40 Jahre später: »[...] daß meine Geistestätigkeit [ehe G. nach Weimar kam] sich auf das gesellig Sittliche beziehen mußte und in Gefolg dessen auf das Angenehme, was man damals schöne Literatur nannte. Von dem hingegen, was eigentlich äußere Natur heißt, hatte ich keinen Begriff [...] Von Kindheit auf war ich gewohnt, in wohleingerichteten Ziergärten den Flor der Tulpen, Ranunkeln und Nelken bewundert zu sehen [...] In das tätige Leben jedoch sowohl als in die Sphäre der Wissenschaft trat ich eigentlich zuerst, als der edle Weimarische Kreis mich günstig aufnahm; wo außer andern unschätzbaren Vorteilen mich der Gewinn beglückte, Stuben- und Stadtluft mit Land-, Wald- und Garten-Atmosphäre zu vertauschen.« Wie zentral und den poetischen Werken um nichts nachgeordnet für Goethe die Erkenntnisse sind, die er in seinen wissenschaftlichen Studien, Abhandlungen, in Briefen und Gesprächen zur Methode der Naturbeobachtung niedergelegt hat, das bemerkt er eher am Rande in diesem Rückblick: »Seit länger als einem halben Jahrhundert kennt man mich, im Vaterlande und auch wohl auswärts, als Dichter und läßt mich allenfalls für einen solchen gelten; daß ich aber mit großer Aufmerksamkeit mich um die Natur in ihren allgemeinen physischen und ihren organischen Phänomenen emsig bemüht und ernstlich angestellte Betrachtungen stetig und leidenschaftlich im stillen verfolgt, dieses ist nicht so allgemein bekannt, noch weniger mit Aufmerksamkeit bedacht worden.« Das aber hatte eben in Ilmenau begonnen mit der dort gemachten Entdeckung des Bergbaus und der Begegnung mit der Natur. Um noch einmal den alten Goethe im Gespräch (v. Müller, 1824) zu zitieren: »Ich kam höchst unwissend in allen Naturstudien nach Weimar, und erst das Bedürfnis, dem Herzog bei seinen mancherlei Unternehmungen, Bauten, Anlagen praktische Ratschläge geben zu können, trieb mich zum Studium der Natur. Ilmenau hat mir viel Zeit, Mühe und Geld gekostet, dafür habe ich aber auch etwas dabei gelernt und mir eine Anschauung der Natur erworben, die ich um keinen Preis umtauschen möchte.«

In einem besonders bemerkenswerten, ausführlichen Briefbericht über seine geologischen Erkenntnisse an den nachbarlichen Herzog Ernst II. von Gotha, der am Ilmenauer Bergbauunternehmen ebenfalls lebhaften Anteil nahm, formulierte Goethe nach fünf Jahren Weimar, im Dezember 1780, das Wesentliche seiner wissenschaftlichen Methode, das, was er »anschauenden Begriff« nennt: »Verzeihen mir Ew. Durchl. diesen vielleicht etwas zu kühnen und schnellen Flug. Aber wie der Hirsch und der Vogel sich an kein Territorium kehrt, sondern sich da äst und dahin fliegt, wo es ihn gelüstet, so, halt' ich davon, muß der Beobachter auch sein. Kein Berg sei ihm zu hoch, kein Meer zu tief. Da er die ganze Erde umschweben will, so sei er frei gesinnt wie die Luft, die alles umgibt. Weder Fabel noch Geschichte, weder Lehre noch Meinung halte ihn ab zu schauen. Er sondere sorgfältig das, was er gesehen hat, von dem, was er vermutet oder schließt. Jede richtig aufgezeichnete Bemerkung ist unschätzbar für den Nachfolger, indem sie ihm von entfernten Dingen anschauende Begriffe gibt, die Summe seiner eigenen Erfahrungen vermehrt und aus mehreren Menschen endlich gleichsam ein Ganzes macht.« Goethes Erkenntnisinteresse gilt hier der Entstehungsgeschichte der Erde (worin immer das praktische Interesse am Bergbau mit enthalten ist); die addierte Summe von Einzelerkenntnissen macht noch lange keine Synthese aus: »Es ist dies meist die Torheit derjenigen, die ein paar Berge beschrieben, daß sie zugleich etwas zur Erschaffung der Welt mit beitragen wollen. Noch eins muß ich freilich mit beifügen. Bei dieser Sache, wie bei tausend ähnlichen, ist der anschauende Begriff dem wissenschaftlichen unendlich vorzuziehen. Wenn ich auf, vor oder in einem Berge stehe, die Gestalt, die Art, die Mächtigkeit seiner Schichten und Gänge betrachte und mir Bestandteile und Form in ihrer natürlichen Gestalt und Lage gleichsam noch lebendig entgegenrufe, und man mit dem lebhaften Anschauen *so ist's* einen dunkeln Wink in der Seele fühlt *so ist's erstanden!* – wie wenig kann ich freilich davon mit den abgebrochenen Musterstückchen und den wieder auf der anderen Seite zu generalisierten Durchschnitten überschicken.«

Eine Woche war Goethe in Ilmenau geblieben, obwohl der gelöschte Brand seine Anwesenheit nicht länger erforderte, fasziniert von den »Eingeweiden der Erde« so gut wie von den herrlichen Wäldern, was in Weimar Überraschung auslöste. Er »lebt in der Erde fünf Meilen von hier im Bergwerke«, berichtete Charlotte von Stein am 10. Mai 1776 einem Briefpartner. Und schon nach zweieinhalb Monaten ist er wieder da, diesmal mit dem Herzog, den er inzwischen wohl an Engagement für das Bergbau-Projekt übertrifft. »Wir sind hier und wollen sehn, ob wir das alte Bergwerk wieder in Bewegung setzen«, schreibt er dem Freund Merck. »Du kannst denken, wie ich mich auf dem Thüringer Wald herumzeichne; der Herzog geht auf die Hirsche, ich auf Landschaften aus [...].« Und an Herder schreibt er, ganz im Stile der Aufbruchstimmung des Sturm und Drang, zu dem die Entdeckung und Erfahrung der Natur zentral hinzugehört: »Lieber Bruder, wir sind in Ilmenau, seit 3 Wochen wohnen wir auf dem Thüringer Wald, und ich führe mein Leben in Klüfften, Höhlen, Wäldern, in Teichen, unter Wasserfällen, bey den Unterirdischen, und weide mich aus in Gottes Welt.«[3] Aber natürlich ist das Bergbau-Unternehmen, der eigentliche Zweck der Anwesenheit des Herzogs, seiner Berater und auch Goethes in Ilmenau, ein viel zu kostspieliges und riskantes Projekt, um aufgrund des Natur-Enthusiasmus eines genialischen Frankfurter Bürgersohnes und der ehrgeizigen Pläne eines jugendlichen Landesherrn in Angriff genommen werden zu können: Carl August hatte darum bei einem Experten ein Gutachten in Auftrag geben lassen, das hinsichtlich der Profitabilität des Ilmenauer Bergbaus überaus günstig ausfiel.

Am 11. Juni 1776, sieben Monate nach seiner Ankunft in Weimar, war Goethe zum Geheimen Legationsrat ernannt worden und hatte wenig später, am 13. Juli, die Leitung einer kleinen Arbeitsgruppe übernommen, die das angeforderte Gutachten zu prüfen hatte. Am 18. August fand dann der vor allem dem Bergbau gewidmete Besuch mit Herzog und Berater-Gefolge in Ilmenau statt (daß die jugendliche Gruppe neben der Jagd auch noch allerlei »wilde Späße« trieb, die die Opfer des herzoglichen Übermuts wohl nicht immer lustig fanden und an denen Goethe nicht ganz unbeteiligt war, auch wenn er sie zu mäßigen suchte, wurde über Ilmenau und Weimar hinaus nicht ohne Mißfallen vermerkt)[4] – und von jetzt ab sollte für die nächsten Jahre dieses Bergwerksunternehmen einen herausragenden Platz im Rahmen von Goethes amtlicher Tätigkeit einnehmen. Mit der Bergwerkskommission übernahm er 1777 seine erste Kommissionsaufgabe (man könnte sie als die eines Fachministers bezeichnen, nachdem er bisher nur gewissermaßen »Minister ohne Geschäftsbereich« gewesen war), denen dann 1779 noch die Wegebaukommission und die Kriegskommission[5] folgen sollten; später war er dann auch noch in Form einer weiteren Kommission für die Neuordnung des teilweise ineffizienten, teilweise sogar korrupten Steuerwesens des Amtes Ilmenau zuständig (wo Goethe die Bestrafung eines dienstvergessenen Beamten durchsetzte, an die er noch im Alter mit Genugtuung erinnerte).

Goethe betrieb die Wiederaufnahme des Bergbaus mit großer Energie, indem er sich zunächst und vor allem einmal sachkundig machte. Da ging es zunächst um komplizierte ältere Rechtsansprüche früherer Gläubiger und angrenzender thüringischer Fürstenhäuser, zu deren Klärung seine juristische Ausbildung und die Praktikanten-Tätigkeit am Reichskammergericht in Wetzlar von größtem Nutzen waren. Sodann ging es um geologische Fragen, in die er sich, zunächst überwiegend aus bergbautechnischer Perspektive und mit praktisch-nützlichem Erkenntnisinteresse – es ging dabei u. a. um ganz konkrete Fragen wie die Schachtzimmerung, den Streckenbau, die Entwässerung, aber auch um

Löhne und das Baurecht – einarbeitete; beim Eindringen in diese Materie spielten ausführliche Gespräche mit erfahrenen Fachleuten »vor Ort«, vor allem mit älteren Bergleuten und Ingenieuren (der Ilmenauer Bergbau selbst hatte ja seit etwa 40 Jahren stillgelegen) eine wichtige Rolle. Zahlreiche Skizzen und Zeichnungen belegen diesen Lernprozeß. So berichtete er beispielsweise (am 10. Mai 1782 an Charlotte v. Stein) über einen »schönen und glücklichen Tag«: Er hatte in Friedrichsrode einen Bergrat Baum aufgesucht, »mußte zu Tisch bleiben und kroch mit ihm vorher in den Eingeweiden der Erde herum und tat mir was rechts zugute. Er ist eine glückliche Art Menschen ... Er versicherte, es ginge nichts über das Vergnügen, ein Bergmann zu sein, und wenn er auch die Gaben hätte und er könnte Minister sein, würde er es ausschlagen, meinte er, und ich glaub' es gerne (besonders wenn er recht wüßte, was das hieße, Minister sein).«

Man vergleiche dieses intensive Sich-Einarbeiten in eine ihm auferlegte neue Materie mit der heutigen Praxis ministerialer »Sachkompetenz«, die sich auf bestellte Gutachten von käuflichen Spezialisten oder Industrie-Lobbies verläßt, denen jede größere Perspektive auf soziale, ökologische oder kulturelle Zusammenhänge völlig abgeht. Über seine »mineralogischen Untersuchungen« schrieb er dem Freund Merck 1780: »Ich habe mich diesen Wissenschaften, da mich mein Amt dazu berechtigt, mit einer völligen Leidenschaft ergeben und habe [...] eine sehr große Freude daran.« Im Sommer dieses Jahres begann er damit, sich eine mineralogische Sammlung aufzubauen. Zwei Jahre später hatte er »große Lust bald eine mineralogische Charte von ganz Europa zu veranstalten«, nachdem er eine solche für Thüringen und den Harz bereits befördert hatte. Sowohl im Zusammenhang mit dem zweiten Ilmenauer Aufenthalt vom Juli/August 1776 als auch bei späteren Reisen im Umfeld des Herzogtums – z. B. während der berühmten »Harzreise im Winter« 1777[6] – nimmt Goethe jede Gelegenheit wahr, Bergwerke und auch Erzschmelzen zu besichtigen und sich von den Steigern und

Technikern alles erläutern zu lassen. Aus all dem geht dann eine wenige Jahre später, im Mai 1781, von ihm und wohl einigen Mitarbeitern verfaßte 30seitige historisch-juristisch-ökonomisch-geologische »Nachricht von dem Ilmenauischen Bergwesen« hervor, die Goethe mit einem Begleitbrief dem Landesherrn übergab: »Es soll dieselbe vornehmlich zu einem einfachen Leitfaden dienen, woran ein jeder, dem daran gelegen, sich leichter durch die gehäuften Acten und die verworrne Geschichte hindurch finden könne.«

Da von Anfang an alle, die von Carl Augusts und dann von Goethes mindestens ebenso starkem Engagement zugunsten der Wiederaufnahme des Ilmenauer Bergbaus wußten und/oder um Rat gefragt wurden, sich positiv geäußert hatten, war eine eigentliche Entscheidung gar nicht mehr zu treffen gewesen; das ist um so bemerkenswerter, als die Sache ja schließlich in einem völligen Fehlschlag, um nicht zu sagen als Katastrophe (glücklicherweise ohne den Verlust von Menschenleben) endete und man sich doch wohl fragen muß, warum nicht eine einzige skeptische Stimme überliefert ist: anscheinend hatte niemand Zweifel am Gelingen. Wann es mit den Arbeiten losgehen solle, das war lediglich eine Frage der Finanzierung. Der eine Schacht, der neu zu eröffnen war, würde 20000 Taler kosten, die in Form von Aktien, den sog. Kuxen – 1000 Stück zu je 20 Talern – aufgebracht werden sollten. Im Sommer 1783 wurde die Nachricht gewissermaßen ›überregional‹ publiziert und verbreitet, der Goethes erwähntes Memorandum von 1781 als Text beigefügt war. Nicht nur der Weimarer Hof und benachbarte Fürstenhäuser erwarben die ersten Kuxen, sondern auch ein vertrauensvolles Publikum weit über Weimar hinaus (darunter z. B. der bekannte Berliner Hofjude David Ephraim), selbst Dorfgemeinden erwarben Anteilscheine, ebenso Innungen oder etwa die Hildesheimer Witwenkasse – und natürlich fast alle Freunde Goethes, der selbst die 100ste Kuxe übernahm. Als so respektabel galt das Unternehmen, daß die als Minimum für den Start vereinbarte Zahl von 400 verkauften Kuxen sehr bald erreicht war. Daraufhin wurde von der Bergwerkskommission der 24. Februar 1784 für den Beginn der Arbeiten am Schacht festgesetzt, was allerdings in Form einer feierlichen Eröffnung geschehen sollte, um der Bedeutung des Unternehmens, weit über das Wirtschaftliche hinaus, gerecht zu werden und das auch bewußt zu machen. Der Kommissionsvorsitzende würde dazu eine Rede halten. Den 24. Februar aber, Fastnacht, hatte man gewählt, weil – wie die Kommission in ihrem Schreiben an den Herzog erwähnte – »es seit geraumen Jahren gebräuchlich gewesen, daß an diesem Tage eine Bergpredigt gehalten, und den Bergleuten eine kleine Ergötzlichkeit gegönnt wird.« Goethes Rede nimmt darauf gleich zu Anfang Bezug: auch durch das Datum[7] sollte das Außergewöhnliche des Projektes unterstrichen werden.

Die Rede selbst sollte keine »Gelegenheitsrede« sein, vielmehr war sie sehr sorgfältig ausgearbeitet und beizeiten gedruckt worden: Herder, da er nicht anwesend sein konnte, erhielt ein Vorausexemplar, und weitere Exemplare wurden während der Veranstaltung an die Anwesenden verteilt. Sie ist, wie Goethes engster Ilmenauer Mitarbeiter, Bergrat Voigt, an den Dichter Hufeland (mit der Aufforderung, Aktien zu kaufen) schrieb, »sehr populär gehalten, wurde aber von Goethe ganz vortrefflich gehalten [...] Vielleicht können Sie mehr Kuxe absetzen. Sie werden sich bei Goethe einen gefälligen Namen damit machen.« Der Text wurde aber auch bald publiziert – wenngleich an etwas entlegenem Ort, nämlich in der Zeitschrift »Deutsches Museum« (1785). Die Einleitung des Herausgebers ist dabei besonders bemerkenswert, spiegelt sie doch indirekt das weitverbreitete Unverständnis des deutschen Publikums für Goethes Entscheidung wider, ›in die Politik‹ gegangen zu sein und seitdem als Dichter nach außen weitgehend zu verstummen. Dieser ›Verurteilung‹, die die spätere Abwertung der ersten zehn Weimarer Jahre im deutschen Goethe-Bild antizipiert, versuchte der Zeitschriften-Herausgeber damals schon (und offensichtlich wenig erfolgreich) mit warmen und verständnisvollen Worten entgegenzuwirken: »Unser Publikum hat schon lange nichts mehr von seinem Lieblingsschriftsteller Göthe erhalten; aber er hat die Feder niedergelegt, um zu handeln. Ein Tausch, wobei das Ländchen, dessen Pfleger er ist, unendlich gewonnen hat. Ich schließe Ihnen hier einen Beleg bei, das Göthe dermalen in anderen Fächern eben das ist, was er sonst als dramatischer Dichter und Maler des menschlichen Herzens war. In demselben zeigt er sich von einer ganz neuen Seite, die dem Publikum, diesen seinen alten Liebling höchst interessant machen muß. Er ist Chef des Bergbaues, und hielt als solcher folgende Rede, worin man das Warme und Herzliche, und die damit innig verbundene Simplizität der Sprache, die Göthen schon immer als Schriftsteller auszeichnete, nicht mißkennen wird.«

Nach einer alten löblichen Gewohnheit feierten die hiesigen Bergleute jährlich diesen Tag. Sie zogen versammlet zu dem Gottesdienste mit stiller Hoffnung und frommen Wünschen, daß dereinst die Vorsicht an diesen Ort das Leben und die Freude voriger Zeiten wieder zurückführen werde. Heute aber kommen sie mit herzlicher Munterkeit und einem fröhlichen Zutrauen, uns zu dem angenehmsten Gange abzuholen; sie finden uns bereit und eine Anzahl für den Bergbau wohlgesinnter Männer hier versammlet, die uns auf diesem Wege zu begleiten geneigt sind. Ich freue mich mit einem jeden, der heute sich zu freuen die nächste Ursache hat, ich danke einem jeden, der an unsrer Freude auch nur entferntern Anteil nimmt. Denn endlich erscheint der Augenblick, auf den diese Stadt schon beinahe ein halbes Jahrhundert mit Verlangen wartet, dem ich selbst seit acht Jahren, als so lange ich diesen Landen angehöre, mit Sehnsucht entgegensehe. Das Fest, das wir heute feiern, war einer der ersten Wünsche unsers *gnädigsten Herrn* bei dem Antritte *Seiner* Regierung, und wir freuen uns um des guten Herrn sowie um des gemeinen Besten willen, daß auch dieser *Sein* Wunsch endlich zur Erfüllung kommt.

Wer die Übel kennt, welche den ehemaligen Bergbau zu Grunde gerichtet; wer von den Hindernissen nur einigen Begriff hat, die sich dessen Wiederaufnahme entgegensetzten, sich gleichsam als ein neuer Berg auf unser edles Flöz häuften und, wenn ich so sagen darf, es in eine noch größre Tiefe druckten: der wird sich nicht wundern, daß wir nach so vielen eifrigen Bemühungen, nach so manchem Aufwande erst heute zu einer Handlung schreiten, die zum Wohl dieser Stadt und dieser Gegend nicht früh genug hätte geschehen können. Er wird sich vielmehr wundern, daß es schon heute geschieht. Denn wie viele sind nicht, die es für unmöglich gehalten haben, daß man dieses Werk wieder werde aufnehmen, daß man diesen Bergbau wieder in Umtrieb werde setzen können! Und nicht ganz ohne Wahrscheinlichkeit. Denn belebte unsern *gnädigsten Herrn* nicht ein anhaltender, unermüdeter Eifer für jede nützliche Anstalt; hätten die höchsten Herren Teilhaber durch eine gefällige Beistimmung das Geschäfte nicht erleichtert; wären die Kunstverständigen, die wir um Rat gefragt, nicht so aufgeklärte und gleich Freunden an dem Werke teilnehmende Männer; wäre man durch Verzögerungen ermüdet worden: so könnten wir unsern Weg auch gegenwärtig noch nicht zusammen antreten.

Doch *Glück auf!* Wir eilen einem Platze zu, den unsere Vorfahren sich schon ausersehen hatten, um daselbst einen Schacht niederzubringen. Nicht weit von dem Orte, den sie erwählten, an einem Punkte, der durch die Sorgfalt unsers Herrn Geschwornen bestimmt ist, denken wir heute einzuschlagen und unsern neuen *Johannisschacht* zu eröffnen. Wir greifen ihn mit Beistimmung der verständigsten Kenner aller Zeiten an und befolgen einen durch Jahrhunderte vernachlässigten guten Rat. Denn man sah von jeher, selbst da noch das Sturmheider Werk im Umtriebe war, diesen Schacht für unentbehrlich an;

man wollte mit demselben dem Flöze in einem tiefern Punkte beikommen, den alten Bergbau, der fehlerhaft aus dem Höchsten ins Tiefste ging, verbessern und ihm Dauer auf die Folge geben. Auch als das Sturmheider Werk sich seinem Untergange näherte, erkannte man diesen Schacht für das einzige Rettungsmittel des ohne Rettung verlornen Werkes. Nunmehr aber, da wir jene ersoffne abgebaute Tiefen den Wassern und der Finsternis auf immer überlassen, soll er uns zu einem neuen, frischen Felde führen, wo wir gewisse, unangetastete Reichtümer zu ernten hoffen können.

Lassen Sie uns also die geringe Öffnung, die wir heute in die Oberfläche der Erde machen werden, nicht mit gleichgiltigen Augen ansehen: lassen Sie uns die ersten Hiebe der Keilhaue nicht als eine unbedeutende Zeremonie betrachten! Nein, wir wollen vielmehr die Wichtigkeit dieser Handlung lebhaft empfinden, uns herzlich freuen, daß wir bestimmt waren, sie zu begehen und Zeugen derselben zu sein.

Dieser Schacht, den wir heute eröffnen, soll die Türe werden, durch die man zu den verborgenen Schätzen der Erde hinabsteigt, durch die jene tiefliegende Gaben der Natur an das Tageslicht gefördert werden sollen. Wir selbst können noch, wenn es uns Gott bestimmt hat, da auf- und niederfahren und das, was wir uns jetzt nur im Geiste vorstellen, mit der größten Freude vor uns sehen und betrachten. *Glück auf* also, daß wir so weit gekommen sind!

Nun sei aber auch unsre Vorsicht und unser Eifer bei dem Angriffe des Werks dem Mute gleich, mit welchem wir dazu gehen. Denn es ist gewiß, daß nunmehr die Schwierigkeiten der Ausführung uns erst fühlbar werden müssen. Ich bin von einem jeden, der bei der Sache angestellt ist, überzeugt, daß er das Seine tun wird. Ich erinnere also niemanden mit weitläuftigen Worten an seine Pflicht; ich schildre nicht das Unheil, das nachlässige und

untreue Beamte dem alten Werke zugezogen haben. Ich
will und kann das Beste hoffen. Denn welcher innerliche
Trieb wird nicht aufgemuntert werden, wenn wir bedenken, daß wir imstande sind, zum Wohl dieser Stadt, ja
eines Teils dieser Gegend, vieles mit leichter Mühe zu
wirken, daß Glück und Ruf eines so vortrefflichen, so
vernachlässigten Werkes von unserm Betragen abhängt,
und daß wir alle Bewohner der Staaten unsers Fürsten,
unsere Nachbarn, ja einen großen Teil von Teutschland
zu Beobachtern und Richtern ursrer Handlungen haben
werden. Lassen Sie uns alle Kräfte vereinigen, damit wir
dem Vertrauen genugtun, das unser *gnädigster Herr* auf
uns gesetzt hat, der Zuversicht, womit so viele Gewerken
eine ansehnliche Summe Geldes in unsre Hände legen.
Möge sich zu diesem schönen und guten Zwecke das
ganze hiesige Publikum mit uns vereinigen!
Ja, meine Herren, auch Sie werden es tun. Ein jeder
Ilmenauer Bürger und Untertan kann dem aufzunehmen-
den Bergwerke nutzen und schaden. Jede neue Anstalt
ist wie ein Kind, dem man mit einer geringen Wohltat
forthilft, für die ein Erwachsener nicht danken würde,
und so wünsche ich, daß ein jeder die unsrige ansehen
möge. Es tue ein jeder, auch der Geringste, dasjenige,
was er in seinem Kreise zu dessen Beförderung tun kann,
und so wird es gewiß gut gehen. Gleich zu Anfange,
jetzo, meine Herren, ist es Zeit, dem Werke aufzuhelfen,
es zu schützen, Hindernisse aus dem Weg zu räumen,
Mißverständnisse aufzuklären, widrige Leidenschaften
zu unterdrücken und dadurch zu dem gemeinen Besten
mitzuwirken. Kommt dereinst der Bergbau in einen le-
bendigern Umtrieb, wird die Bewegung und Nahrung
dadurch in diesen Gegenden stärker, erhebt sich die Stadt
Ilmenau wieder zu ihrem alten Flor, so kann ein jeder,
er sei, wer er wolle, er habe viel oder wenig getan, zu
sich sagen: Auch ich bin nicht müßig geblieben, auch ich
habe mich dieses Unternehmens, das nunmehr zu einer

männlichen Stärke gereift ist, als es noch ein Kind war, liebreich angenommen, ich habe es nähren, schützen, erziehen helfen, und es wird nun zu meiner Freude auf die Nachkommenschaft dauern. Ja, möge uns diese Nachkommenschaft für das, was wir von heute an tun werden, segnen und die Unsrigen diesen Segen genießen!

Und nun wollen wir nicht länger verweilen, sondern uns einem Orte, auf den alle unsre Wünsche gegenwärtig gerichtet sind, nähern, vorher aber noch in dem Hause des Herrn einkehren, des Gottes, der die Berge gegründet, die Schätze in ihre Tiefe verborgen und dem Menschen den Verstand gegeben hat, sie an das Licht des Tages hervorzubringen. Lassen Sie uns ihn bitten, daß er unserm Vorhaben beistehe, daß er uns bis in die Tiefe begleite, und daß endlich das zweideutige Metall, das öfter zum Bösen als zum Guten angewendet wird, nur zu seiner Ehre und zum Nutzen der Menschheit gefördert werden möge. – Wenn es Ihnen gefällig ist, wollen wir gehen.

Über den Ablauf der Eröffnungsfeierlichkeiten des 24. Februar 1784, die mit Goethes Rede früh 8.30 Uhr im »Posthause« begannen, heißt es in einem Bericht: »Als sich dieses Tages die zu Ilmenau wohnhaften Personen von Stande, geistliche und weltliche Honoratioren, bei den Herren Kommissarien früh versammelt hatten, auch die sämtliche Bergknappschaft mit fliegender Bergfahne von ihren Vorgesetzten herangeführt worden war, eröffnete der Herr Geheimerat *von Goethe* den Zweck des Tags in einer Rede, die nicht ohne sichtbaren Eindruck blieb. Hierauf begab sich die ganze Versammlung zu einem feierlichen Gottesdienst in die Kirche. Nach dessen Schluß zog man unter Trompeten- und Paukenschall nach dem neu anzugreifenden Schacht. Außer der schon bemerkten Begleitung folgten die Bürger und die Jugend der Stadt in guter Ordnung dahin nach. Den abgesteckten Platz des *neuen Johannes* (so wurde der neue Schacht benennet) zeichnete ein grüner Schirm von Tannen aus. Es wurde ein Kreis um ihn geschlossen. Der Herr Berggeschworene *Schreiber* präsentierte itzt eine zierlich gearbeitete bergmännische Keilhaue, womit der Herr Geheimerat *von Goethe* den ersten Hieb vollbrachte. Ein dreimaliges Glück auf! ertönte hierbei von der anwesenden Menge. – Noch gab der Anblick eines fröhlichen Knaben, der die Kinderfahne trug, Gelegenheit, auch ihm, namens sämtlicher Jugend, die Keilhaue zu Beschluß des ersten Anhiebs reichen zu lassen, damit das Andenken des hoffnungsvollen Tages sich noch mehr in den Herzen der Jugend befestigen und so der Eifer für das wichtige Bergwerk auf die Nachkommenschaft fortgepflanzt werden möge.«

Ein anderer Bericht ist ausführlicher über den zweiten Teil der Festlichkeiten: »Des Herrn Geh. Rath von Goethe Hochwohlgeb. thaten hierauf den ersten Anhieb; es wurde hierauf von den Anwesenden ein dreymalig Glückauf ausgerufen. Als hierauf noch von dem Herrn Regierungsrath Voigt und einigen Honoraioren, denen die Keilhaue präsentirt worden, der erste Anhieb gleichmäßig vollführt worden; riefen Se. Hochwohlgeb. der Herr Geheimerath von Göthe den Fahnenträger der Knaben, Nahmens Christoph Bernh. Friedr. Höhn, herbey und ließen demselben, um bey der Jugend dieser Feyerlichkeit noch mehreren Eindruck zu verschaffen, ebenfalls einen dreyfachen Anhieb thun, und demselben zum Andenken der Sache, den Kux Nr. 404 frey zugewähren. Hiermit wurde diese Feyerlichkeit beschlossen, der übrige Tag aber unter mancherley Vergnügen hingebracht; wie denn der H. Geheimerath von Göthe einen Theil der Standespersonen und Honoratioren bey sich bewirtheten; abends aber auf dem Rathhause war ein Ball veranstaltet worden.«

Was beide Berichte nicht vermerken, ist ein Zwischenfall, der sich während Goethes Rede ereignete: der Redner blieb nämlich mitten in seiner Ansprache, die er offensichtlich – in der Tradition der Rhetorik stehend – auswendig gelernt hatte, stecken, und da er es anscheinend für stillos und regelwidrig hielt, den Text aus seiner Tasche zu ziehen (denn wenn der sogar schon verteilt wurde, muß Goethe selbst doch wohl auch ein Exemplar bei sich gehabt haben), entstand eine lange Pause. Daß es sich dabei um »zehn Minuten« gehandelt habe (ein anderer behauptet sogar 20 Minuten) ist ganz sicher falsch – nur kam offensichtlich den Zuhörern diese Unterbrechung geradezu endlos lang vor und wurde gleichzeitig zu einem spannungsgeladenen Moment. Hier der Bericht des Ilmenauer Amtmanns Ackermann, wie er – 47 Jahre später! – von Eckermann aufgezeichnet wurde: »Ich war dabei, als Goethe im Jahre 1784 seine bekannte Rede bei der feierlichen Eröffnung des Ilmenauer Bergwerks hielt, wozu er alle Beamten und Interessenten aus der Stadt und Umgegend eingeladen hatte. Er schien seine Rede gut im Kopf zu haben, denn er sprach eine Zeitlang ohne allen Anstoß und vollkommen geläufig. Mit einemmal aber schien er wie von seinem guten Geist gänzlich verlassen, der Faden seiner Gedanken war wie abgeschnitten, und er schien den Überblick des ferner zu Sagenden gänzlich verloren zu haben. Dies hätte jeden andern in große Verlegenheit gesetzt, ihn aber keineswegs. Er blickte vielmehr wenigstens zehn Minuten lang fest und ruhig in dem Kreis seiner zahlreichen Zuhörer umher, die durch die Macht seiner Persönlichkeit wie gebannt waren, so daß während der sehr langen, ja fast lächerlichen Pause jeder vollkommen ruhig blieb. Endlich schien er wieder Herr seines Gegenstandes geworden zu sein, er fuhr in seiner Rede fort und führte sie sehr geschickt ohne Anstoß bis zu Ende, und zwar so frei und heiter, als ob gar nichts passiert wäre.« In dieser scheinbar endlosen Pause müssen die Anwesenden gespürt haben, daß hier mehr als eine routinierte Rede gehalten wurde, daß Goethe mehr war als nur Minister, Amtsperson, Vorsitzender der für die Zukunft Ilmenaus zuständigen Bergwerkskommission – und natürlich auch mehr als ein Dichter und der leichtlebige Günstling des regierenden Fürsten. »Was ist das für eine Stimme«, fragt sich Gottfried Benn am Schluß seines heute mehr denn je aktuellen Beitrages zum Goethe-Jahr 1932, »Goethe und die Naturwissenschaften«: »Was ist das für eine Stimme, treten wir einen Augenblick zu den Bergleuten, hören wir ihr zu, sie erläutert sich selbst: *Ich freue mich mit einem jeden, der heute sich zu freuen die nächste Ursache hat, ich danke einem jeden, der an unserer Freude auch nur entfernten Anteil nimmt.* Das ist doch die Stimme des Erzvaters vor der Hütte, der die Herden ruft, die Silhouette des Hirten steht am Abendhimmel.«

Es ist eine Stimme, die in der Tat aus anderen Dimensionen spricht, die aus einem anderen Bezugssystem ihre Worte findet als dem der ökonomisch-materialistischen Effizienz oder der des Profits. Dieses »Bezugssystem« ist alles andere als fortschrittsfeindlich, nur ist es ein anderer Fortschritt als der, dem die kapitalistisch-industrielle Moderne zum Siege verholfen hat. Der Bergbau sollte durchaus auf der technologischen Höhe der Zeit stehen, und Goethe hat sich da (wie später auch in anderen Zusammenhängen) sehr intensiv von den besten Ingenieuren, den *Kunstverständigen*, wie er es hier nennt, beraten und belehren lassen. Er ist weit davon entfernt, das »Maschinenwesen« als solches maschinenstürmerisch zu verurteilen und uns zu solcher Verurteilung aufzufordern. Nur muß diese Moderne, dieser Fortschritt immer eingebettet gesehen und vorangetrieben werden: eingebettet in natürliche so gut wie soziale Zusammenhänge. Ilmenau selbst möchte er entwickeln und erkannt sehen als »Modell« innerhalb des »Modells Weimar« – als Modell nämlich für die mögliche Kombination von Polis-Selbstbeschränkung und weltbürgerlicher Internationalität, als Modell gesellschaftlichen so gut wie technologischen Fortschritts. Noch zehn Jahre nach der denkwürdigen Eröffnung schreibt er an Schiller aus Ilmenau: »Ich war immer gerne hier und bin es noch, ich glaube es kommt von der Harmonie in der hier alles steht. Gegend, Menschen, Klima, Tun und Lassen. Ein stilles, mäßiges ökonomisches Streben, und überall den Übergang vom *Hand*werk zum *Maschinen*werk, und bei der Abgeschnittenheit ein größerer Verkehr mit der Welt als manches Städtchen im flachen zugänglichen Lande.« Man bemerke Goethes sensible Wahrnehmung des Einzugs des Industriezeitalters in die noch teilweise mittelalterlichen, jedenfalls vorindustriellen Produktionsweisen, den er offensichtlich als fortschrittlich begrüßt und auch selbst befördert hat. Daß moderne Technik letztlich den Zusammenbruch des Unternehmens – katastrophale Wassereinbrüche und schließlich die Verschüttung des Hauptschachtes – nicht hat verhindern können, mag man gleichwohl als Menetekel für größere und folgenreichere Katastrophen in unserer Gegenwart interpretieren dürfen.

Aber ebenso wichtig ist Goethes Hinweis – und seine konkrete Praxis –, Natur und Gesellschaft immer zusammen zu denken. Das Interesse an der Natur, die wissenschaftliche Neugier auf die Erkenntnis der Erdgeschichte, wird nicht getrennt von der gleichzeitigen Sorge um das Wohlergehen der Menschen auf dieser Erde und ihrem Recht auf Arbeit und auf die Produkte dieser Natur. Man bedenke in solcher Perspektive den Brief an Frau von Stein, Ilmenau, 7. September 1780, also auf halbem Wege zwischen der ersten Begegnung mit dem Bergbau und der Eröffnung von 1784: »Wir sind auf die hohen Gipfel gestiegen und in die Tiefen der Erde eingekrochen und möchten gar gern der großen formenden Hand nächste Spuren entdecken. Es kommt gewiß noch ein Mensch, der darüber klar sieht. Wir wollen ihm vorarbeiten. Wir haben recht schöne, große Sachen entdeckt, die der Seele einen Schwung geben und sie in der Wahrheit ausweiten. Könnten wir nur auch bald den armen Maulwürfen von hier Beschäftigung und Brot geben.« Die fürsorgliche Verantwortung für die »armen Maulwürfe« ist eben nicht nur ein Nachgedanke, sondern sie entspringt einerseits dem selbstgesetzten Ziel, mit dem Goethe in die weimarische Regierung eingetreten war, nämlich ›Untertanen glücklich zu machen‹, andererseits – und das ist die wichtige, »moderne« gedankliche Verbindung – steht diese

Sorge um die materiellen Lebensbedingungen der Menschen in engem und unmittelbarem Zusammenhang mit der Naturerkenntnis und, so dürfen wir aus dem Gesamtzusammenhang Goethescher Welt-Anschauung hinzufügen, mit der ›Naturbehandlung‹ durch Wissenschaft und Technik. Insofern spricht hier in der Tat eine Stimme, die ihre Wahrheit aus älteren, tieferen Schichten unserer historischen Existenz bezieht. Derselbe Minister, der mit größter juristischer, geologischer und technologischer Sachkompetenz vor seine Aktionäre, die »Gewerken«, treten konnte, die schließlich »eine ansehnliche Summe Geldes« in das von ihm verantwortete Unternehmen gesteckt hatten (es gab nach 1784 regelmäßige ›Rundbriefe‹ mit Berichten über den Stand des Unternehmens), sowie mehrere Aktionärsversammlungen, die »Gewerkentage«, auf denen Goethe – z. B. 1791 und 1793 – Rechenschaft ablegte), der konnte gleichzeitig (1785) an den Freund Jacobi aus Ilmenau schreiben: »Hier bin ich auf und unter Bergen, suche das Göttliche in *herbis et lapidibus*.«

Von der Natur ist in der Eröffnungsrede offensichtlich nur am Rande die Rede – und doch ist die Bezeichnung der zu fördernden Erze als »Gaben der Natur« nicht als leere Floskel zu lesen und zu verstehen, vielmehr wörtlich zu nehmen. Auf eine Gabe hat man bekanntlich keinen Anspruch, kein Recht – sie ist ein Geschenk, etwas, das man sozusagen unverdient erhält. Und so eben verhält es sich mit den in den Tiefen der Berge verborgenen Schätzen, die zu bergen Gott uns »den Verstand gegeben hat« – auch er keine autonome Errungenschaft des Menschen, sondern wiederum eine uns anvertraute und darum in der Verwendung/Anwendung von uns zu verantwortende Gabe. Sowohl was wir mit unserem Verstand anstellen, als auch was wir aus dem zu fördernden Erz – beides Gaben – machen, das haben wir zu verantworten. Die »Gaben der Natur« sind im übrigen (worauf mich Leo Kreutzer bei einer kritischen Lektüre dieses Textes aufmerksam machte, wofür ihm an dieser Stelle herzlich gedankt sei) eine direkt von den Physiokraten übernommene Formel: In der Physiokratie, der ersten bürgerlichen Wirtschaftstheorie, waren in den »dons de la nature« Ökonomie und Ökologie, d. h. der Nutzen, den die Menschen aus der Naturverarbeitung ziehen sollten, und ein organisch-inniges Naturverhältnis noch zusammengedacht und »Wirtschaft« nicht auf die bloße Maximierung von Profit reduziert worden. »Verantwortung« ist seitdem ein volkswirtschaftliches Fremdwort geworden und mußte erst mühsam in den 70er und 80er Jahren dieses Jahrhunderts wiederentdeckt werden, ohne jedoch wirklich ernst genommen zu werden.

Und das hat natürlich auch konkrete politische Implikationen. Denn Goethe möchte, womit die Rede bedeutungsvoll schließt, »daß endlich das zweideutige Metall, das öfter zum Bösen als zum Guten angewendet wird, nur zu seiner Ehre und zum Nutzen der Menschheit gefördert werden möge«. Was Goethe als Vorsitzender der Kriegskommission durchsetzte, nämlich die Abrüstung des Fürstentums Weimar (so vergleichsweise gering im quantitativen Vergleich das auch war), das erhoffte er sich auch von dem zu gewinnenden Erz: Keine Kanonen. Und: es sollte nicht um des egoistischen Nutzens des Herzogtums Weimar willen gefördert werden, sondern »zum Nutzen der Menschheit« – will sagen, daß ein ökonomischer Gewinn des kleinsten der Teile im weltgesellschaftlichen Ganzen, Ilmenaus oder auch Weimars, ein Beitrag zum Wohle des Weltganzen, »der Menschheit« sei, wenn eben dieser Gewinn nicht aus dem Schaden anderer gezogen werde.

Aber das eigentliche Thema der Rede ist das Politische, so wie Goethe es versuchte alt-neu zu bestimmen, selbst zu praktizieren und dem Herzog – nehmen wir ihn als Repräsentanten der damaligen (wie als Vertreter der heutigen) politischen Klasse, die gewohnt ist an eine Herrschaft ›von Menschen über Menschen‹ – nahezulegen. In einem Brief vom November 1784 formulierte er für diesen (wie für unsere heutigen Regierenden) seine Maxime politischen Handelns:

»Man muß Hindernisse wegnehmen, Begriffe aufklären, Beyspiele geben, alle Theilhaber zu interessiren suchen, das ist freylich beschwerlicher als befehlen, indessen die einzige Art ... zum Zweck zu gelangen und nicht verändern wollen sondern verändern.« Politisches Handeln heißt, die Sache selbst – hier das Projekt eines allen Mitgliedern der Gesellschaft gleichermaßen dienlichen Unternehmens – selbstlos zu befördern, ohne auf den eigenen Vor- oder Nachteil zu achten, heißt, das Interesse des Ganzen, der Gemeinschaft der Arbeitenden, obenan zu stellen. Und so finden wir den Appell, den er im November 1784 an den regierenden Fürsten richtete, in nahezu identischer Formulierung in der Eröffnungsrede vom Februar desselben Jahres bereits vor, wobei hier der Adressat »ein jeder Ilmenauer Bürger und Untertan« ist. Der Fürst ist zwar privilegiert aufgrund seiner Stellung und seiner Machtposition, aber die Ethik des Politischen, den Menschen, dem ›Volke‹, den Bürgern zu dienen, die gilt für alle gleichermaßen: »Hindernisse aus dem Weg zu räumen, Mißverständnisse aufzuklären, widrige Leidenschaften zu unterdrücken und dadurch zu dem gemeinen Besten mitzuwirken.« Goethe war ein Aufklärer – Politik, politisches Handeln ist nach seinem Verständnis auch und vor allem Aufklärung, Überzeugungsarbeit zu leisten, um dadurch die bewußte Mitwirkung aller am Gemeinwesen und am Gemeinwohl zu fördern. »Es tue ein jeder, auch der Geringste, dasjenige, was er in seinem Kreise zu dessen Beförderung tun kann und so wird es gewiß gut gehen.« Partizipation, Beteiligung am Gemeinwesen, Verantwortung übernehmen für konkrete Gemeinschaftsaufgaben – darin zeigt sich die wahre Demokratie (Goethe war, nach den landläufigen Kriterien der politischen Lager seiner Zeit wie auch nach den Begriffen heutiger politologischer Ideologie kein »Demokrat«), nicht, oder nur äußerlich und oberflächlich, in Wahlen und Abstimmungen, in Parteienbildung und Parlamentarismus. »Das ist noch einmal die Stimme der Polis, der Feste und der Epen, die Stimme der Stätten vor der Mauer, die Stimme der Quelle und des Grabes«, evozierte Gottfried Benn diese »Große Instanz« Goethe. Diese »Stimme der Polis«, so hatte der Redner gehofft, würde weit über die Grenzen der »Polis Weimar« hinaus gehört werden, da wir »unsere Nachbarn, ja einen großen Teil von Deutschland zu Beobachtern und Richtern unsrer Handlungen haben werden«.

Goethe hat sich in dieser Erwartung ganz offensichtlich getäuscht. Der »Augenblick«, dem er »seit acht Jahren, also so lange ich diesen Landen angehöre, mit Sehnsucht« entgegengesehen hatte, der blieb nur ein kurzer erfüllter Augenblick, es war ihm keine Dauer beschieden. Die Hoffnung auf das Gelingen des Projektes wurde nach dem letzten großen Wassereinbruch, 1796, also zwölf Jahre später (und 20 Jahre nach der enthusiastischen Geburt des Projektes) endgültig begraben, nachdem es inzwischen mehr als 76 000 Taler verschlungen hatte und die »Gewerken« sich zu Recht weigerten, weitere Gelder zu investieren. Aber selbst wenn dem Unternehmen ein bescheidener Erfolg beschieden gewesen wäre: die Stimme Goethes, die Botschaft seiner ersten und einzigen öffentlichen politischen Rede mit ihrem Appell an ein selbstverantwortliches, selbstbestimmtes politisches Gemeinwesen, dessen Politik darin bestehen sollte, gesellschaftlich nützliche Unternehmungen unter der Anleitung von Fachleuten in gemeinschaftlicher Verantwortung und zum größeren Nutzen der Menschheit zustande zu bringen – diese Stimme verhallte damals ungehört. Daß eine derartige politische Selbstbestimmung auch eine räumlich-demographische Dimension hat, das wußten bereits die klassischen griechischen Polis-Philosophen, und Goethe hat daran in Ilmenau und Weimar angeknüpft. Aber mindestens ebenso wichtig war für sie, wie für Goethes Weimarer Politik-Projekt, die Verankerung des Politischen in einer kosmologischen Verantwortungsethik, die normativ keine Unterscheidung von einer privaten Gesinnungsethik zuläßt. Es gibt nur eine politische Ethik, und diese ist ihrerseits zugleich eine Ethik der Wissenschaft, der Technik, der Ökonomie. Sie postuliert den wohltätigen, sorgenden, pfleglichen, gegenseitig förderlichen Umgang: sowohl miteinander wie mit der Natur – im Gegensatz zu einem autoritären, herrschaftlichen, latent oder auch manifest gewalttätigen Umgang miteinander und mit der uns anvertrauten Erde und deren Gaben.

Goethes Rede ist eine große Variation dieser stillen, ganz und gar unheroischen gesellschaftlichen – das Politisch-Administrative so gut wie das Ökonomisch-Praktische umfassenden – Tugenden: sie spricht von der Anteilnahme, dem gemeinen Besten, vom Wohle der Stadt und das Landes, von unserem Betragen, der Vereinigung der Kräfte, der Beförderung, sie fordert auf zu schützen, aufzuklären, aufzuhelfen, mitzuwirken, zu nähren, zu erziehen. Die Tatsache, daß die Initiative zur Wiedereröffnung des Ilmenauer Bergbaus von Herzog Carl August ausging, wird eher beiläufig erwähnt, und von der eigenen, mühsamen und jahrelangen Arbeit, die diesem Tag vorausging, schweigt der Kommissionsvorsitzende völlig – nicht aus Bescheidenheit, sondern weil eine solche Einstellung seiner eigenen Auffassung vom politischen Amt, vom Regieren entspricht: Pflichterfüllung im Dienste der Gemeinschaft, auf Kosten und unter bewußtem Verzicht ebenso auf persönlichen Gewinn wie auf die Befriedigung persönlicher Eitelkeiten. In dem »Ilmenau« überschriebenen großen Lehr- und politischen Rechenschaftsgedicht, das er dem Herzog 1783, also ein Jahr zuvor, zum Geburtstag überreicht hatte, heißt es diesbezüglich: »wer andre wohl zu leiten strebt, muß fähig sein, viel zu entbehren«. Wer die öffentliche Rolle zur Selbstdarstellung anstrebt, zum materiellen Gewinn oder aus Lust an der Macht über Menschen – des späten Faust irregeleiteter Größenwahn: »Herrschaft gewinn' ich, Eigentum!« –, der ist in Goethes Verständnis für die Politik, für das öffentliche Amt ungeeignet.

Diesem Verständnis vom politischen Amt als Dienen,

Helfen, Vermitteln, Aufklären, Befördern der menschlichen Produktivität in allen Bereichen, vom Materiellen bis zum Künstlerischen, ist auch der Duktus der Rede – wie erwähnt: die einzige öffentliche politische Rede Goethes – verpflichtet. Es ist eher ein freundliches und freudiges Gespräch, das der Redner mit den Anwesenden führt, ein Rechenschaftsbericht, in dem jeder sich wiedererkennen konnte, der jedem, auch dem bescheidensten Beitrag die Würde zuerkannte, ein wichtiger Baustein eines größeren Werkes zu sein. Über den äußeren Rahmen wissen wir, außer daß die Rede »im Posthaus« gehalten wurde, nichts – aber undenkbar, daß sie von erhöhter Stelle, etwa einer Bühne, gesprochen wurde: man wird sich im gedrängten Kreise um den Kommissionsvorsitzenden aufgestellt haben, der auf diese Weise zu Gleichen, zu Gleichgesinnten sprechen konnte. Goethe legte auf solche symbolische Formen großes Gewicht: die im Bericht vermerkte, offensichtlich spontane Einladung an den jugendlichen Fahnenträger, bei der sich anschließenden Schachteröffnung ebenfalls einen dreifachen Hieb mit der Keilhaue zu tun, und der Einfall, dem Knaben eine Aktie zu spendieren, unterstreichen sein Bemühen, das zukünftige Bergwerk als Gemeinschaftsprojekt im Bewußtsein von Jungen und Alten, aller Bürgerinnen[7] und Bürger gleichermaßen zu verankern und den Anlaß der eigenen Rede »nicht als eine unbedeutende Zeremonie« zu betrachten. Diese selbst konstituiert, indem sie alle Zuhörer einbezieht, die politische Gemeinschaft. Das macht zwar generell das Spezifische der politischen Rede aus – aber diese hier zeichnet sich vor anderen aus durch ihre besondere Methode, ihren Ton und ihre Intention: hier spricht nicht der große Staatsmann, der in der Stunde nationaler Not und Krise an sein Volk appelliert und es zur Unterstützung seiner Politik auffordert; hier spricht auch nicht der rhetorisch mitreißende Demagoge, der eine Menge von Individuen durch emotionalen Appell an große Ideale und ehrgeizige Ziele in eine Masse von Gefolgsleuten zu transformieren in der Lage ist; hier spricht auch nicht der belehrende Volksredner, der sachliche Argumente mit der Kunst der Rede zur großen Agitation verbindet; aber es ist auch nicht die nur formal ›Rede‹ genannte Verlesung des Aufsatzes eines Literaten vor gebildetem Publikum. Goethes Rede setzt voraus und schafft zugleich eine Gemeinschaft derer, die zwar ungleich sind in ihren Fähigkeiten und ihrer sozialen Lage, ihrer »Klassenzugehörigkeit«, die er aber als gleich anspricht in bezug auf ihr Engagement für ein Unternehmen, das sowohl politisch gemeinschaftsstiftend als auch materiell gemeinschaftsfördernd ist. In den *Maximen und Reflexionen* findet sich die Sentenz: »In der Gesellschaft sind alle gleich. Es kann keine Gesellschaft anders als auf den Begriff der Gleichheit gegründet sein [...]« Dort wird sodann aber deutlich eine wichtige Unterscheidung markiert und hinzugesetzt, »[...] keineswegs aber auf den Begriff der Freiheit. Die Gleichheit will ich in der Gesellschaft finden; die Freiheit, nämlich die sittliche, daß ich mich subordinieren mag, bringe ich mit.« Und an anderer Stelle: »Die Gesellschaft, in die ich trete, muß also zu mir sagen: ›Du sollst allen uns andern gleich sein‹. Sie kann aber nur hinzufügen: ›Wir wünschen, daß du auch frei sein mögest‹, das heißt: Wir wünschen, daß du dich mit Überzeugung aus freiem vernünftigem Willen deiner Privilegien begibst.« Eben das war auch die Praxis des Ministers, des Politikers Goethe. Aus diesem Geist der »Entsagung« hinsichtlich seiner eigenen Privilegien als herzoglicher Protegé so gut wie als der vor allem jenseits der Landesgrenzen berühmte Dichter konnte er glaubwürdig seine Rede im Kreise von Geldgebern, Honoratioren, Ingenieuren und einfachen Bergleuten mit ihrem Appell an die Gleichheit vor der Sache halten.

So gesehen ist Goethes Rede eine demokratische Rede – »die Stimme der Polis« (Benn) – und evoziert Demokratie als Lebens- und Arbeitsweise, als politische Haltung, und zwar nicht aufgrund abstrakter, unausgewiesener ethischer Postulate, sondern weil ihrer Ethik die Einsicht zugrunde liegt, daß die engagierte Partizipation der Bürger, der Betroffenen, auch zugleich effizienter ist als die Methode der Anleitung, des Befehls, des Zwanges. Später hat er selbstkritisch darin, d. h. im Mangel an einer breiteren Vernetzung des Ilmenauer Bergbaus mit anderen Unternehmen dieser Art und der damit verhinderten Möglichkeit des förderlichen Lernens, einen der wichtigsten Gründe für den sich abzeichnenden Fehlschlag gesehen: »eine so wichtige Unternehmung isoliert zu wagen, war nur einem jugendlichen, tätig-frohen Übermut zu verzeihen. Innerhalb eines großen eingerichteten Bergwesens hätte sie sich fruchtbarer fortbilden können; allein mit beschränkten Mitteln, fremden, obgleich sehr tüchtigen, von Zeit zu Zeit herbeigerufenen Offizianten konnte man zwar ins klare kommen, dabei aber war die Ausführung weder umsichtig noch energisch genug [...].« (*Annalen*, 1794)

Die Einsicht kam zwar zu spät: 1796 ging der wichtigste Stollen und damit das ganze Bergwerk endgültig in die Brüche. Aber sie unterstreicht, rückblickend, nur noch einmal die Bedeutung des in der Rede allgemein formulierten Methodischen in der Politik. Und die bittere Niederlage hat Goethe ja auch nicht entmutigt, seine Ämter weiterzuführen, ja später noch weitere – die Oberaufsicht über die Kunstsammlungen und Bildungsanstalten, wozu z. B. die bedeutende Universität Jena gehörte, oder auch die Direktion des Theaters – zusätzlich zu übernehmen. Noch die Worte, mit denen er die Anwesenden abschließend zur Eröffnung der Festlichkeiten einlädt, atmen den Geist freundschaftlich-kollegialen Einvernehmens, aus dem diese Rede konzipiert, den zu stiften sie öffentlich gesprochen wurde und deren politisches Ethos keiner pathetischen Appelle bedarf: »Wenn es Ihnen gefällig ist, wollen wir gehen.«

Goethes Frieden

»Ein dichter Herbstnebel verhüllte noch in der Frühe die weiten Räume des fürstlichen Schloßhofes, als man schon mehr oder weniger durch den sich lichtenden Schleier die ganze Jägerei zu Pferde und zu Fuß durcheinander bewegt sah. Die eiligen Beschäftigungen der Nächsten ließen sich erkennen: man verlängerte, man verkürzte die Steigbügel, man reichte sich Büchse und Patrontäschchen, man schob die Dachsranzen zurecht, indes die Hunde ungeduldig am Riemen den Zurückhaltenden mit fortzuschleppen drohten. Auch hie und da gebärdete ein Pferd sich mutiger, von feuriger Natur getrieben oder von dem Sporn des Reiters angeregt, der selbst hier in der Halbhelle eine gewisse Eitelkeit, sich zu zeigen, nicht verleugnen konnte.« So beginnt jene schlicht *Novelle* genannte, im Ganzen wie in allen Einzelheiten durch und durch symbolisch zu verstehende Erzählung, die Goethe über dreißig Jahre mit sich herumgetragen hatte, ehe er sie dann im hohen Alter endlich niederschrieb. Sie beginnt mit der Schilderung des frühmorgendlichen Aufbruchs einer aristokratischen Jagdgesellschaft, deren freudige Erregung jedoch einem durchaus problematischen, weil die noch vom Frühnebel verdeckte Ruhe und Naturordnung störenden, wenn nicht gar zerstörenden Zwecke galt: »man hatte sich vorgenommen, weit in das Gebirge hineinzudringen, um die friedlichen Bewohner der dortigen Wälder durch einen unerwarteten Kriegszug zu beunruhigen«.

Unsere Jagdgesellschaft zieht in einen Krieg – nicht den, den wir gewöhnlich mit diesem Begriff verbinden, sondern es ist ein Krieg gegen die Natur, oder genauer: gegen deren »friedliche Bewohner«, die Tiere. Aber schon die Wortwahl macht ebenso leise wie unzweideutig deutlich, daß mit diesem willkürlichen, durch keine Not oder Notwendigkeit provozierten gewalttätigen Eindringen in die friedliche Naturwelt der wirkliche Krieg gemeint ist: Herren, die sie sind, war es ihnen unmöglich »der Versuchung zu widerstehen«, die anscheinend günstige Gelegenheit zu einem Feldzug – »an diesen günstigen Herbsttagen« – sich entgehen zu lassen. Es war für sie »ein eigenes und seltenes Fest«. An den Natur und Flur rücksichtslos schädigenden Jagdabenteuern der herzoglichen Gesellschaft hatte Goethe schon sehr bald nach seinem Eintreffen in Weimar und seinem Eintritt in die herzogliche Verwaltung deutliche Kritik geübt, aber ebenso hatten ihn die der Jagdlust wesensverwandten kriegerisch-militärischen Instinkte der Regierenden zutiefst beunruhigt, die er als nunmehr intimer Mit-Zugehöriger zur politischen Klasse spürte: »Herzog war viel in Milit. gedanken, und ich ganz fatal gedruckt«, notiert er 1778 im Tagebuch, am Vorabend einer politischen Reise nach Berlin, wo es um die Teilnahme des Herzogtums Weimar am geplanten preußischen Feldzug gegen Bayern gehen sollte. Und später (1785) beobachtet er noch bitterer, ja, mit dem Ausdruck von Verzweiflung: »Die Kriegslust die wie eine Art von Krätze unseren Prinzen unter der Haut sitzt, fatigirt mich wie ein böser Traum, in dem man fort will und soll und einen die Füse versagen [...] Ich habe auf dies Capitel weder Barmherzigkeit, Anteil, noch Hoffnung und Schonung mehr.« Die Jagd sowohl als herrschaftliche Veranstaltung wie als ein Akt der Gewalt des Menschen gegen die Natur, als zerstörerische Handlung und ihre innere Verwandtschaft mit dem Krieg, mit dem die Herrschaft sich friedliche Gemeinwesen unterwirft oder gegen andere Herrschaften kämpft: die Jagd also als Kriegsmetapher. Bis heute ist nicht nur das Jagen von Wild ein Herrensport, es ist auch ein von Regierungen für diplomatische Vertreter anderer Regierungen veranstaltetes Staatsritual geblieben, dessen Symbolcharakter – oder, wenn man will, dessen verdrängte psychologischen Dimensionen der kriegerischen Unterwerfung als konkurrierend-gemeinsamer Herrschaftstätigkeit – Goethes *Novelle* unaufdringlich nahelegt. Dazu gehört natürlich auch der Ausschluß der Frauen von dieser Unternehmung: Die

Fürstin muß zurückbleiben, obwohl wir von ihr erfahren, daß sie in Staatsdingen sich ebenso verantwortlich fühlte, wie ihr Gatte: »beide waren von tätig-lebhaftem Charakter, eines nahm gern an des andern Neigungen und Bestrebungen Anteil«. Aber dort, wo Herrschaft sich gewissermaßen an ihren atavistischen Urzustand spielerisch erinnerte – an ihre Geburt aus der kriegerischen Gewalt –, da war die Frau natürlich ausgeschlossen.

Regieren heißt, dem Gemeinwesen dienende Ordnungs- und Sicherheitsfunktionen wahrzunehmen, zwischen verschiedenen Interessen auszugleichen und zu vermitteln, die Gesellschaft vor möglichem Unheil und Gefahren zu schützen und solchen Gefährdungen vorzubeugen. Wo Politik zu Herrschaft und Machtausübung degeneriert, verletzt sie eben diese Aufgaben und ihre eigentliche und einzige Legitimation. In unserer Novelle geht es auch darum, und der historische Bruch, der jenen Umschlag vom Regieren zur Machtausübung markiert, wird als Hintergrund unserer Erzählung genannt: Es ist die Französische Revolution. Diese hatte, ungeachtet aller noblen Intentionen, vor allem jene Kräfte freigesetzt, deren Protagonisten es – im Gewande großer Worte und hehrer Ideale – letztlich nur um die eigenen Vorteile, die eigenen Karrieren, den Machterwerb zur Befriedigung höchst eigener Bedürfnisse von Ruhm und öffentlicher Anerkennung gegangen war. In die Fabel des Versepos von *Reineke Fuchs* gekleidet, hat Goethe diese rücksichtslosen Machtaufsteiger der Moderne und ihre opportunistischen Mitläufer vorgestellt – mit allen politischen Facetten, Argumenten und Techniken der Macht; es wurde nicht zufällig während der Belagerung von Mainz, d. h. inmitten eines der von der Revolution ausgelösten Kriege, denen dann die Napoleons folgen sollten, geschrieben. Der »Fürst« unserer Novelle ist zwar keiner dieser skrupellosen Machtaufsteiger – weit entfernt! –, aber sein Verhalten trägt doch einen gefährlich-gefährdenden Keim davon in sich, wie wir sehen werden. Jedenfalls befinden wir uns in einer Zeit der gesellschaftlichen und politischen Gruppenegoismen, die das Gemeinwesen in eine latente Krise bringen. »Des Fürsten Vater«, so erfahren wir ganz knapp, »hatte noch den Zeitpunkt erlebt und genutzt, wo es deutlich wurde, daß alle Staatsglieder in gleicher Betriebsamkeit ihre Tage zubringen, in gleichem Wirken und Schaffen jeder nach seiner Art erst gewinnen und dann genießen sollte.«

»Alle Staatsglieder«: Das sind offensichtlich alle Gruppen, Klassen, auch Regionen der Gesellschaft, der politischen Gemeinschaft, die da – durch die Wiederholung erhält die Aussage ihr besonderes Gewicht – »in gleicher Betriebsamkeit« und »in gleichem Wirken und Schaffen« miteinander förderlich-produktiv verbunden sind. Es ist offensichtlich nicht die soziale oder die ökonomische Gleichheit, von der da die Rede ist, sondern es ist die Gleichheit im Tätigsein: Jeder, jede nach seinen oder ihren Möglichkeiten an oder in der jeweiligen gesellschaftlichen Position, in der wir uns befinden, und die Leistungsfunktion eines Fürsten ist da um nichts bedeutender oder höherrangig oder höherwertig als die des Handwerkers, Verwaltungsbürokraten oder einfachen Arbeiters. Im Gegenteil: der sozial Privilegierte – der »Fürst« (eine Metapher für jede Art von Machtposition) – wird gerade wegen seiner Privilegien mehr auf den »Genuß« verzichten müssen, muß in erster Linie dienen, jeder persönlichen Vorteilnahmen, die sich aus seiner privilegierten Stellung ergeben können und zwangsläufig auch ergeben werden, bewußt »entsagen«: »Niemand als wer sich ganz verleugnet, ist wert zu herrschen, und kann herrschen« notiert sich Goethe in den Jahren intensivster Weimarer Regierungstätigkeit ins Tagebuch (1780), und an die Adresse seines Herzogs gerichtet mahnt er diesen zu dessen Geburtstag: »wer andre wohl zu leiten strebt / Muß fähig sein, viel zu entbehren«. Indem der Fürst unserer *Novelle* nun auf die Jagd geht, seinem Vergnügen, dem Abenteuer nachgeht, wo er seine Männlichkeit beweisen kann und mit der Jagdbeute Ruhm zurückzubringen hofft, gefährdet er eben das seiner Fürsorge, seinem Schutz anvertraute Gemeinwesen (dem Volke zu dienen und Schaden von ihm abzuwenden, schwören Kanzler und Minister der Bundesrepublik Deutschland zum Amtsantritt).

Die symbolische Geschichte, die uns Goethe erzählt, handelt von einem Feuer, das in jener Stadt, wo sich auch das Schloß der Regierenden befindet, während eines Markttages, einer Messe, ausbricht. Ausgerechnet an dem Tag, da hier »die Bedürfnisse und Beschäftigungen sämtlicher Familien des Landes umher nach außen gekehrt, in diesem Mittelpunkt versammelt, an das Tageslicht gebracht worden, denn hier sieht der aufmerksame Beobachter alles, was der Mensch leistet und bedarf«, ausgerechnet also an dem Tag, da die Gesellschaft in allen ihren vielfältig einander ergänzenden Gliedern ›zu sich selbst‹ kommt, da läßt ihr Fürst sie schutzlos allein und einer Gefahr ausgeliefert, die als Möglichkeit vorhersehbar gewesen war: Der alte Oheim hatte nämlich einen ebensolchen Brand an einem ebensolchen Markttage vor vielen Jahren erlebt und darüber oft genug den Seinigen berichtet. Auch an diesem Tag tat er's wieder. Man war also gewarnt. Aber der vorausschauende Schutz der ihr anvertrauten Menschen, von deren an diesem Markttage zur Schau gestellten Gewerbefleiß ja auch unser Fürst und seine Verwaltung lebten, gehörte offensichtlich nicht zum Primat dieser Herrschaft und dieser Regierung, so aufgeklärt sie sich zu geben schien – und insofern wir diese Geschichte als Parabel für die Weltverhältnisse lesen dürfen und eigentlich auch dazu aufgefordert werden, scheint das für Herrschaft überhaupt zu gelten. Wo gejagt wird, da ist der Krieg nicht mehr weit, ja, ist er eigentlich bereits Teil der Gesellschaftsverhältnisse; oder umgekehrt gelesen: wo die Sorge der Regierenden nicht primär, ja, ausschließlich den Regierten gilt, also die »Innenpolitik« im Sinne der Förderung menschlicher Produktivität und tätiger Selbstentfaltung nicht den absoluten Primat innehat, da erleidet das Gemeinwesen Schaden und der Krieg wird möglich. Er ist, so Goethe im Gespräch (1806), »in Wahrheit eine Krankheit, wo die Säfte, die zur Gesundung und Erhaltung dienen, nur verwendet werden, um ein Fremdes, der Natur Ungemäßes, zu nähren«.

Krieg als Krankheit – der Friede hingegen dann als Zustand, oder richtiger: als der Prozeß gesunden, organischen, natürlichen Wachstums, als Entelechie, die Entfaltung aller in Mensch und Gesellschaft angelegten, ihnen förderlichen, kreativen Möglichkeiten? Um eine angemessene Perspektive für Goethes Verständnis vom Frieden zu gewinnen (es ist eigenartig und für das noch immer ganz überwiegend unpolitische Goethe-Verständnis auch und gerade der Experten bezeichnend, daß die verschiedenen Goethe-Wörterbücher, Handbücher und Indices – mit Ausnahme der »Hamburger Ausgabe« – in der Regel keine Eintragungen unter dem Stichwort »Frieden« führen), müssen wir sehr weit zurücktreten und müßten eigentlich den gesamten Kosmos dieses Welt- und Naturverständnisses zu erfassen suchen, um daraus sowohl das zu begreifen, was ihm als naturgemäß und gesund gilt, als auch das, was unnatürlich und krank genannt wird – ein Unterfangen, daß die Grenzen eines Essays bei weitem sprengen würde. Andererseits bleibt ohne diese Bestimmung, ohne diese Einordnung in den größeren, ja, den größtmöglichen, eben kosmologischen Zusammenhang auch die Erkenntnis und Erfassung der Krieg-Frieden-Problematik unbefriedigend und oberflächlich. Und an Oberflächlichem mangelt es nun gerade hier nicht: sei es bei den pazifistischen, sei es bei den bellizistischen Vereinfachern. Schon indem Goethe den Krieg als Krankheit diagnostiziert, macht er eine ungeheuer bedeutende, höchst folgenreiche und real wie im übertragenen Sinne schmerzhafte Aussage: Krankheit ist die Bedingung der Möglichkeit von Gesundheit, sie gehört gewissermaßen natürlich zur menschlichen Existenz, markiert im Leben des einzelnen Krisen – und ist oft deren Erscheinungsform –, die ihrerseits die Keime der Erneuerung in sich tragen, sofern wir ihnen nicht erliegen. Die Normalität der Gesundheit bedarf, anders gesagt, zu ihrer periodischen Kräftigung eben der Bedrohung durch die Krankheit, die ihrerseits auch einen Reifungs- und Selbsterkenntnisprozeß befördern kann, wenn sie als ein Ausdruck von Krise, als körperliche Mahnung an den geistig-psychisch-physischen Gesamtorganismus verstanden und angenommen wird. Goethe selbst war häufig krank, hat aber jede dieser Krankheiten (von Ärzten und ihrer »Kunst« hielt er nicht sehr viel) sehr sorgfältig an sich beobachtet und als Stufen der Selbsterneuerung durchlebt.

Das entfernt uns nur scheinbar vom Friedensthema, enthalten doch die knapp angedeuteten Aussagen über Krankheit, wenn wir diese nun als Metapher verstehen wollen, zumindest diese Erkenntnis, daß der Krieg wohl aus dem Leben der Völker nicht gänzlich wegzudenken sei: Er ist einzuhegen, zu bekämpfen, zu verurteilen. Auch müssen wir ihm jeden Anspruch streitig machen, hier könne sich der Mensch, der Mann vor allem, in besonderem Maße bewähren und mit seinen besten Eigenschaften verwirklichen. In der Figur des zu Tode stürzenden Euphorion, Sohn Helenas und Fausts, macht Goethe das zur mythologisch erzählten Wahrheit: Euphorion will nicht »friedlich verweilen in Berg und Wald«, will sich »in Waffen« gesellen »zu Starken, Freien, Kühnen«.

> Träumt ihr den Friedenstag?
> Träume wer träumen mag.
> Krieg ist das Losungswort.
> Sieg! Und so klingt es fort.

Darauf der Chor:

> Wer im Frieden
> Wünschet sich Krieg zurück
> Der ist geschieden
> vom Hoffnungsglück.

Aber diese »Krätze« kann auch als jene Kraft, die das Böse will und dabei das Gute schafft, die Energien der Gesundheit, sprich: die Kräfte des Friedens, der menschlichen Kreativität, der Liebe stärken und voranbringen. So wie Gesundheit und Krankheit zwar Gegensätze, aber keine komplementären, gleichgewichtigen und gleichberechtigten Pole sind, sondern eben zu Beförderndes, Positives, Aufbauendes die eine, zu Bekämpfendes, Negatives, Destruktives die andere Erscheinungsform von organischem Leben, so sind auch Frieden und Krieg nicht auf eine und dieselbe Ebene historisch-politisch-moralischer Wertung zu stellen, gar wertfrei als Naturgesetze im Leben der Völker zu betrachten. Krieg erscheint bei Goethe – so in verschiedenen symbolisch verschlüsselten Maskeraden und Aufzügen – als das Dämonische im Leben der Völker, während der Frieden dann in der Rolle des Genius erscheint – zwei antagonistische aber eben nicht polar gleichzusetzende Kräfte. Die Erhaltung oder Gewinnung von Frieden ist eine nie endende Aufgabe, ein »Kampf«, so wie umgekehrt die Gesellschaft auf das Auf- und Ausbrechen der Krankheit Krieg immer vorbereitet sein muß.

Goethe hat seinen eigenen Arbeiten, oder, bescheidener, der Literatur seiner Zeit ganz allgemein, sofern sie sich zur Weltliteratur hin entwickelte, eine gewissermaßen zivilisierende Funktion zugeschrieben oder wenigstens diese Wirkung von ihr langfristig erwartet. Er glaubte (1827), ein »Bestreben der besten Dichter und ästhetischen Schriftsteller aller Nationen« auf die Herausarbeitung des »allgemein Menschlichen« hin zu beobachten und begrüßte das ausdrücklich wegen der praktisch-politischen Konsequenzen: »so ist zwar nicht zu hoffen, daß ein allgemeiner Friede dadurch sich einleite, aber doch, daß der unvermeidliche Streit nach und nach läßlicher werde, der Krieg weniger grausam, der Sieg weniger übermütig«. Auf der Mikroebene seines kleinen Herzogtums war es Goethe zwar als Vorsitzenden der Kriegskommission (ein Amt, das er ausdrücklich übernehmen wollte) nicht gelungen, die Weimarer Soldaten, die »Militärischen Makaronis« wie er sie ironisch nannte, völlig abzuschaffen, aber er hat doch diesen Kleinstaat deutlich abgerüstet, die Zahl der Uniformierten um mehr als die Hälfte (von 532 auf 248) reduziert, und diese übten dann überwiegend friedliche Dienstleistungsfunktionen – wie z. B. Botendienste – aus; später erläuterte er im Gespräch (1824), daß er hier bewußt eine Art ›Friedensdividende‹ habe erwirtschaften wollen, »um den Finanzen durch die Kriegskasse aufzuhelfen, weil da am ersten Ersparnisse zu machen waren«.

Aber zurück zur *Novelle*, unserem Leitfaden für die Frage nach Goethes Frieden. Die zurückgelassene Fürstin durchquert, zusammen mit dem älteren Oheim, ihrem Begleiter, jenen Jahresmarkt, den wir als Brennspiegel der Gesellschaft und ihrer Gefährdungen sehen dürfen. Dabei kommen sie an einer Bude vorbei, in der für den zahlenden Besucher ein Löwe und ein Tiger zu sehen sind, deren vermeintliche Wildheit in bunt-dramatischen Gemälden vorgestellt wird. Die Bedrohung durch das exotische Wilde, das Fremde wird zum Nervenkitzel und zur, wie sich bald herausstellen wird, Ablenkung von den wirklichen Gefahren, die sich aus der Gesellschaft selbst – durch den Brand – entwickeln. Der Oheim bemerkt: »Es ist wunderbar, daß der Mensch durch Schreckliches immer aufgeregt sein will. Drinnen liegt der Tiger ganz ruhig in seinem Kerker, und hier muß er grimmig auf einen Mohren losfahren, damit man glaube, dergleichen inwendig ebenfalls zu sehen; es ist an Mord und Totschlag noch nicht genug, an Brand und Untergang: die Bänkelsänger müssen es an jeder Ecke wiederholen. Die guten Menschen wollen eingeschüchtert sein, um hinterdrein erst recht zu fühlen, wie schön und löblich es sei, frei Atem zu holen.« Die versteckte, modern ausgedrückt: kommerzialisierte Faszination durch Gewalt, Krieg und Katastrophen, solange sie uns als Bild, als Nachricht vermittelt werden (und da kann's nicht realistisch genug abgebildet werden), ist nicht nur Ab-

82

lenkung von der eigenen Welt und ihren Gefährdungen, sie ist auch Projektion: so als würde das Unheil, wenn es sich anderswo abspielt, dann den eigenen Umkreis verschonen. Nirgends wurde das treffender und populärer auf seinen Begriff gebracht als durch einen Bürger im Osterspaziergang des *Faust*:

> Nichts Bessers weiß ich mir an Sonn- und Feiertagen
> Als ein Gespräch von Krieg und Kriegsgeschrei,
> Wenn hinten, weit in der Türkei,
> Die Völker auf einander schlagen.
> Man steht am Fenster, trinkt ein Gläschen aus
> Und sieht den Fluß hinab die bunten Schiffe gleiten;
> Dann kehrt man abends froh nach Haus,
> Und segnet Fried' und Friedenszeiten.

Der Gedanke, daß ein Krieg auch im eigenen Land ausbrechen, oder der ferne Krieg auf die eigene Stadt zurückschlagen könnte, der kommt unserem Bürger nicht: Er ist, wie wir alle, ein Meister im Verdrängen der Wahrheit, daß »Krieg und Kriegsgeschrei« zwar heute noch »weit in der Türkei« oder nur auf den Fernsehschirmen sich abspielen, daß sie aber solange auch unter uns sind, wie wir den ansteckenden, den epidemischen Charakter der Krankheit nicht erkennen und diese nicht zugleich weltweit und bei uns selbst bekämpfen. Solche grundsätzliche Einsichten sind mühelos ins Politisch-Praktische übersetzbar, etwa mit dem Verweis auf jene profitabel exportierten Waffen, mit denen, wenn sich das internationale Politik-Karussell gedreht hat, auch die Soldaten der Lieferländer selbst getötet werden. Der Krieg ist unter uns, weil die Krankheit im System steckt, und den Frieden zu gewinnen oder zu bewahren eine nicht endende Aufgabe der Wachsamkeit ist, der »Gesundheitsvorsorge«, der ständigen Prävention.

Jene Wachsamkeit aber mangelt der Gesellschaft in der *Novelle* völlig – den leichtfertig ihren Vergnügungen nachgehenden Regierungen so gut wie dem Volk, das sich gewissermaßen ›im Frieden wiegt‹ und Gefahren dort sieht, wo sie, wie sich herausstellt, gar nicht sind, ja, sogar sie dort sieht, von woher ihm eigentlich die Rettung kommt oder doch kommen kann. Jener verheerende Brand hatte auch die Käfige der beiden Raubtiere erfaßt und diese freigelassen: Die Fürstin, jetzt nur noch in Begleitung des sie im stillen verehrenden Junkers Honorio, sieht sich draußen in der Natur plötzlich dem Tiger gegenüber und flieht vor ihm, aber das Pferd stürzt, und aus der scheinbaren Lebensgefahr rettet sie der Schuß aus Honorios Pistole, der den Tiger zu Boden streckt. Tatsächlich aber war es eben nur eine Scheingefahr und der Heldenmut des jungen Mannes hatte sich am falschen Gegenstand und Gegner bewährt oder eben nicht bewährt: Der Tiger war völlig zahm und ungefährlich gewesen. Das stellte sich heraus, als gleich darauf eine »bunt und seltsam« gekleidete Frau mit einem südländisch aussehenden Knaben erschien, der eine Flöte in der Hand hielt, und wenig später der die Kleinfamilie vervollständigende Mann, auch er »bunt und wunderlich gekleidet wie Frau und Kind«. Goethe wird nicht viel genauer, was die Herkunft der drei Schausteller, denn um die handelte es sich, anbetrifft: es genügen ihm die deutlichen Hinweise, daß es sich um Ausländer handelt, um Fremde im Land. Und es sind eben diese Menschen – ein Stück »Heilige Familie« scheint in ihnen zu stecken – die, in biblischen Sprachbildern sich ausdrückend, den dramatischen Moment scheinbar größter Gefahr (auch der Löwe war, wie sich herausstellte, entkommen und hatte sich in die Wälder, genauer: in die Ruinen eines alten Schlosses geflüchtet) in eine Szene wundersamster Rettung und Erkenntnis verwandelten. Die physische – kriegerische – Gewalt, mit der Honorio als mutiger Todesschütze die Gefahr glaubte abgewehrt zu haben, stellte sich als völlig irregeleitet, ja katastrophal heraus: er hatte ein harmloses, schönes Tier (und den geliebten Lebensunterhalt der Familie) sinnlos getötet.

Auch unser Fürst meint nun, bei dem Versuch, den Löwen einzufangen oder unschädlich zu machen, auf »seine militärischen Erfahrungen« zurückgreifen zu sollen – zum Entsetzen des Vaters, der weiß, daß auch dieses Tier zahm und friedlicher Natur ist. Gegen die Gewalt würde es sich möglicherweise sogar gewalttätig zur Wehr setzen – es ist bezwingbar nur mit friedlichen Mitteln: durch das stille Kind und durch die Macht der Musik der drei frommen Menschen. »Eine vollkommene Stille beherrschte die Menge«, als sie ihren Gesang beendet und damit den Boden des Friedens bereitet hatten, der den mächtigen Löwen zurückbringen und auf dem die Versöhnung zwischen Mensch und Natur, die Überwindung der rohen Gewalt durch die Kraft der Liebe sich ereignen würde:

> Löwen sollen Lämmer werden,
> Und die Welle schwankt zurück.
> Blankes Schwert erstarrt im Hiebe,
> Glaub und Hoffnung sind erfüllt.

Der Friede, den Goethe hier als Vision, als eine die kranke Wirklichkeit transzendierende Utopie vor unserer Phantasie erscheinen läßt, hat es ganz entscheidend und zentral mit der Methode zu tun, die ihn erstrebenswert und erstrebensmöglich macht. Der Friede als Zweck entfaltet sich in seinen Mitteln – der Gewaltlosigkeit, der Liebe, auch und nicht zuletzt der Geduld. Vor allem aber bedarf dieser hohe Zweck des unbedingten letztendlichen Vertrauens in die gesunden, heilenden Kräfte der Natur. Nicht, daß nicht zwischen Mensch und Natur ein notwendiges Spannungsverhältnis besteht – wir sind biologisch Naturwesen und doch zugleich deutlich von der sprach- und bewußtlosen Natur unterschieden –, aber nur ein organisch-pfleglicher Umgang mit der Natur, ein friedliches und nicht gewalttätig-ausbeuterisches Verhältnis ist auch, in letzter Instanz, dem Menschen förderlich. In den ausführlichen Beschreibungen des alten Schlosses – es stammt aus der vor-revolutionären und damit auch aus der vor-industriellen Epoche, die dann eben den Graben zwischen Mensch und Natur so anscheinend unüberwindlich tief aufgerissen hat – ist immer wieder davon die Rede, »niemand wüßte zu sagen, wo die Natur aufhört, Kunst und Handwerk aber anfangen« und davon, daß »die alten Spuren längst verschwundener Menschenkraft mit der ewig lebenden und fortwirkenden Natur sich in dem ernstesten Streit erblicken lassen«. Bei der Gelegenheit sei daran erinnert, daß Goethe nicht nur, wie schon erwähnt, »Abrüstungspolitik« betrieben hat, sondern auch, auf das Naturverhältnis bezogen, deutlich machte, daß Bodenschätze nur friedlich zu nutzen seien. Ich erinnere an seine Rede zur Wiedereröffnung des Ilmenauer Bergbaus, 1784, in der er das zu gewinnende Erz ausdrücklich nur für friedliche Produktion – also nicht für den Kanonenguß – verwendet sehen will: das wäre, so gibt er zu verstehen, eine Verletzung der Naturgaben und eine Verletzung des Vertrauens, das Gott in die Menschen gesetzt hat, deren bergwerkliche Tätigkeit hier seinem Segen anvertraut wird – »[...] und daß endlich das zweideutige Metall, das öfter zum Bösen als zum Guten angewendet wird, nur zu seiner Ehre und zum Nutzen der Menschheit gefördert werden möge«.

Zu erinnern aber ist in diesem Zusammenhang auch an Goethes erbitterten Kampf gegen Newtons Farben- bzw. Lichtlehre, in der er eine tiefe Verletzung der Harmonie und des Friedens der Natur mit sich selbst sieht; der Regenbogen ist für Goethe nicht gebrochenes, zergliedertes Licht – ein solches analytisches Natur- und Weltverständnis ist nicht nur gewalttätig, sondern auch zugleich zutiefst unfriedlich, erklärt der Natur gewissermaßen den Krieg –, nein, der Regenbogen ist ein Friedenssymbol, so wie seine eigene Farbenlehre eine Art wissenschaftlicher Liebeserklärung an die Natur ist.

Frohe Zeichen zu gewahren,
wird der Erdkreis nimmer müde;

Schon seit vielen tausend Jahren
Spricht der Himmelsbogen: Friede!

Die Gewaltlosigkeit als Mittel zum Zweck der Bändigung
von Gewalt, das ist gewiß eine der ›Botschaften‹ der *Novelle*
– kein Dogma, kein prinzipieller Lehrsatz: schließlich endet
Herrmann und Dorothea mit einer ganz anderen Aussage,
die wir heute die ›Abschreckungstheorie‹ nennen würden –

und gedächte jeder wie ich, so stünde die Macht auf
Gegen die Macht, und wir erfreuten uns alle des Friedens

– aber der hohe symbolische Anspruch der *Novelle* gibt
ihr solchen populär gereimten Aussagen gegenüber doch
ein unvergleichlich größeres Gewicht. Im Gespräch mit
Eckermann ist Goethe da auch sehr deutlich:
»Zu zeigen, wie das Unbändige, Unüberwindliche oft
besser durch Liebe und Frömmigkeit als durch Gewalt be-
zwungen werde, war die Aufgabe dieser Novelle, und dieses
schöne Ziel, welches sich im Kinde und Löwen darstellt,
reizte mich zur Ausführung.« »Oft«, heißt es da, nicht »immer«: Goethe läßt sich wohl auf Methoden, nicht aber auf
prinzipielle, eindeutige Aussagen festlegen, schon gar nicht
im Politischen.
In der Politik hat er diese ›Lektion von den Methoden‹,
wenn man das so sagen kann, selbst erst vergleichsweise
spät wirklich gelernt. Zwar läßt sich schon die zunehmend
schroffe und verbitterte Ablehnung der Französischen Revolution aus eben dieser Methoden-Kritik ableiten: die Gewalttätigkeit, die Ungeduld, der opportunistische Appell der
Revolutionäre an die verführbaren Wünsche der Menge, das
ließ ihn von vornherein nichts Gutes erwarten und machte
ihn eher als die meisten anderen deutschen Zeitgenossen der
literarisch-publizistischen Öffentlichkeit zum erklärten Re-
volutionsgegner. Dann aber setzte er auf Napoleon als die –
»dämonische« – Kraft, welche die Revolution zu bändigen

und den europäischen Kontinent zu pazifizieren in der Lage
sei. Der Widerspruch, daß Napoleon dieses Ziel nun nicht
eben mit den Mitteln friedlicher Überredungskunst oder
demokratischer Überzeugungsarbeit zu erreichen versuchte,
der ist dabei allerdings nicht zu leugnen. Aber einen anderen
Weg, den bösen Geist des bürgerlichen Egoismus wieder in
die Flasche disziplinierender Obrigkeit zurückzubringen,
schien er nicht zu sehen. Offensichtlich erhoffte er sich von
Napoleons Erfolgen eine Art Neuauflage der Pax Romana,
die immerhin eine der stabilsten Friedensordnungen der
europäischen Geschichte gewesen war. Der französische
Kaiser als der neue Augustus, der in Rom den Kriegstempel
geschlossen und eine Ara pacis, einen Friedensaltar, gestiftet
hatte. Als Napoleon 1812, kurz vor Beginn des katastro-
phalen Rußland-Krieges, auf der Höhe seiner Macht stand,
ihm inzwischen auch ein Sohn geboren war, in dem sich die
neue kaiserliche Dynastie zu perpetuieren hoffte, schrieb er
ein Grußgedicht an die Kaiserin, in dem er der Erwartung
eines solchen ›ewigen‹, oder doch wenigstens dauerhaften
Friedens beredten Ausdruck gab:

> Was sind hier die Trophäen aller Siege,
> wo sich der Vater in dem Sohn gefällt?
> Zusammen werden sie des Glücks genießen,
> Mit milder Hand den Janustempel schließen.

Und dann jener Schlußsatz eines Wunschdenkens, das die
tatsächliche Dynamik, die Logik von machtgegründeter
Herrschaft so radikal zu verfehlen und mißzuverstehen
scheint, wie man es sich nur denken kann:

> Der alles wollen kann, will auch den Frieden.

Eben nicht! Jenes Gesetz, nach dem ein Napoleon und so
viele Große und Kleinere vor und nach ihm angetreten sind,
das Gesetz der sich selbst reproduzierenden Gewaltlogik, die

kein Ende, kein In-sich-zur-Ruhe-kommen kennt, hat Goethe hier völlig verkannt. Oder war es taktisch verstandenes Wunschdenken, der Appell des dem Frieden verpflichteten, den Frieden so nötig wie die Luft zum Atmen brauchenden Dichters an sein großes, scheinbar allmächtiges Gegenüber (und den Gesprächspartner von 1808, der ihn ja als Hofdichter nach Paris hatte locken wollen), eben diesen Frieden entgegen aller historischen Logik und Wahrscheinlichkeit zu schaffen als die größte denkbare Tat überhaupt? Napoleon, der Napoleon überwindet? Den appellativen Versuch mag es ihm wert gewesen sein. Vier Jahre später stellte er der Veröffentlichung von *Des Epimenides Erwachen* ein Gedicht voran, das den Irrtum, wenn er denn einer war, explizit korrigiert, indem die Aussage der Schlußzeile von 1812 nun umgekehrt und zu einer geradezu apodiktisch klingenden Aussage über die Menschen der Macht und die Zwangshaftigkeit ihres Tuns wird. Wer Macht über Menschen ausübt, unterliegt selbst dem Gesetz der zerstörerischen Gewalt, in die er nicht nur sich und sein Volk, sondern auch noch seine Gegner, die ihm notwendigerweise ähnlich werden, hineinzieht – eine böse Spirale von Gewalt und Gegengewalt entsteht:

> Den Frieden kann das Wollen nicht bereiten:
> Wer alles will, will sich vor allem mächtig,
> Indem er siegt, lehrt er die andern streiten;
> Bedenkend macht er seinen Feind bedächtig;
> So wachsen Kraft und List nach allen Seiten,
> Der Weltkreis ruht von Ungeheuern trächtig,
> Und der Geburten zahlenlose Plage
> Droht jedem Tag als mit dem jüngsten Tage.

Wie gesagt: Napoleon hatte jene das Politische, seine enorme Macht, seinen weltweiten Erfolg transzendierende Größe nicht gehabt, den Frieden zu wollen – er hätte sich selbst überwinden müssen, so wie Goethe es von seinem Herzog im Geburtstagsgedicht *Ilmenau* erwartet hatte. Das »Dämonische«, das Napoleon verkörperte, entzog sich letztlich, inkommensurabel, als außergeschichtliche Kraft auch Goethes Kosmologie; allerdings hat er für uns historische ›Normalbürger‹ wie auch, selbstverständlich, für sich selbst als privilegierter Mann der Regierung diese hohe ethische Forderung nach der Selbstüberwindung, der »Entsagung« aufrechterhalten und als Herrschertugend für unverzichtbar gehalten. Das macht Goethesche Politik so schwer – sie ist nichts für Aufsteiger und Schausteller auf der Bühne der Öffentlichkeit. Unter den *Xenien* finden wir, mit der Überschrift »Wer will die Stelle« versehen, die Zeilen:

> Republiken hab' ich gesehen, und das ist die beste,
> Die dem regierenden Teil Lasten, nicht Vorteil gewährt.

Und kritisch gegen die demokratischen Demagogen gerichtet, wie sie die zusammenbrechenden Ancien régimes nach oben brachten, heißt es in einem der Venezianischen Epigramme:

> Alle Freiheitsapostel, sie waren mir immer zuwider,
> Willkür suchte doch nur jeder am Ende für sich.
> Willst du viele befrein, so wag' es vielen zu dienen.
> Wie gefährlich das sei, willst du es wissen? Versuch's!

Nur scheinbar führen diese Andeutungen von Goethes politischer Ethik ab vom Thema Frieden in diesem Weltbild, das zwar Weltverständnis, aber zugleich auch normsetzend ist. Denn Frieden – auch und gerade der politische – geht hervor aus dem Verzicht auf die Herrschaftsgloriole zugunsten der Mühe des Dienens als dem Preis, den gesellschaftliche Privilegien und politische Macht zu zahlen haben. Goethe hat das – vergleichsweise am deutlichsten – in den verschiedenen Sprüchen, die er als Form sehr gern benutzte, zugespitzt ›auf den Punkt‹ gebracht:

Mit einem Herren steht es gut,
Der, was er befohlen, selber tut.

Und verallgemeinert und damit jeden von uns, ob privilegiert oder nicht, ansprechend und in die Verantwortung nehmend:

Wer mit dem Leben spielt,
Kommt nie zurecht;
Wer sich nicht selbst befiehlt,
Bleibt immer ein Knecht.

Darum fängt der Frieden im Kleinen an – und endet schließlich wieder im Kleinen – als dem Ort, an dem er sich bewähren und beweisen muß: Frieden wird möglich nicht nur als Folge der Absage an die großen Projekte der Macht und des öffentlichen Ruhms, sondern viel genereller oder universeller als Folge von Selbstbescheidung, von einer Prioritätensetzung zugunsten zivil-bürgerlicher Tätigkeit, republikanischer Mitverantwortung für das Gemeinwesen, von »Bürgerpflicht« und »Bürgersinn« gemeinsamen Handelns im Rahmen überschaubarer politischer Einheiten – wie es die »Polis Weimar« idealiter war.

Entgegen Goethes dringendem Rat hatte Carl August 1806 an der Seite Preußens am Krieg gegen Napoleon teilgenommen, der mit der Schlacht bei Jena so schmählich geendet hatte, was für Weimar fast das politische Aus bedeutete (nur das mit dem Namen Goethe verknüpfte enorme kulturelle Prestige des »kleinen bisher leuchtenden Punktes Deutschlands, der [...] Herdern, Schillern und mich beherbergt hat« [an Cotta, 24. Dezember 1806] ließ ihn die große napoleonische Neuordnung überleben). Ein Jahr später wurde das Weimarische Theater mit einem »Vorspiel« von Goethe eröffnet, in dem nicht nur die katastrophale Ruhmsucht des Herzogs ungewöhnlich deutlich kritisiert, sondern vor allem durch den gleichzeitigen Aufruf zum Engagement der Bürger konterkariert wurde. Da spricht eine »Majestät«:

Fromm erflehet Segen euch von oben;
Aber Hülfe schafft euch tätig wirkend
Selber, und vertilget alle Spuren
Meines Fußes, der gewaltig auftrat.

Die Chance des Friedens wird nicht bei der Weisheit der Regierenden liegen, sondern in der klugen Selbstorganisation der Bürger. Noch einmal die »Majestät«:

Also wer dem Hause trefflich vorsteht,
Bildet sich und macht sich wert, mit andern
Dem gemeinen Wesen vorzustehen.
Er ist Patriot, und seine Tugend
Dringt hervor und bildet ihresgleichen,
Schließt sich an die Reihen Gleichgesinnter.

Dem antwortet nun der »Friede« – nachdem er freudig festgestellt hat, daß alle Bürger (Weimars) ohne »Befehl« und »jeder froh sich selber gehorchend« in den »holden Friedenskünsten« ihrer »aufgeweckten Tätigkeit« nachgingen – der Regent habe

[...] mit wenig Worten
Ausgesprochen, was die Städte
Bauet, was die Staaten gründet:
Bürgersinn [...]

Im eigenen Gemeinwesen Verantwortung zu übernehmen, hier mit erfahrungsgegründetem Urteil handeln, darin besteht die Chance schließlich auch des Friedens im Großen.

Gesprächsweise äußert sich Goethe (1803) so: »Ich sehe immer mehr, daß jeder nur sein Handwerk ernsthaft treiben und das übrige alles lustig nehmen soll. Ein paar Verse, die ich zu machen habe, interessieren mich mehr als viel wichtigere Dinge, auf die mir kein Einfluß gestattet ist, und wenn ein jeder das gleiche tut, so wird es in der Stadt und im Hause wohl stehen.« Daraus werden dann die zu leicht als ›Kirch-turmspolitik‹ fehllesbaren Zeilen »Bürgerpflicht« (1832, we-nige Wochen vor dem Tode geschrieben), die einen Vers Lu-thers in bedeutsamer Weise verändern. Bei Luther heißt es: »Ein jeder lerne sein' Lektion, so wird es wohl im Hause stohn.« Das »lerne« ersetzt Goethe durch »übe« und unter-streicht es in der Handschrift doppelt: es kommt auf die prak-tische Tätigkeit, das Handeln an, und zwar im eigenen Hause, vor der eigenen Tür.

> Ein jeder *kehre* vor seiner Tür,
> Und rein ist jedes Standquartier.
> Ein jeder *übe* sein' Lektion,
> So wird es gut im Rate stohn.

Was hatten (die Goetheschen Maximen zugegebenermaßen grob aktualisierend) deutsche Soldaten in Rußland, Nord-afrika oder Griechenland, was haben die gewalttätigen in-ternationalen Friedensstifter heute in den fremden Häusern zu suchen, nachdem sie zuvor die ökonomischen und sozia-len Lebensbedingungen ihrer Bewohner ruinierten und den rivalisierenden Machteliten die Waffen lieferten? Ob sie als Friedensstifter oder als Befreier kommen: Der bewaffneten Politik geht es zuerst und vor allem um die Sicherung ihrer herrschaftlichen Interessen. Ihr ist Frieden so gut wie Krieg ein Mittel zum Zweck, sie zahlt mit der Münze der Macht und nimmt nur die ernst, die selbst zahlungsfähig sind. Da will jeder Regierende, ob groß oder klein, seinen Anteil an Herr-schaft und Kontrolle über die Gesellschaft vermehren, da geht es um Privilegien, aber auch um Prestige und das eigene Bild in der Geschichte. »Zum ewigen Krieg« ist eine der Distichen aus dem Umkreis der Xenien-Sammlung überschrieben:

> Keiner bescheidet sich gern mit dem Teile, der ihm
>   gebühret,
> Und so habt ihr den Stoff immer und ewig zum Krieg.

Und gleich daneben finden wir die positive Umkehrung dieser spruchweisheitlichen ›Reduktion von Komplexität‹, die nur dann naiv und inhaltsleer scheint, wenn wir auch sie nicht mit dem Bewußtsein lesen, daß es gerade das ›Einfache‹ ist, ›das schwer zu machen ist‹. »Zum ewigen Frieden« spricht mit leichten Worten von der schweren Aufgabe, im gesellschaftlichen Verkehr, im politischen Konflikt immer auch die andere Seite, die Interessen, Bedürfnisse, Sichtweisen der anderen zu verstehen und zu berücksichtigen, nachdem man – leichter gesagt als tatsächlich erkannt! – sich über die wahren eigenen Interessen klargeworden ist:

> Bald, es kenne nur jeder den eigenen, gönne dem andern
> Seinen Vorteil, so ist ewiger Friede gemacht.

Aber zurück wieder zur »Novelle«. Ehe die symbolische Erzählung vom Sieg der Güte über die Gewalt, von der Zähmung der Gewalt durch die Liebe zu ihrem Höhepunkt und Abschluß kommt, muß noch des jungen Mannes Honorio gedacht werden, der, insgeheim die Fürstin mehr als nur verehrend, den zahmen Tiger in seiner Übereile getötet hatte. Die kluge, fremdländische Frau hatte eben jene in der Seele des Junkers schlummernde gefährliche Leidenschaft erkannt, seine – um es in der Sprache des Distichons »Zum ewigen Krieg« zu sagen – Nichtbescheidung mit dem eigenen Teile, dem Stoff zu Zerstörung und Krieg. Sie ruft ihn, den Träumenden, auf zum tätigen Leben, wohl auch zum Fortgehen aus der Enge der kleinen Welt: »eile nur, säume nicht, du wirst überwinden.« Und dann, damit diese zentrale Erkenntnis nicht verlorengehe und überhört werde, ihre Erweiterung über den nahegelegten Liebes-Verzicht hinaus ins Ethisch-Politische (denn Honorio ist ein gesellschaftlich Privilegierter und wird eines Tages zu den Regierenden gehören): »Aber zuerst überwinde dich selbst!« Daß ihm das gelingen könnte, daß er zumindest den anstrengenden Versuch dazu machen wird, das deutet Goethe vorsichtig an –

und der ehrliche Versuch eines selbstüberwindenden, der persönlich-egoistischen Vorteilswahrnehmung entsagenden Lebensentwurfes wird, kosmologisch gesprochen, auch dann anerkannt und honoriert werden, wenn er nicht glückt und gelingt: »Wer immer strebend sich bemüht, den können wir erlösen.« Der ohnehin immer nur punktuell sich einstellende Seelenfriede ist die Antizipation oder, wenn man so will, die Keimzelle, der Mikrokosmos des äußeren, gesellschaftlich-politischen Friedenszustandes. Aber beide sind permanent gefährdet und bedroht. Mit Goethe über Politisches nachzudenken heißt auch, die bequem-vereinfachende Trennung zwischen dem Öffentlichen und dem Privaten aufzuheben, und zwar im Sinne der Mitverantwortung des Letzteren für das Erstere: die vermeintlichen oder tatsächlichen schlechten Verhältnisse erklären, aber sie entschuldigen nicht unsere Komplizität mit ihnen, auch mit Krieg und Unfrieden, und spielten sich diese noch so »weit in der Türkei« ab. Auch etwas so Großes, Notwendiges und zugleich letztlich auf Dauer Unerreichbares wie der Frieden zwischen Menschen und Völkern fängt im Kleinen an, hat seine Keimzellen in den Mikro-Strukturen der Gesellschaft, letztlich im Mikrokosmos des Verhältnisses zwischen zwei Menschen, dessen beglückendste und höchste Verwirklichung »Liebe« heißt.

Die Liebe ist das offenbare Geheimnis des Friedens. Er kommt nicht ›von oben‹, von einem christlichen Gott bzw. dessen priesterlichen Interpreten, sondern ›von unten‹. Er entsteht zwischen den Menschen, allen voran unter den Liebenden. Und er ist ein Werk der Vernunft: Liebe – Frieden – Vernunft (nicht die instrumentelle Rationalität ist hier gemeint) rücken ganz eng zusammen, wie es an zentraler Stelle in polemischer Verkürzung von Goethe in dem ihm teuersten Bekenntnis-Gedicht, der »Marienbader Elegie« ausgesprochen wird. Das Verhältnis zwischen Mann und Frau, die erfüllte Partnerschaft, ist göttlich-menschlich, vernünftig-human und bedarf keines christlichen Katechismus.

Dem Frieden Gottes, welcher euch hienieden
Mehr als Vernunft beseligt – wir lesen's –,
Vergleich ich wohl der Liebe heitern Frieden
In Gegenwart des allgeliebten Wesens;
Da ruht das Herz, und nichts vermag zu stören
Den tiefsten Sinn, den Sinn, ihr zu gehören.

Dann aber wird, vernunftbegleitet, Frieden auch zu einer Haltung: die der Freundlichkeit, der Absage an alle Mittel von Macht und Gewalt.

Honorios Selbstüberwindung, die von ihm erahnte Forderung nach Selbstüberwindung, wird in der biblisch-symbolischen Schlußszene der »Novelle« als einlösbar antizipiert: das flötenspielende Kind führt den gefährlich-gewaltigen Löwen sicher und friedlich aus seinem Versteck, und dieser bedarf seinerseits des unbewaffneten Kindes, um ihn – wie in der legendären Geschichte von Androklus – von einem schmerzenden Dorn im Fuße zu befreien. Der Löwe wird dadurch nicht weniger Löwe, ein starkes, zur Gewalt fähiges Tier, daß er sich von der Güte und der Liebe zähmen ließ – so wie der kräftige Mensch sich nicht schwach machen, oder selbstverleugnen muß, um friedlich und friedfertig zu werden: Die Überwindung besteht darin, die eigene Stärke bewußt nicht einzusetzen, sie statt dessen dem »friedlichen Willen«, dem Willen zum Frieden zu unterwerfen. In Goethes durch nichts zu umschreibenden Worten, mit denen die »Novelle« endet und damit auch seine verschlüsselt-offenbare Antwort auf die Frage, wie wir mit der Gewalt, dem Unfrieden umgehen können: »Ist es möglich zu denken, daß man in den Zügen eines so grimmigen Geschöpfes, des Tyrannen der Wälder, des Despoten des Tierreiches, einen Ausdruck von Freundlichkeit, von dankbarer Zufriedenheit habe spüren können, so geschah es hier, und wirklich sah das Kind in seiner Verklärung aus wie ein mächtiger, siegreicher Überwinder, jener zwar nicht wie der Überwundene, denn seine Kraft blieb in ihm verborgen, aber doch wie der

Gezähmte, wie der dem eigenen friedlichen Willen Anheim-
gegebene.« Eben das sind wir selbst: wir können die Welt,
die Natur um uns, die Menschen neben uns zerstören – die
physische Stärke dazu haben wir –, aber das Größere, der
Frieden, bestünde darin, eben diesen Möglichkeiten zu entsagen. Niemand wird uns dazu zwingen – außer, so steht zu
hoffen, unsere Einsicht in die Prioritäten des recht verstandenen eigenen Vorteils, der komplementär der Vorteil des
anderen ist, weil das Leben in Gesellschaft eben kein Null-
summenspiel, sondern eines ist, bei dem beide (oder alle)
Beteiligten entweder gemeinsam gewinnen oder gemeinsam
verlieren. Würde diese Erkenntnis sich durchsetzen, »so ist
ewiger Frieden gemacht«.

Kriegsbericht*

Wer heute »1789« sagt, der meint damit die Französische Revolution. In der europäischen Geschichte gibt es keine vergleichbare und so eindeutige Zuordnung einer Jahreszahl zu einem politischen Ereignis. Ganz zu Recht: Es war schon den Zeitgenossen klar und ist seitdem bis heute unbestritten geblieben, daß 1789 das Geburtsjahr der europäischen politischen Moderne ist. Den dramatischen inneren Umwälzungen in Frankreich folgten die Revolutions- und dann die napoleonischen Kriege, die Perioden zwischenstaatlichen Friedens waren nur wie ein Atemholen zu neuen, immer gewalttätigeren Feldzügen, in die immer mehr Menschen aktiv und passiv, als gutgläubige Vaterlandsverteidiger und als leidende Zivilisten von den Regierenden hineingezogen wurden. Seinen Höhepunkt und vorläufigen Abschluß fand diese 1789 ausgelöste Dynamik erst mit dem Ende des Zweiten Weltkrieges: Allenfalls das Jahr 1945 macht dem des Revolutionsausbruches den Rang streitig, synonym für ein einzelnes Ereignis zu stehen. Die entfesselte Zerstörungskraft des Krieges – seine propagandistische und materielle Vorbereitung der periodischen Ausbrüche und seine Beendigung als bloßer Waffenstillstand – war und ist der Grundtenor der Epoche. Es hat erst des letzten dieser europäischen Kriege bedurft, um die Einsicht in die Sinnlosigkeit, die Unvernunft dieses vermeintlichen Mittels der Politik durchzusetzen: Aber konkrete, praktische Folgen hat diese immer wieder bekundete Einsicht bislang nicht gezeitigt und damit enthüllt, daß dem militärischen Drohpotential der Staaten und ihrer politischen Klassen eine tiefere Logik als die der Vernunft zugrunde zu liegen scheint. Es ist »die historische Logik der Unvernunft«.[1]

Also muß noch immer Aufklärungsarbeit, und zwar radikaler, mehr denn bisher ›an die Wurzeln gehend‹, geleistet werden – Aufklärung über die Unvernunft staatlicher Politik-Logik, und das heißt auch und vor allem Aufklärung über den letztlichen Gewaltcharakter der staatlichen Strukturen.

Als ein solches Stück Aufklärungsarbeit sind auch Goethes *Campagne in Frankreich 1792* und die sich daran anschließende *Belagerung von Mainz* zu lesen, autobiographische Texte, die ihre sehr ernsten Einsichten und radikalen Wahrheiten über das politische Geschehen der Zeit und damit, epochal betrachtet, unserer Gegenwart unter einer scheinbar glatten Oberfläche verbergen, wo sie bis heute als noch immer ungehobene Schätze lagern.[2] Goethe hat, wo es ihm um Wichtiges ging, nie mit dem Zeigefinger belehrt und argumentiert, und gerade darum hat er die Zeiten überdauert – was er uns aber gleichzeitig nicht erspart, ist die sorgfältige und nachdenkliche Lektüre, das Mitlesen der Aussparungen, der Andeutungen, die das selbständige Weiter- und Zuendedenken erfordern. Karl Friedrich Zelter, der Freund, bestätigte ihm den Empfang und die erste Lektüre der »Campagne« mit den Worten: »Deinen neuen Band... habe bereits verschlungen, wenn auch noch nicht verschluckt; ich bin von Schlangenart und brauche Zeit zum Verdauen. Vorläufig will nur sagen, daß der ›Campagnekrieg‹ eben zur rechten Zeit kommt, wenn auch die Wirkung sich nicht gleich zeigt. Mir geht's nicht besser, alles zerfließt mir auf der Zunge, hernach geht's erst ans Kauen, was Weile haben will. Ist Dir doch auch nicht alles angeflogen. Das Unheil aus dem schnöden Pfuschwesen ist denn doch so dargestellt, daß man nicht vor Scham verzweifeln muß und dazwischen manchmal lächeln kann. Das sollen die Prahlhänse, die Geschichtschreiber, wohl bleiben lassen.« (26. Juni 1822) In der Tat darf der nur »lächeln« und sich an der sprachlichen Eleganz wie der Anschaulichkeit und zugleich epigrammatisch konzentrierten Prosa freuen, der sie und das tagebuchartig geschilderte Geschehen so ernst und das Vordergründige immer transzendierend nimmt, wie vom

Autobiographen beabsichtigt.[3] »Die Geschichte der Zeit«, so bestätigt ihm der Diplomat und langjährige Briefkorrespondent Karl Friedrich Reinhard den Erhalt des Buches, »ist an die persönlichen Ereignisse nicht angereiht, sondern in sie eingeschlossen; der Teil enthält das Ganze, und dies ist naturgemäß; wer erkennt dies eben besser als Sie?« (22. August 1822)

Ganz ähnlich verstand der jugendliche Freund Sulpiz Boisserée, daß es Goethe in der Tat auf das Verständnis der zerstörerischen Natur des Krieges ankam und er kein gefälliges Kapitel zu seiner Autobiographie hatte schreiben wollen: »Ich erinnere mich nicht, das wilde, zerstörende Kriegsleben in seiner Verflechtung mit dem stets fortwebenden, erhaltenden Gewohnheitsleben, irgend so wahr und in so auffallendem Gegensatze dargestellt gefunden zu haben. Wie selten mag sich aber auch der Fall ereignen, daß ein genialer, der schriftstellerischen Kunst mächtiger Mann unmittelbar an den gewaltigen Weltbegebenheiten als ruhiger Beobachter teilnimmt?«[4]

Zum besseren Verständnis des Textes, aber auch zur Bedeutung, die Goethe ihm selbst zumaß, ist die Tatsache zu berücksichtigen, daß er dreißig Jahre, also ein Menschenalter nach den Ereignissen selbst erst geschrieben wurde. Es ist eine Art Rechenschaftsablegung und damit zugleich eine ins Grundsätzliche gehende Auseinandersetzung mit seiner eigenen Rolle im Kriegsgeschehen, mit dem Militärleben überhaupt, das er damals im Gefolge des Herzogs Carl August von Weimar, der zugleich in preußischen Diensten stand, mitmachte. »Sie erhalten nächstens einen treuen Abriß meiner wunderlichen Militärlaufbahn«, schrieb er an den Schriftsteller und Musikkritiker Johann Friedrich Rochlitz; »auch durch diese Erbkrankheit der Welt mußt ich einmal durch.« (22. April 1822) Er hat an dieser »Erbkrankheit« tief und existentiell gelitten: Die »Campagne« ist, verborgen unter der oft heiteren, distanziert beobachteten Oberfläche, zugleich eine Leidensgeschichte – aber nicht nur des Menschen Goethe (das wäre dann nur von sehr beschränktem Interesse), sondern eine Leidensgeschichte der sinnlosen Opfer dieses und damit jeden Krieges. »Ein Kriegs- und Reisetagebuch (wie es sonst für ihn immer selbstverständlich war; E. K.) mocht' ich nicht anrühren. Der unglückliche Verlauf der Unternehmung, der noch Schlimmeres befürchten ließ, gab immer neuen Anlaß zum Wiederkäuen des Verdrusses und zu neuem Aufregen der Sorge.« (280)[5] Die wenigen Aufzeichnungen, die er sich dennoch gemacht hatte, vernichtete er, kaum der »gemeinsamen Hölle« (287) entronnen, auf der ersten Station seiner Heimreise im Hause seines Freundes Jacobi in Düsseldorf – und zwar weil, wie er meinte, »ich mit kurzsichtigem Dünkel manches falsch gesehen und unrichtig beurteilt habe, und da man gegen nichts strenger ist als gegen erst abgelegte Irrtümer, es auch bedenklich schien, dergleichen Papiere irgendeinem Zufall auszusetzen« (316). Da es sich um »poetische Tagesbefehle, satirische Ordres du jour« (ebd.) handelte, wird man – was auch aus anderen Andeutungen hervorgeht – vermuten dürfen, daß diese Aufzeichnungen ein noch viel zu rosiges Bild der Kriegshandlungen widerspiegelten, als es sich ihm schon im ersten Rückblick darstellte. Und mit dem größeren zeitlichen Abstand wuchs diese Erschütterung sogar noch. An Reinhard schickte er den soeben erschienenen Bericht mit einem Begleitbrief, in dem es hieß: »Es ward mir manchmal wirklich schwindlig, indem ich das einzelne jener Tage und Stunden in der Einbildungskraft wieder hervorrief und dabei die Gespenster, die sich dreißig Jahre her dazwischen bewegt, nicht wegbannen konnte; sie liefen ein und das andere Mal wie ein böser Einschlag über jenen garstigen Zettel.« (10. Juni 1822) Im übrigen war es nicht nur die »Einbildungskraft«, aus der Goethe die Erlebnisse der *Campagne* und der *Belagerung* rekonstruierte, sondern er hat auch noch eine Fülle von inzwischen erschienenen historischen Darstellungen, Schlachtbeschreibungen und Memoiren sowie die persönlichen Aufzeichnungen einzelner Teilnehmer aus seinem engeren Bekanntenkreis sehr sorgfältig studiert, exzerpiert und ausgewertet.

Gleichwohl dürfte er viele Zeitgenossen, sofern sie nicht seine Freunde und Verehrer waren, enttäuscht haben (es gibt da nur wenige Zeugnisse), und Walter Benjamin sprach das, was auch der heutige Leser zunächst empfinden wird, deutlich aus: die *Campagne* sei »als Auseinandersetzung mit dem weltpolitischen Geschehen trübe und unscharf«[6]. Denn Goethe verzichtet ganz bewußt darauf, die Erinnerungen durch eine allgemeine historisch-betrachtende und reflektierende, also explizit wertend-beurteilende Stellungnahme einzuleiten oder abzuschließen, wie er das zunächst erwogen hatte. Die Erzählweise ist ganz und gar subjektiv, indem strikt nur das berichtet wird, was der Verfasser selbst erlebt und dabei gedacht hat (wobei, wie erwähnt, mehr verschwiegen und angedeutet als ausgeführt wird). Und doch liegt darin eine das Geschilderte selbst transzendierende, den autobiographischen Bericht ins Grundsätzlich-Symbolische überhöhende Radikalität verborgen, eben weil der Text sich allen Erwartungen, die man gerade in jenen Jahren des noch immer lebendigen antifranzösischen deutschen Nationalpathos aus der Zeit der Befreiungskriege an diesen Kriegsbericht stellen mußte, widersetzt und dazu querlegt. Zwar macht Goethe an nicht wenigen Stellen seine – den interessierten Zeitgenossen auch wohlbekannte – prinzipielle Gegnerschaft zur Revolution deutlich: Er spricht vom »Pariser Greuelvolk«, das, weiter undiszipliniert losgelassen, »uns den Garaus« machen würde (244); auch vom »Unheil der französischen Staatsumwälzung« (309) ist ganz unmißverständlich die Rede. Aber durchaus mißbilligend schildert er gleich zu Beginn seinen ersten Gesprächspartner als »sich im Haß gegen alles Revolutionäre gewaltsam« auszeichnend (188) und erwähnt bald darauf, wie ihn die anderen Konterrevolutionäre wahrnahmen, nämlich »als nicht so wütend ... wie andere, die nach Frankreich hineinstürmten« (194). Das ermöglichte es ihm, gleichzeitig auch mit den republikanisch

Gesinnten – den Kreis um Forster vor allem, der später einer der führenden Sprecher der kurzlebigen Mainzer Republik werden sollte – »auf dem Boden der Wissenschaft und Einsicht« freundschaftlich zu verkehren. »Von politischen Dingen war die Rede nicht, man fühlte, daß man sich wechselseitig zu schonen habe; denn wenn sie republikanische Gesinnungen nicht ganz verleugneten, so eilte ich offenbar, mit einer Armee zu ziehen, die eben diesen Gesinnungen und ihrer Wirkung ein entschiedenes Ende machen sollte.« (189) Ganz durchgängig kritisch beobachtet er die sich hinter den Linien der Verbündeten aufhaltenden aristokratischen »Emigrierten«, deren Rechte und Privilegien wiederherzustellen ja erklärtes Kriegsziel war und die zur Zeit der Abfassung des Berichtes auch legitimistisch wieder in ihre Positionen zurückgekehrt waren: unter ihnen fand er »noch immer dieselbe Rangsucht und Unbescheidenheit« (wie, implizit, vor der Revolution). Einen Gastwirt läßt er sagen, ihr »Betragen sei höchst anmaßend, die Bezahlung knauserig; denn mitten in ihrem Elend... betrügen sie sich noch immer, als hätten sie von einem eroberten Lande Besitz genommen« (348). Mit zahlreichen kleinen Episoden illustriert Goethe, dabei nie die feine Grenze zwischen Schilderung und expliziter Verurteilung überschreitend, seine Verachtung für jene Klasse, die doch ›objektiv‹ sein Bündnispartner war oder zu sein schien.

Im deutlichen Gegensatz dazu erscheinen die französischen Soldaten und Offiziere, die erklärten Kriegsgegner also, dort, wo er sie zu Gesicht bekam, in einem überaus positiven Lichte: zwei Episoden – die eines gefangenen Soldaten, der in Verdun auch noch nach der Übergabe der Festung auf eigene Faust weiterkämpfte und sich dann lieber selbst das Leben nahm, als von den Preußen standrechtlich erschossen zu werden, und die des Kommandanten selbst, der dem Drängen der Bürgerschaft nachgebend in die Kapitulation einwilligte, sich aber als »ein Beispiel höchster patriotischer Aufopferung« (210) noch auf der Ratsversammlung selbst eine Kugel durch den Kopf jagte – ließen ihn ernsthaft zweifeln an dem von den Alliierten propagierten Wunschdenken, die Franzosen seien überwiegend königstreu und würden bald in Massen überlaufen. Später beschreibt er den Auszug der Franzosen aus dem erfolgreich belagerten jakobinischen Mainz (und auch da ließ er keinen Zweifel daran, daß er Gegner der »Clubbisten« war) mit geradezu feierlichen Worten: unter der Musik des »Marseiller Marsches«, dem »revolutionären Te Deum«, erschien ihm der Zug »ergreifend und furchtbar und ein ernster Anblick«, die Mienen der Besiegten »gleichfalls jenen Tönen gemäß« und also »höchst ehrwürdig« (387). Von den Preußen hingegen wird gleich zu Anfang schon bemerkt, daß sie »beim Einmarsch ruhige und schuldlose Dörfer geplündert« hätten, und nur »zum Scheine« seien sie bestraft worden (194).

Hinter diesem anscheinenden Parteiergreifen für den Gegner verbirgt sich jedoch Grundsätzlicheres: die ebenso zurückhaltend formulierte wie doch in der Sache zugleich unzweideutige Verurteilung eines scheinbar gerechten Krieges. Die Alliierten waren in Frankreich eingefallen, um, wie er es ausdrückt, »ihr Kriegshandwerk zu treiben. In wessen Macht und Gewalt taten sie das?« Die formell korrekte Tatsache, daß ihnen – oder jedenfalls dem österreichischen Kaiser – der Krieg erklärt worden war, läßt Goethe nicht gelten. Indem sie nun »im Namen Ludwigs XVI.« auftraten, war »noch ein Vorwand erfunden« worden (200). Dieser Krieg – wie jeder Krieg überhaupt – hatte keinerlei moralische Legitimation für sich, stiftet(e) nichts als »Unheil« (das Wort erscheint wiederholt), war ein »böser Dämon« (295), in jedem Falle aber, gewissermaßen aus der ›Vogelperspektive‹ betrachtet, eine gewaltige und gewalttätige Absurdität, ein krimineller Unsinn, der »in Schutt und Trümmer« legt, »was Jahrhunderten aufzubauen gelang« (391). Ungefähr in der Mitte des Campagne-Berichtes schiebt Goethe eine (teilweise direkt aus einer französischen Memoiren-Quelle übernommene) geraffte Zusammenfassung des miterlebten Geschehens, der »wunderlichen Ereignisse der vergangenen

Wochen« (301) ein, und zwar, in absichtsvoller Komposi-
tion, als Reflexionen während einsamer Spaziergänge am
Rhein, als sich in der Nähe sein Herzog, der preußische
König und »viele Generäle«, also die Herren des Kriegstheaters, beratend versammelten. Die scheinbar ganz sachliche
Konzentration auf den Ereignisablauf enthüllt absichts- und
bedeutungsvoll dessen Absurdität, die Verkürzung wird zur
verhaltenen Ironie, hinter der sich Urteil und Verurteilung
des Politik- und Kriegsspiels der großen Herren verbirgt.[7]
Ein französischer General, Lafayette, Haupt einer großen
Partei, vor kurzem der Abgott seiner Nation, des voll-
kommensten Vertrauens der Soldaten genießend, lehnt
sich gegen die Obergewalt auf, die allein nach Gefangennehmung des Königs das Reich repräsentiert; er entflieht,
seine Armee, nicht stärker als dreiundzwanzigtausend
Mann, bleibt ohne General und Oberoffiziere, desorga-
nisiert, bestürzt.
Zur selbigen Zeit betritt ein mächtiger König, mit einem achtzigtausend Mann starken verbündeten Heere,
den Boden von Frankreich, zwei befestigte Städte, nach
geringem Zaudern, ergeben sich.
Nun erscheint ein wenig gekannter General, Dumouriez;
ohne jemals einen Oberbefehl geführt zu haben, nimmt
er, gewandt und klug, eine sehr starke Stellung; sie wird
durchbrochen, und doch erreicht er eine zweite, wird
auch daselbst eingeschlossen, und zwar so, daß der Feind
sich zwischen ihn und Paris stellt.
Aber sonderbar verwickelte Zustände werden, durch an-
haltendes Regenwetter, herbeigeführt; das furchtbare al-
liierte Heer, nicht weiter als sechs Stunden von Châlons
und zehn von Reims, sieht sich abgehalten, diese beiden
Orte zu gewinnen, bequemt sich zum Rückzug, räumt
die zwei eroberten Plätze, verliert über ein Drittel seiner Mannschaft und davon höchstens zweitausend durch
die Waffen, und sieht sich nun wieder am Rheine. Alle
diese Begegnisse, die an das Wunderbare grenzen, ereig-

nen sich in weniger als sechs Wochen, und Frankreich ist aus der größten Gefahr gerettet, deren seine Jahrbücher jemals gedenken.

Vergegenwärtige man sich nun die vielen tausend Teilnehmer an solchem Mißgeschick, denen das grimmige Leibes- und Seelenleiden einiges Recht zur Klage zu geben schien, so wird man sich leicht vorstellen, daß nicht alles im stillen abgetan ward und, so sehr man sich auch vorzusehen gedachte, doch aus einem vollen Herzen der Mund zuzeiten überging. (301 f.)

Goethe muß da, was er während des Feldzuges selten tat, einmal offen seine Meinung über das Ganze ausgesprochen haben: Er berichtet gleich anschließend, daß seine Äußerungen an einer Offizierstafel einen General dazu bewegten, ihn für den folgenden Tag zum Privatgespräch einzuladen, wohl um dem aufgebrachten Zivilisten und weltfremden Dichter, der von der Politik zu wenig hielt, die wirklichen Zusammenhänge zu erklären und ihn auf die rechte und gute Sache zurückzuführen. »Ich schien anzunehmen, blieb aber aus und gelobte mir innerlich, das gewohnte Stillschweigen sobald nicht wieder zu brechen.« (302) An anderer Stelle läßt er einen »alten Degen« zu einem Zivilisten, der sich von des Dichters Teilnahme am Feldzug für später »Darstellung und Aufklärung« versprach, sagen: »Glaubt es nicht, er ist viel zu klug! was er schreiben dürfte, mag er nicht schreiben, und was er schreiben möchte, wird er nicht schreiben.« (288)

Die formale Beschränkung auf die beobachtende Erzählung des selbst Erlebten enthält auch die unaufdringliche Mitteilung einer Verweigerung: des Sich-Verweigerns gegenüber der Großen Politik zumindest jener Monate als darstellungs- und damit dichtungswürdig. Wenn man bedenkt, daß der gesellschaftliche Umgang des Weimarer Geheimen Rats die damaligen Großen der militärisch engagierten Politiker waren – der König von Preußen, der Herzog von Braunschweig, die kaiserlichen Generäle –, so ist es um so erstaunlicher, wie wenig er von ihnen und über sie spricht oder was sie eventuell zu sagen haben: Denn gehört hat er alles ganz sicherlich.[8]

Als er dem Herzog von Braunschweig, dem Oberbefehlshaber des ganzen Unternehmens, begegnet und dieser offensichtlich ein Kompliment von dem als »einen einsichtigen, glaubwürdigen Mann« angesprochenen Goethe erwartet, weicht dieser aus und »antwortete ihm etwas Schickliches«, kann also bestenfalls »die Krankheit seines fürstlichen Sohnes« menschlich bedauern (264) – aber kein Wort zur Politik oder des Lobes der militärischen Führung und Autorität. Vielmehr variiert Goethe seine Schilderung der Obrigkeiten zwischen Horror und absurdem Theater: Auf dem Rückzug wird ihm »der Schmerz durch jede neue Uniform erneuert und vervielfältigt. Ein so grauenvolles Schauspiel sollte denn auch seiner würdig schließen; der König und sein Generalstab ritt von weiten her [...]« (254). Und über die Diplomaten bemerkt er in ironischer Verkehrung des von diesen Herren veranstalteten und verantworteten Spektakels: »sie kamen mir vor wie Schauspieldirektoren, welche die Stücke auswählen, Rollen austeilen und in unscheinbarer Gestalt einhergehen, indessen die Truppe, so gut sie kann, aufs beste herausgeputzt das Resultat ihrer Bemühungen dem Glück und der Laune des Publikums überlassen muß.« (270) Den Reisewagen des preußischen Staatsmannes Graf Haugwitz beobachtete er als »über der Flut« des Rückzugs emporragend »mit einiger Schadenfreude Schritt vor Schritt dahin wackeln« (273).

Der in all dem Elend und Unheil von der Armeeführung erlassene Befehl, sich mit der in der Champagne reichlich vorhandenen weißen Kreide zwecks Uniformputzens einzudecken, gab ihm »zu einigem Spott Gelegenheit; mitten in den furchtbarsten Kot versenkt, sollte man sich mit Reinlichkeits- und Putzmitteln beladen; wo man nach Brot seufzte, sich mit Staub zufriedenstellen.« (242) Und mit subtiler Ironie desavouiert er die Unsinnigkeit einer Hierarchie, die es einem Offizier verbot, einen königlichen Prinzen

direkt anzusprechen, obwohl dieser sich in einer lebensge-
fährlichen Position befand – Goethe übernahm die Rolle des
Vermittlers und rettete die Situation (221). Und schließlich
sind die Herren letztlich alles andere als die prinzipienfe-
sten Helden, als die sie sich ihren Untertanen gegenüber
ausgeben, wenn es gilt, sie in die Schlachten zu treiben: Als
eine »Art von Furienwut« beschreibt er die weitverbreite-
ten Empfindungen bei der Nachricht, »daß unsere höchsten
Heerführer mit den vermaledeiten, [...] durch die schrecklichsten Taten abscheulich dargestellten Aufrührern doch
übereinkommen, [...] um nur sich und den Ihrigen eine
mögliche Rückkehr zu gewinnen« (282 f.). Das also ist der
Stoff, aus dem die gemacht sind, die Kriege führen, die Welt
ins Unheil stürzen und das Glück der Menschen zerstören.

Deren Welt nun, die Welt der einfachen Leute, wird das
unschuldige Opfer der leichtsinnig-leichtfertigen Politik
und ihres Krieges. Ihr Glück, oder richtiger: ihr vom Krieg
verursachtes Unglück ist der unausgesprochen-offenbare
Maßstab, an dem in der »Campagne« die großen Ereignisse
gemessen und als zu leicht befunden werden. Dabei handelt
es sich bei diesem einfachen französischen Volk, an dessen
Leiden er mitleidet, das da ausgenützt, ausgebeutet, von den
Besitzern ungedeckter Wechsel (den »Assignaten«) betrogen
wird, dem man mit List so gut wie mit Gewalt das Vieh aus
den Ställen und den Wein aus den Kellern raubt, um den
›Feind‹. Und gerade ihm – und nur ihm – gilt in der ganzen Kriegsbeschreibung Goethes ausdrückliche Liebe und
Sympathie.

Mit Indignation stellt das die noch immer philologisch
gründlichste Arbeit eines deutschen Goetheforschers über
die *Campagne* fest, die während des Ersten Weltkrieges und
auf französischem Boden verfaßt wurde: »Goethe behält sein
menschliches Interesse den Franzosen vor [...] er ist nicht
unparteiisch; er neigt zur Gegenseite.« Die französischen
Einwohner »sind die Helden Goethischer Kriegsdichtung,
nicht die kämpfenden Heere«.[9] Fürwahr eine radikale Her-

ausforderung nicht nur an den damaligen, sondern an jeden, auch an unseren mit Feindbildern massiv besetzten Zeitgeist. Goethe wird nicht müde, die dörflichen Wohnungen und ihre Einrichtungen zu schildern als »von einem stillen, häuslichen Behagen« zeugend, »alles war einfach naturgemäß dem unmittelbarsten Bedürfnis genügend«. Und darum setzt er, fast überliest man es, hinzu: »Dies hatten wir gestört, dies zerstörten wir.« (217) Mit großer Detailgenauigkeit und Wärme schildert er die Häuser seiner Einquartierungen, die »guten Menschen« (257), ihre herzliche und selbstverständliche Gastfreundschaft, »den französisch-ländlichen, idyllisch-homerischen Zustand« (256), die »Anmut« im Verhältnis von Eltern zu ihren Kindern. Die freundliche Bewirtung ist »wunderbar«, obwohl diese Menschen »wohl Ursache gehabt hätten, unser Betragen roh und rücksichtslos zu finden«. (260) Und an anderer Stelle sieht er in der »bürgerlichen Würde, Freundlichkeit und gutem Benehmen« jener Menschen, denen so schlimm mitgespielt worden war, einen Abglanz der »französischen ernsten Dramen alter und neuer Zeit«, eine Kultur, von der »wir uns in eigner vaterländischer Wirklichkeit und ihrer Nachbildung keinen Begriff machen« können (279). Die requirierenden, plündernden preußisch-österreichischen Soldaten hingegen – auf so vielen zeitgenössischen und späteren patriotischen Bildern vom feucht-fröhlichen Etappenleben in französischen Häusern für den Gebrauch der Heimat dargestellt – sind ihm nichts als »Geschmeiß« (262).

Erhellend für diese so ganz und gar unaufdringliche, gewissermaßen unter der Hand die Kriegserlebnisse in eine Kriegs-Kritik verwandelnde Gegen-Geschichtsschreibung ›von unten‹, ist jene Episode, wo mehrere französische Schäfer und deren Herden von den Verbündeten aufgegriffen worden waren: Sie endete damit, daß man den Besitzern »ganz höflich, auf Ludwig XVI. gestellte Papiere überreichte, indessen ihre wolligen Zöglinge von den ungeduldigen fleischlustigen Soldaten vor ihren Füßen ermordet wurden«.

Man bemerke, wie die Tiere geradezu menschlich charakterisiert (»Zöglinge«) und sie nicht schlicht geschlachtet, sondern eben »ermordet« werden. Und Goethe fährt fort: »so gesteh' ich wohl, es ist mir nicht leicht eine grausamere Szene und ein tieferer männlicher Schmerz in allen seinen Abstufungen jemals vor Augen und zur Seele gekommen. Die griechischen Tragödien allein haben so einfach tief Ergreifendes.« (201) Am Beispiel einer Familie (274), in der die Eltern Loyalisten sind, der Sohn hingegen »dem neuen Systeme günstig« gesonnen, aber zu deren Schutze aus Paris zurückeilt »zu einer Partei [...], die er verabscheut«, wird noch einmal die zu tragisch-schrecklichen Konsequenzen führende Politik, »der durch Unsinn aufgelöste bürgerliche Zustand« (396) beklagt. »Die Not wehr- und hülfloser, zwischen innere und äußere Feinde gequetschter Menschen ging über alle Begriffe.« (374)

Überall beobachtet Goethe auch den demoralisierenden, verdummenden Charakter des Krieges: »So zwischen Ordnung und Unordnung, zwischen Erhalten und Verderben, zwischen Rauben und Bezahlen lebte man immer hin, und dies mag es wohl sein, was den Krieg für das Gemüt eigentlich verderblich macht [...]; man gewöhnt sich an Phrasen [...], (es) entsteht nun eine Art von Heuchelei, die einen besonderen Charakter hat.« (213 f.) Der Krieg tötet das sittliche Bewußtsein, weil nur so das beobachtete Elend erträglich wird, da »auch widerwärtige Greuelbilder sich vor der Einbildungskraft abstumpfen« (277). Nur selten sind die Momente in Pausen zwischen den Kampfhandlungen, wo »eine Art von gesetzlichem Frieden« die Hoffnung aufscheinen läßt, daß »das dauernde Kriegsunheil noch nicht allen Glauben an Menschlichkeit geraubt hat« (203). Goethe selbst hat jenen Abstumpfungsprozeß auch an sich selbst erfahren und gibt darüber – unbewußt? – Auskunft: »Einige Dörfer brannten zwar vor uns auf, allein der Rauch tut in einem Kriegsbilde auch nicht übel.« (223) Zwei befreundete Maler fanden sich zur Belagerung von Mainz, weil

hier »das Unglück selbst malerisch zu werden versprach«
(382). Und anscheinend selbst ganz unbeteiligt, fast amüsiert
beschreibt er die Toten eines am Vortag stattgefundenen
Gefechts: »Ich ritt hinunter. Die Sonne ging auf mit trübem
Schein, und die Opfer der Nacht lagen nebeneinander. Unsere riesenhaften, wohlgekleideten Kürassiere machten einen
wunderlichen Kontrast mit den zwergenhaften, schneide-
rischen, zerlumpten Ohnehosen; der Tod hatte sie ohne
Unterschied hingemäht.« (367) Aber daß sie wie alle anderen
»ganz unnütz« gefallen waren, das merkt er gleichwohl an –
gewiß also nicht ›für König und Vaterland‹ und wie die uns
bis heute geläufigen Denkmalssprüche alle heißen mögen.
(»Der Spaß kostet uns über 2500 Menschen«, stellte Herzog Carl August trocken fest und bedauert, daß wegen der
Kapitulation von Mainz [mit freiem Abzug] eine wirkliche
Schlacht gar nicht stattgefunden habe.)[10] Die Brutalisierung
der Menschen erreicht auf dem Rückzug ihren Höhepunkt:
Vor der »Selbsterhaltung« gab es »kein Mitleiden, keine
Rücksicht mehr«, über ein gefallenes Pferd wurde einfach
hinweggefahren, »und ich sah ganz deutlich, wie dessen Ge-
beine unter den Rädern knirschten und schlotterten«. Die
geschundene Kreatur wird zum Symbol des allgemeinen
Niedergangs und der Verrohung, »abgedeckt, die fleischigen
Teile sogar ausgeschnitten« (272) – man fühlt sich erinnert
an Brechts Gedicht vom gefallenen Pferd auf der Schön-
hauser Allee. Und noch eine gewissermaßen antizipierende
Brecht-Reminiszenz, nämlich die der Courage-Figur:

Gelockt durch die Flamme, zog sich eine alte Marketenderin zu uns heran; sie mochte sich beim Rückweg in
den fernen Orten nicht ohne Tätigkeit verspätet haben,
denn sie trug ziemliche Bündel unter den Armen. Nach
Gruß und Erwärmung hob sie zuvörderst Friedrich den
Großen in den Himmel und pries den Siebenjährigen
Krieg, dem sie als Kind wollte beigewohnt haben; schalt
grimmig auf die gegenwärtigen Fürsten und Heerführer,
die so große Mannschaft in ein Land brächten, wo die

Marketenderin ihr Handwerk nicht betreiben könne, worauf es denn doch eigentlich abgesehen sei. (248)

»Glückselig aber der, dem eine höhere Leidenschaft den Busen füllte« (219): Man würde die verborgen-offenbare Botschaft, die ›message‹ dieses Berichtes mißverstehen, wenn man sie nur autobiographisch, das Individuum Goethe betreffend, läse. Die ›Flucht‹ nach innen, in die Naturbeobachtung und die Farbenlehre während der »Campagne« und in die Nach- und Neudichtung des Reineke Fuchs während der »Belagerung von Mainz«, war zwar im Spezifischen nur ihm möglich, aber als Verhaltensmaxime gegenüber dem absurd-widersinnigen politisch-militärischen Geschehen beansprucht diese Haltung doch zugleich, einen Ausweg aus der Welt des zerstörerischen Unsinns aufzuzeigen, ist sie gelebte »Anti-Politik«. Wenn er sich in Gesellschaft, unter Generälen, Hofleuten und ihresgleichen befand, distanzierte er sich gerne, weil er deren Geschäft »keinen Ernst abgewinnen« konnte, oftmals durch Ironie, war er mit seinen »paradoxen Späßen mitunter aufheiternd, mitunter lästig«. (318) Eine solche Szene berichtet Alexander Herzen in seinen Memoiren, so wie sie ihm sein Vater erzählt habe. Goethe soll da – ganz mephistophelisch – geäußert haben: »Die Welt der Politik ist mir vollständig fremd; es langweilt mich, wenn ich von Märschen und Evolutionen, von Debatten und staatlichen Maßnahmen höre. Ich habe niemals ohne Langeweile die Zeitungen gelesen; alles das ist etwas so Vorübergehendes, Zeitweiliges, ja und seinem ganzen Wesen nach uns Fremdes… Und was geht es mich an, was in dieser Sphäre geschieht? [...] Und hier, mitten im Lager, fühle ich mich ebenso weit von aller Politik entfernt, wie im Weimarer Kabinett.« »Und womit beschäftigen Sie sich denn jetzt, fragte der Fürst?« »Mit der Theorie der Farben [...].«[11] Tatsächlich hat sich Goethe nachweislich ständig sehr intensiv mit der Politik, auch und nicht zuletzt der Tagespolitik seiner Zeit, beschäftigt, hat mehr und intensiver die »Märsche und Evolutionen, Debatten und staatlichen

Maßnahmen« studiert (auch noch für die Abfassung der »Campagne« selbst) als viele politisch aktive Zeitgenossen – aber er insistierte gleichzeitig durch die Verweigerung, die Sphäre der Politik selbst poesiewürdig zu machen, auf Wesentlicherem: auf den Primat der Bildung beispielsweise, auf Naturbeobachtung und Menschlichkeit gegenüber der herrschenden Unvernunft. Das war für ihn keine Flucht, sondern vorbildhaft gedachte Bewahrung der Vernunft in einer unvernünftigen Welt.[12] In der »Campagne« schildert er selbst eine den Erinnerungen entsprechende Szene: Ganz eng und bewußt kunstvoll ineinander verwoben berichtet er von einem ihn erregenden Wechselfarbenspiel an Fischen und Tonscherben in einem Teich, gleich darauf ist vom »Unheil« eines nächtlichen Bombardements die Rede, »wobei es unsägliche, oft widersprechende Bemerkungen gab« (also offensichtlich viel offizieller Unsinn geredet wurde), und geschützt vor den Kugeln der Franzosen. »nach mancherlei politischen Gesprächen, die uns denn freilich nur in ein Labyrinth von Hoffnungen und Sorgen verwickelten, fragte mich der Fürst: womit ich mich gegenwärtig beschäftige? und war sehr verwundert, als ich, anstatt von Tragödien und Romanen zu vermelden, aufgeregt durch die heutige Refraktionserscheinung, von der Farbenlehre mit großer Lebhaftigkeit zu sprechen begann [...] Das einmal erregte Interesse behauptet sein Recht, die Produktion ging ihren Gang, ohne sich durch Kanonenkugeln und Feuerballen im mindesten stören zu lassen.« (206)

Später, auf der Heimreise, irritierte er seine Freunde, indem er ihnen statt vom Kriege zu berichten, Vorträge über die Farbenlehre hielt. Sie alle fanden ihn verwandelt, hatten aber offensichtlich Schwierigkeiten zu verstehen, daß die Beschäftigung mit den Farben die radikale Konsequenz aus den Erschütterungen des soeben Erlebten war, der Versuch, gesicherten Boden unter die Füße zu bekommen – für sich selbst, aber damit auch für Deutschland und eine bessere Welt: »Mir aber machte es den unangenehmsten Eindruck, daß ich, aus dem schrecklichsten Kriegszustand wieder ins ruhige Privatleben zurückkehrend, nicht einmal hoffen sollte auf eine friedliche Teilnahme an einem Unternehmen, das mich so sehr beschäftigte und das ich der ganzen Welt nützlich und interessant wähnte.« Die humanitäre Haltung der Politik-Verweigerung, der »Anti-Politik«, schlägt dann um in ihr Korrelat, die kritische Ironie – denn Goethe fährt fort: »Dadurch regte sich abermals der alte Adam; leichtsinnige Behauptungen, paradoxe Sätze, ironisches Begegnen und was dergleichen mehr war, erzeugte bald Apprehension und Mißbehagen unter den Freunden [...]« (399).

Eine große ironische Demaskierung ist denn auch jene Dichtung, die während des Feldzuges entsteht: »Aus diesem gräßlichen Unheil suchte ich mich zu retten, indem ich die ganze Welt für nichtswürdig erklärte, wobei mir denn durch eine besondere Fügung ›Reineke Fuchs‹ in die Hände kam.« (359) Als erheiternder Blick »in den Hof- und Regentenspiegel« wird die in glatten Hexametern gereimte alte Vorlage zu einer, bei aller humorvollen Heiterkeit wie Goethe es nennt, sarkastischen Verurteilung der politischen Klasse, nicht nur der des korrupten französischen Ancien régime, die ja 1792/93 bereits entmachtet war. Der dümmlich-trottelhafte Löwe als König ist dabei genauso macht-ausbeuterisch wie der Parvenü-Aufsteiger Reineke, ein ebenso nur machtbesessener Revolutionär und Demagoge, der bestenfalls die alte durch eine neue, durch seine Herrschaft ersetzen will. Sie wird am Lose der Beherrschten nichts ändern:

> Raubt der König ja selbst so gut als einer, wir wissen's;
> Was er selber nicht nimmt, das läßt er Bären und Wölfe
> Holen, und glaubt, es geschähe mit Recht. Da findet sich keiner,
> Der sich getraut ihm die Wahrheit zu sagen, so weit hinein ist es
> Böse, kein Beichtiger, kein Kaplan; sie schweigen! Warum das?

Sie genießen es mit, und wär nur ein Rock zu gewinnen...
Unser Herr ist der Löwe, und alles an sich zu reißen
Hält er seiner Würde gemäß. Er nennt uns gewöhnlich
Seine Leute. Fürwahr, das unsre, scheint es, gehört ihm!
Darf ich reden mein Oheim? Der edle König, er liebt sich
Ganz besonders Leute, die bringen, und die nach der
　　Weise,
Die er singt, zu tanzen verstehn. Man sieht es zu deutlich.
Daß der Wolf und der Bär zum Rate wieder gelangen,
Schadet noch manchem. Sie stehlen und rauben; es liebt sie
　　der König;
Jeglicher sieht es und schweigt: er denkt an die Reihe zu
　　kommen...
Doch das Schlimmste find ich den Dünkel des irrigen
　　Wahnes,
Der die Menschen ergreift: es könnte jeder im Taumel
Seines heftigen Wollens die Welt beherrschen und richten.
Hielte doch jeder sein Weib und seine Kinder in Ordnung.
Wüßte sein trotzig Gesinde zu bändigen, könnte sich stille,
Wenn die Toren verschwenden, in mäßigem Leben er-
　　freuen.
Aber wie sollte die Welt sich verbessern? Es läßt sich ein
　　jeder
Alles zu und will mit Gewalt die andern bezwingen.
Und so sinken wir tiefer und immer tiefer ins Arge.
Afterreden, Lug und Verrat und Diebstahl, und falscher
Eidschwur, Rauben und Morden, man hört nichts anders
　　erzählen.
Falsche Propheten und Heuchler betrügen schändlich die
　　Menschen.

　　　　　　　　　　　　　　(Achter Gesang, 269 ff.)

Darum weigert sich Goethe – sehr zur Irritation schon seiner Freunde und als Ärgernis bis heute –, politisch Partei zu
ergreifen zwischen konkurrierenden Machtprätendenten. Er
weiß, daß dieses die schwierigere, aber vom Anspruch her

zugleich die radikalere Position ist – und in der *Campagne* formuliert er das ebenso leise wie deutlich: indirekt durch die Erzählweise im gesamten Text, explizit zumindest an einer Stelle:

> Übrigens läßt sich hierbei bemerken, daß in allen wichtigen politischen Fällen immer diejenigen Zuschauer am besten dran sind, welche Partei nehmen; was ihnen wahrhaft günstig ist, ergreifen sie mit Freuden, das Ungünstige ignorieren sie, lehnen's ab, oder legen's wohl gar zu ihrem Vorteil aus. Der Dichter aber, der seiner Natur nach unparteiisch sein und bleiben muß, sucht sich von den Zuständen beider kämpfenden Teile zu durchdringen, wo er denn, wenn Vermittlung unmöglich wird, sich entschließen muß, tragisch zu endigen. Und mit welchem Zyklus von Tragödien sahen wir uns von der tosenden Weltbewegung bedroht! (361)

Und selbst dort noch, wo er aus seiner Verurteilung politischer Projekte wie dem der Mainzer Jakobiner keinen Hehl macht, mahnt er zum Ausbruch aus dem bösen Zirkel von Rache durch Gewalt, die notwendig nur wieder Gegengewalt und damit neues Unheil hervorbringen muß. Als unmittelbarer Beobachter hatte er die Selbstjustiz des Volkes gegen die verhaßten Jakobiner noch gebilligt.

In einem Brief an den Freund Jacobi (27. Juli 1793) berichtete er: »Das Volk fing an, durch die Straßen zu laufen und sich derer zu bemächtigen, die noch zurückgeblieben waren... Der Modus, daß man die Sache gleichsam dem Zufall überließ und die Gefangennehmung von unten herauf bewirkte, deucht mich gut. Das Unheil, das diese Menschen angestiftet haben, ist groß.« Aber in der Rückschau dreißig Jahre später korrigiert er sich radikal und macht sich – als exemplarisches Lehrstück gemeint – zum Verteidiger des freien Abzugs der politischen Gegner: das Unglück des Volkes und sein Haß gebe ihm kein Recht auf gewalttätige Rache, »und ich litte ein für allemal an dieser Stelle keine Gewalttätigkeit«. Einem erbitterten Anti-Jakobiner stellt er nun (wie gesagt, im Unterschied zu seinen brieflichen Stellungnahmen »vor Ort«) vor: »daß die Rückkehr in einen friedlichen und häuslichen Zustand nicht mit neuerlichem bürgerlichen Krieg, Haß und Rache müsse verunreinigt werden, weil sich das Unglück ja sonst verewige« (386). Und gleich darauf noch einmal grundsätzlich: »... ich will lieber eine Ungerechtigkeit begehen als Unordnung ertragen.« (387) Man hat diese Maxime fälschlich interpretiert als ›typisch deutsche‹ Eigenschaft, wo Gehorsam, Ruhe und Ordnung und formale Gesetzestreue vor Menschlichkeit und zivilem Ungehorsam angesichts offensichtlichen Unrechts rangiere.[13] Tatsächlich zieht Goethe aus den Erfahrungen der Kriegs- und Revolutionszeit hier eine andere Konsequenz: Ein Unrecht kann, unter den Bedingungen von Ordnung, von gewaltfrei-friedlichen Verhältnissen korrigiert werden; eine Gewalttat, vor allem wenn sie tödlich endet, ist irreversibel. Ordnung ist die Bedingung der Möglichkeit von Gerechtigkeit, aus Empörung, Zorn oder gar Haß kann kein gerechtes Urteil entspringen – ganz abgesehen davon, daß die Gewaltspirale, von welchen Motiven auch immer in Bewegung gesetzt, nie enden wird.

Goethe hatte das Phänomen des Krieges schon früher mit Distanz und kritischer Verwunderung beobachtet – ein »Pazifist« war er mitnichten (wie ihm überhaupt als dem Undogmatischsten aller Menschen jeder mögliche »ismus« fremd war). Das Militärwesen nannte er – ehe er den wirklichen Krieg kennenlernte – »eins der merkwürdigsten Dinge, welche die Welt hat und gehabt hat«.[14] Aber aus der Erfahrung der »Campagne« lernt er und teilt uns das so unaufdringlich wie möglich mit, daß der Krieg jegliche mögliche ordnungsstiftende, gesellschaftlich konstruktive Funktion verloren habe. Er tut das auf seine Art des symbolischen Verstehens sinnlicher Wahrnehmungen. In diesem Falle ist es die Beschreibung des römischen Monumentes von Igel, das er zu Beginn der »Campagne« besichtigt und gewissermaßen als Rahmenhandlung einführt, um es am Ende, angesichts des zusammengebrochenen Feldzuges noch einmal vorzustellen.[15] Hier, an dem bebilderten Obelisken[16], sieht er die Zeugnisse »von Tätigkeit sinnlich auf die Nachwelt« gebracht: »Hier stehen Eltern und Kinder gegeneinander, man schmaust im Familienkreise; aber damit der Besucher auch wisse, woher die Wohltätigkeit stamme, ziehen beladene Saumrosse einher, Gewerb und Handel wird auf mancherlei Weise vorgestellt.« (192) In dem von ihm noch erlebten »französisch-ländlichen, idyllisch-homerischen Zustand« des schlichten Volkes nahm er diese Vision als konkrete Möglichkeit für Gegenwart und Zukunft wieder auf – jetzt aber bedroht und zumindest teilweise zerstört von der Sinnlosigkeit des Krieges. Und dann wieder zurück nach Igel: »ein Monument, zwar auch kriegerischer Zeiten, aber doch glücklicher, siegreicher Tage und eines dauernden Wohlbefindens rühriger Menschen in dieser Gegend«. Aus ihm spricht »das Gefühl eines fröhlich-tätigen Daseins« (283) und »die glücklichsten Familienverhältnisse«, »eigentlich waltet überall die Tätigkeit vor« (285).

Auf der Rückreise hatte Goethe in Münster eine alte Bekannte, eine überzeugte und engagierte Katholikin, Frau von Gallitzin, besucht. Von dieser erhielt er, als Leihgabe für ein ausgiebiges Studium, eine Sammlung antiker Gemmen mit nach Weimar, eine Art Epilog zur »Campagne«, der wiederum nicht ohne tiefgreifenden Bezug erzählt wird. Diese Gemmen nun bilden einen unausgesprochenen »Gegensatz zur Monumentalkunst des Igler Obelisken: die Antike, als kulturgeschichtlicher Gegenpol zum mittelalterlichen Christentum ist in sich differenziert, und die stilisierte Filigranarbeit der Gemmen kontrastiert den realistisch lebensvollen Reliefs der Bildsäule. Des weiteren stellt sich noch ein anderer epischer Kontrast her: im Gegensatz zu der so nachdrücklich geschilderten naturwissenschaftlichen Aktivität Goethes auf dem Feldzug wie auf der Rückreise ist die Beschäftigung mit den Gemmen... kontemplativen Charakters. Und... indem Goethe die Gemmensammlung auf Zeit nach Weimar mitbringt, hält er sich dadurch den Bezug sowohl auf die Münsterer Welt als auch über sie hinweg auf die monumentale Dauer des Obelisken inmitten des kriegerischen Wechselspiels gegenwärtig...«[17] Die Reflexion darüber führt ihn in Gedanken zurück zu seiner politischen Heimat, wo er im überschaubaren Raum tätig war, wo Großmachtphantasien gar nicht erst aufkommen sollten, wo man im Human-Kleinen »Wirken und Wohltun« (286) und die großen Kontraste wie die zwischen heidnischer Antike und gläubigem Christentum, zwischen ›vita activa‹ und ›vita contemplativa‹ empirisch versöhnen kann.

Der sogenannten Realpolitik, die als »realistisch« das mit Nationalstolz und Feindbildern ausgestattete Projekt des mächtigen (deutschen) Einheitsstaates erstrebte und schließlich auch durchsetzte, wird das Goethesche Beharren auf dem kleinen Weimar als alternativem Modell nur mitleidiges Lächeln für eine Nostalgie abnötigen. Dabei wird verdrängt und vergessen, daß der »Campagne in Frankreich« noch so viele andere Kampagnen folgten, eine zerstörerischer und menschen- wie kulturvernichtender als die andere – das Ende der ›Strafexpeditionen‹ gegen unliebsame Außenseiter der Politik ist nicht abzusehen, solange alle machtstaatliche Konkurrenten sind.

Reise in den Orient

> Gottes ist der Orient!
> Gottes ist der Okzident!
> Nord- und südliches Gelände
> Ruht im Frieden seiner Hände.

Diese Verse, obenan im *West-östlichen Divan* stehend, sind, genaugenommen, nicht von Goethe selbst, sondern eine versliche Fassung aus der 2. Sure des Korans.[1] Aber nicht nur erhält diese Sure durch Goethe sprachlich eine strahlend-apodiktische Prägnanz – ein hohes C-Dur sozusagen –, nicht nur wird sie um die Nord-Süd-Achse erweitert und, darüber hinaus, um den Gedanken des Friedens vertieft: sie steht vor allem hier in einem zunächst unerwarteten und darum bemerkenswerten Zusammenhang, nämlich dem eines »Talismans«. Talismane sind bekanntlich geweihte oder magische Objekte, die, am Körper zu tragen, Personen vor Gefahren zu schützen vermögen – es können aber auch kurze schriftliche Botschaften aus den jeweiligen heiligen Büchern sein, und ebenso können Orte durch Talismane geschützt werden. Besonders schutzbedürftig ist natürlich, weil besonderen Gefahren ausgesetzt, der Reisende. Im Falle unserer Sure-Goethe-Verse handelt es sich um einen ebensolchen Talisman – »Alles Übel treibt er fort, / Schützet dich und schützt den Ort« – für einen Reisenden, der den Namen Goethe trägt. (Es ist übrigens nicht der einzige Vers-Talisman, den der Reisende im Gepäck mit sich führt: unter der Überschrift »Talismane« finden sich da noch vier weitere Schutzwahrheiten, die aber hier nicht weiter betrachtet werden sollen.) Über diese Reise berichtet uns der Autor: über seine Motive, die Reisevorbereitungen und den schließlichen Ertrag. Es ist eine Orient-Reise.

Goethe unternahm sie ab Sommer 1814, als das napoleonische Wahngebilde eines transkontinentalen Großreiches – an dessen Horizont auch Persien und Indien, also der Orient als späteres Eroberungsziel, auftauchten – soeben in einer militärischen Katastrophe zusammengebrochen war; Goethe selbst war von der dämonischen Größe Napoleons nicht unbeeindruckt gewesen und hatte sich auch für eine kurze Zeit von ihm die Befriedung Europas erhofft. Als er zu seiner Reise aufbrach, waren die Spuren, die der Krieg hinterlassen hatte, noch in der thüringischen Landschaft sichtbar, doch begann die Natur bereits »dem Kriegsgott zum Hohne« die Felder wieder mit Blumen zu bedecken. Napoleon selbst hatte soeben abgedankt, war aber noch durchaus präsent, wie die »100 Tage« im Jahr darauf dramatisch zeigen sollten. 1789 bis 1815 war die bis dahin turbulenteste, blutigste und an raschen Szenenwechseln von Auf- und Abstieg politischer Klassen und historischer Persönlichkeiten, von Kriegen und Friedensschlüssen, von Revolutionen und Gegenrevolutionen, von Auflösung und Neubildung von Staaten reichste Periode europäischer, wenn nicht gar der Weltgeschichte. »Nord und West und Süd zersplittern, Throne bersten, / Reiche zittern«, womit das Reisebuch »West-Östlicher Divan« beginnt, bringt diese Erfahrung der Erschütterung und Auflösung der alten Weltordnung, von der die moralisch-politische Welt sich bis heute nicht wieder erholt hat, trotz damals versuchter »Restaurationen« und heute behaupteter »Neuen Weltordnungen«, auf eine dichterische Kurzformel. Äußerlich führte die Reise, die Goethe am 25. Juli 1814 antrat, nur an ›Rhein, Main und Neckar‹; in der Gerbermühle bei Frankfurt, wo aus der Begegnung mit Marianne Willemer das »Buch Suleika« im *Divan* hervorging, wurde am 15. Oktober auf den umliegenden Höhen des Jahrestages der Schlacht von Leipzig mit Freudenfeuern gedacht – so ständig präsent sind also Krieg und Politik –, aber im Gepäck führte Goethe die ihm kurz zuvor, im Juni bekanntgewordene deutsche Übersetzung des *Divan*, der »Liedersammlung« des persischen Dichters Hafis mit. Und dieses ›Lektüre-Gepäck‹ machte aus der Rhein-Main-Neckar-Reise eine Orient-Reise, die auch eine Art Flucht war, eine Flucht aus den politischen Turbulenzen der Gegenwart in eine heile, oder doch Heilung versprechende Welt, eben die des Orients, seiner klassischen Dichtung und seiner Religion:

Flüchte du, im reinen Osten
Patriarchenluft zu kosten,
Unter Lieben, Trinken, Singen
Soll dich Chisers [der Hüter des Lebens] Quell verjüngen.

Wir hören sofort, daß es sich hier nicht um eine Flucht als Eskapade, als ein Weglaufen vor der Wirklichkeit und ihren Problemen handelt, sondern darum, in einer Welt, über die, wie es im letzten Brief (17. März 1832 an W. v. Humboldt) heißt, »verwirrende Lehre zu verwirrtem Handel waltet«, sich auf die Suche nach Maßstäben zu begeben, Boden unter den Füßen, einen sicheren – oder sichereren – Grund zurückzugewinnen, auf dem wir stehen, von dem aus wir handeln, auch und nicht zuletzt aktiv ins gesellschaftlich-politische Leben eingreifen können. Das war der persönliche, aber mehr noch der durchaus öffentlich verstandene Zweck der Reise:

Dort, im Reinen und im Rechten,
Will ich menschlichen Geschlechten
In des Ursprungs Tiefe dringen.

Den Ertrag der Reise, die Waren, die er von seiner Expedition in Form von Gedichten, Liedern und Sprüchen zurückbrachte, widmete er ganz explizit nicht dem einzelnen als stillem Gedichtleser, sondern der öffentlichen Aufnahme, einer durchaus politisch zu verstehenden Sprach- und Kulturgemeinschaft:

Nun, so legt euch, liebe Lieder,
An den Busen meinem Volke!

Goethe wollte öffentlich wirken, und Öffentlichkeit bewirken heißt hier: herstellen, und zwar durch die frucht-
bare, gegenseitig befruchtende Begegnung mit einer anderen Kultur. Die Gedichte des *Divan* wollen eigentlich laut
und dann auch öffentlich gesprochen werden, was Goethe
mit der zunächst zweifellos paradox klingenden, natürlich
nicht wörtlich-buchstäblich zu nehmenden, aber gleichwohl
sehr ernst gemeinten provokativen Behauptung ausspricht:
»Schreiben ist ein Mißbrauch der Sprache, stille für sich lesen
ein trauriges Surrogat der Rede.« (*Dichtung und Wahrheit*,
10. Buch) Gerade die Gedichte des *Divan* sind in besonderem Maße Sprech-Gedichte, ihre Personen reden sowohl
miteinander als sie auch uns selbst immer wieder direkt ansprechen und uns so einen Kulturkreis vermitteln, der in
besonderem Maße durch seine Gesprächigkeit, durch die
Kunst des Konversierens ausgezeichnet scheint. Das ist einer
der »Spiegel«, den wir hier in freundschaftlich-kritischer
Absicht mit der impliziten Aufforderung, uns davon etwas
»abzugucken«, vorgehalten bekommen.

Aber noch einmal kurz zum historischen Moment zurück,
in dem der *Divan* entstand: Nicht nur ging das Napoleon-
Kapitel soeben zu Ende, sondern dieses Ende war zugleich
der Beginn von etwas politisch Neuem, dem Goethe sich
durchaus, ja, wie wir am *Divan* sehen können, sehr bewußt
und kraftvoll stellte und keineswegs durch Flucht entzog,
obwohl er vieles von diesem heraufziehenden Neuen für
höchst verhängnisvoll und dem, wofür er stand, entgegengesetzt ansah. Etwa das auf Exklusivität, Abgrenzung und
jeweilige Überlegenheitsbehauptungen gegründete Natio-
nalgefühl, den erwachenden Nationalismus der europäischen
Völker im 19. Jahrhundert. Die französische Besatzungs-
macht, die kaum den eigenen Parolen von der fraternité
nachlebte, sondern eben schlicht requirierende und Kontri-
butionen eintreibende Fremdherrschaft war, hatte überall
eine nationalistische Reaktion provoziert, die die Völker
Europas, das für Goethe immer in erster Linie ein großer

kultureller Begriff, eine kulturelle Wirklichkeit war, gegeneinander zu setzen, wenn nicht gar zu hetzen angetan
war. Vor diesem Hintergrund (Goethes mangelnde Begei-
sterung für die deutschen Befreiungskriege ist genügsam
bekannt und nicht nur damals auch heftig kritisiert worden) ist die Orient-Reise auch zu lesen und zu verstehen
gewissermaßen als ein ›Modellversuch‹ für die Überwindung kultureller Grenzen durch einfühlsames Verstehen.
Während die Körners und Kleists ihre Haßgesänge auf die
feindlichen Fremden dichteten (und solcher spezifischer
Fremdenhaß ist, wie wir wissen, dann gar leicht auf jeweils
neue Fremde projizierbar), sah sich der Verfasser des *Divan*
»als ein Reisender [...] dem es zum Lobe gereicht, wenn er
sich der fremden Landesart mit Neigung bequemt, deren
Sprachgebrauch sich anzueignen trachtet, Gesinnungen zu
teilen, Sitten aufzunehmen versteht.«

So steht es in der Einleitung zu den »Noten und Abhandlungen zu besserem Verständnis des west-östlichen
Divans«, ein Text, der das Ethos der Goetheschen Haltung
als Aufklärer formuliert: belehren, ohne aufdringlich zu sein,
bilden, ohne Besserwisserei, aufklären, ohne pädagogische
Lehrattitüde. Der Reiseberichterstatter übernimmt dazu
»die Rolle eines Handelsmanns, der seine Waren gefällig
auslegt und sie auf mancherlei Weise angenehm zu machen
sucht; ankündigende, beschreibende, ja lobpreisende Re-
densarten wird man ihm nicht verargen.« Auch macht »er
sich im Sittlichen und Ästhetischen Verständlichkeit zur
ersten Pflicht« und will sich »der schlichtesten Sprache, in
dem leichtesten, faßlichsten Silbenmaß« bedienen, um die
Schätze seiner Orient-Reise in jeder Weise, einschließlich eines speziellen Namensregisters, »deutschen Hörenden und
Lesenden« verständlich zu machen. Denn im Unterschied zu
manchen früheren Arbeiten lag ihm diesmal besonders viel
daran, möglichst gleich und nicht erst im Abstand »mehrerer
Jahre« verstanden zu werden. Damit »nichts den ersten guten Eindruck des gegenwärtigen Büchleins hindern möge«

entschloß er sich zu dem ungewöhnlichen Verfahren, das eigene Werk – seine »Waren« – »zu erläutern, zu erklären, nachzuweisen«, in der Form eben von »Noten und Abhandlungen«. Dieser Goethe so dringende Wunsch ging alles andere als in Erfüllung: kaum eine seiner zentralen Arbeiten – allenfalls noch die *Farbenlehre* teilte dieses Schicksal, die allerdings sogar bis heute – fand so wenig Resonanz wie der *Divan*, von dem unaufgeschnittene Exemplare noch einhundert Jahre nach Goethes Tod unverkauft beim Verleger lagerten. Sicher klingt es absurd zu behaupten, die deutsche und damit die europäische Geschichte des 19. und 20. Jahrhunderts wäre allein schon dann anders verlaufen, wenn Goethes sanfte Aufklärung gewirkt hätte, wenn wir ihm methodisch auf seiner Orient-Reise gefolgt wären und dabei den inter-kulturellen und nicht zuletzt auch den inter-religiösen Dialog gelernt hätten – aber ein Stück weit in diese Richtung sollten wir uns schon zu denken zumuten. Katharina Mommsen, die derzeitig wohl größte und empathischste Goethekennerin[2], hat den *Divan* als ein eminent politisches Buch bezeichnet, dessen eine zentrale Frage laute: »Welchen Beitrag kann die Dichtung gegen Zwist, Unfrieden, Krieg, Zerstörung und brutale Gewalt leisten, soweit deren Ursache im einzelnen Menschen liegt?« Und ihre Antwort: »Indem Goethe Geistessphären für andere nachvollziehbar macht, die sonst weitgehend im Dunkel blieben, konkretisierte er die Idee der geistigen Weite, der Vorurteilslosigkeit, der Gerechtigkeit, der Liebe zu allem Guten und Wertvollen in der Welt. Damit verdeutlicht er auch, was Kultur eigentlich ist – das Einigende des Geistes.« (Goethe-Jahrbuch 1991)

Die Schätze, oder eben die »Waren«, die der »Handelsmann« Goethe von seiner Orient-Reise zurückbringt und vor seinen deutsch-europäischen Kunden »gefällig auslegt«, sie scheinen zunächst vor allem Staunen, Bewunderung und, daraus folgend, geistig-kulturelle Toleranz für das Fremde, das Andersartige wecken zu wollen. Wäre das vor allem die *Divan*-Botschaft? Im »Buch des Unmuts« finden sich die Verse:

Und wer franzet oder britet,
Italiänert oder teutschet,
Einer will nur wie der andre
Was die Eigenliebe heischet.

Denn es ist kein Anerkennen,
Weder vieler noch des Einen,
Wenn es nicht am Tage fördert
Wo man selbst was möchte scheinen.

Toleranz ist zweifellos eine große Tugend, eine hohe Kunst, eine geistige Haltung, die sich zu erarbeiten großer Anstrengungen bedarf und die letztlich nur dort praktisch gelebt werden wird, wo das tolerierende Subjekt – sei es ein Individuum, sei es eine kulturelle oder politische Gemeinschaft – über ein hohes Maß von Selbstsicherheit, von psychischer Stabilität und reflektierter, bewußter Identität verfügt. Goethe weist darauf deutlich hin: »Denn es ist kein Anerkennen, …wenn… nicht… man selbst was möchte scheinen.« Für die Religionen hat das in der Aufklärung Lessing in der einprägsamen Ring-Parabel gefaßt. Aber Toleranz ist es nicht, was Goethe uns zur Haltung empfehlen möchte und was wir bei einer Orient-Reise als Gewinn nach Hause tragen sollten – das will ihm nicht reichen. Denn verbirgt sich nicht hinter der Toleranz, als Duldung verstanden und praktiziert, ein Nicht-Ernstnehmen des Anderen bzw. der Andersartigkeit? Wird da nicht der oder das Fremde eher zum Exoticum gemacht und bleibt unverstanden? Gerade unsere heutigen Reisen in alle Teile und zu allen Kulturen der Welt ermöglichen uns die vielfältigsten Begegnungen mit den unterschiedlichsten Rassen, Religionen, Architekturen, Musiken, Küchen usw., auf die wir in der Regel völlig unvorbereitet sind, die uns zwar ob ihrer Erscheinungsformen faszinieren mögen (die afrikanische Schnitzerei oder die indianische Maske macht sich anschließend nicht schlecht in unseren Wohnzimmern), von deren Verständnis wir aber nach wie vor so weit entfernt sind, als hätten wir sie nicht mit eigenen Augen gesehen. Ob der Tourismus die Menschen aufgrund der Erfahrung von Anderssein bei sich zu Hause anschließend toleranter zu machen angetan ist, das ist doch sehr die Frage. Im Gegenteil, es besteht Grund zu der Vermutung, daß ein unbegriffenes Anderssein die Ethnozentrizität eher verstärkt als daß solche oberflächlichen Begegnungen zu interkultureller Toleranz führten. Aber selbst wenn tatsächlich damit die Toleranzbereitschaft gefördert würde – das ist es nicht, was Reisen im Sinne Goethes bewirken soll. Er erwartet mehr.

Im Zusammenhang der Schriften zur Wissenschaft finden wir den Satz: »Toleranz sollte eigentlich nur eine vorübergehende Gesinnung sein: sie muß zur Anerkennung führen. Dulden heißt beleidigen.«[3] Damit wird nun allerdings eine ganz andere Ebene des Anspruchs, eine ungemein höhere Form der Erwartung formuliert, als – in unserem Zusammenhang – die der interkulturellen Toleranz. »Dulden heißt beleidigen«, heißt sich nicht ernsthaft einlassen auf eine Herausforderung, wie sie jede andere Kultur für die eigene darstellt: Nämlich in anderen Kulturen Momente der eigenen wiederzuerkennen, in anderen Religionen Elemente der eigenen Religiosität wahrzunehmen, in anderen Gesellschaften und deren Lösungen für konkrete Probleme des Zusammenlebens die eigenen Probleme verfremdet und gespiegelt zu sehen. Auf unser Orient-Reisebuch bezogen: In Goethes eigener Ankündigung des *Divan* im »Morgenblatt« 1816 heißt es, der Dichter »freut sich an Sitten, Gebräuchen, an Gegenständen, religiösen Gesinnungen und Meinungen, ja, er lehnt den Verdacht nicht ab, daß er selbst ein Muselmann sey«. Dies ist nun eine in der Tat bemerkenswerte, höchst verblüffende Äußerung. Goethe ein Mohammedaner? Er, mit dem schon die Christen sich schwertun, ihn nicht als Heiden zu denunzieren (Goethes tiefe christliche Religiosität läßt sich nicht auf ein Glaubensbekenntnis, geschweige denn eine Kirche festlegen), bekennt sich selbst zum Islam?

Nun, die Formulierung ist sehr bedachtsam (»lehnt den Verdacht nicht ab«), und außerdem liebte Goethe die paradoxe Redeweise, die Ironie, die Vieldeutigkeit und Offenheit einer Aussage. Aber ernst ist sie hier durchaus gemeint: In der Religiosität des Orients, des Islam und des Korans, und natürlich der Bibel selbst, die er nicht schulbuchmäßig und chronologisch voneinander trennen mochte, erkannte er einen reichen, aber von der modernen, europäischen Gegenwart zu Beginn ihres nationalistischen Zeitalters tendenziell verschütteten Quell auch zukünftiger Weltkultur. Deshalb wollte er mit dieser Gedichte-Sammlung »die Aufmerksamkeit dorthin zu lenken suchen, woher so manches Große, Schöne und Gute seit Jahrtausenden zu uns gelangte, woher täglich mehr zu hoffen ist.« Und er tat das mit einer gewissen, sonst bei ihm eher unüblichen Dringlichkeit. Seinem Verleger Cotta schrieb er, er wünsche sich den *Divan* »in Form eines Taschenbuches, in viele Hände«. Kein esoterisches Produkt also, nur für Kenner und Liebhaber. Es sollte vielmehr dem »Volke an den Busen« gelegt werden, ihm die Sinne zu öffnen für den Reichtum orientalischer Kultur und Religiosität.

Es ist bereits auf die nicht nur für Goethe ungewöhnliche Tatsache hingewiesen worden, wie ungewöhnlich es war, die Produkte der poetischen Phantasie, die in diesem Falle teilweise als Nachdichtungen aus dem Arabischen präsentiert werden, mit einem Kommentar zu versehen. Im Falle der »Noten und Abhandlungen« sind diese Erläuterungen noch dazu beträchtlich länger als das zu Erläuternde. Goethe schreibt dazu in einem Brief (26. September 1818): »Der Diwan ist abgedruckt, wird aber noch zurückgehalten, weil Erläuterungen und Aufklärungen anzufügen sind. Denn ich hatte an meinen bisherigen Hörern und Lesern (alles höchst gebildete Personen) gar sehr zu bemerken, daß der Orient ihnen völlig unbekannt sei; weshalb ich denn, den augenblicklichen Genuß zu befördern, die nötigen Vorkehrungen treffe.« Die damit gemeinten Texte sind ihrerseits das Resultat seiner umfangreichen historischen und systematischen Studien zur arabischen Geschichte, Politik, Geographie und natürlich auch der Literatur. Letztere spielt dabei eine vergleichsweise geringe Rolle, vielmehr fällt auf, wenn man die von Goethe selbst genannten und die zusätzlich von der Forschung identifizierten bibliographischen Quellen durchgeht, welch großen Anteil daran Reisebeschreibungen einerseits und, neben Lebensbeschreibungen des Propheten und Religionsstifters Mohammed, geschichtliche Darstellungen andererseits haben. Das 18. und frühe 19. Jahrhundert kannte noch nicht die systematische landeskundliche Literatur, geschweige denn die uns heute bekannten Forschungsinstitute für einzelne Regionen oder Länder mitsamt der dazugehörigen Publikationsflut. Die Reisebeschreibung, der Reisebericht hatte eben diese Funktion und deckte das Bedürfnis solcher Länderkunde ab; ihrer aller großes (von Goethe natürlich auch konsultiertes) Vorbild war dabei Marco Polo. Es ist eine durchaus offene Frage, ob jene Reiseberichte (daß es dabei große Qualitätsunterschiede gab, versteht sich von selbst) nicht oft ein angemesseneres, genaueres Bild der jeweiligen Gesellschaften, Kulturen und geographischen Regionen vermittelten, als es den modernen, mit allen wissenschaftlich belegten Daten, Quellen und mit soziologischen, politologischen oder ökonomischen Kategorien arbeitenden Analysen gelingt. Goethe und seine Zeitgenossen konnten sich noch mittels der damals üblichen Berichte ein ›Bild in der Seele‹ vom fernen Gegenstand ihres Interesses machen, auch, wie im Falle des *Divan*-Dichters, ohne je selbst dort gewesen zu sein. Wenn er in der Zeit der *Divan*-Arbeiten in einem Brief (11. Januar 1815) schreibt, er habe sich »die Zeit her meist im Orient aufgehalten, wo denn eine reiche Ernte zu finden ist«, so darf das in einem geistigen Sinne durchaus wörtlich genommen werden: er hatte sich durch intensive Lektüre so in die arabisch-islamische Welt eingefühlt, daß er sich darin schließlich wie ein Schwimmer im Meer vorkam und »seine Kräfte darin zu üben« vermochte; ein guter Historiker, der eine vergangene Epoche uns vergegenwärtigen möchte, verfährt schließlich nicht anders als durch solche Empathie mit dem Gegenstand. In einem anderen Brief, wenig später (23. Januar 1815) teilt er mit: »Schiras, als den poetischen Mittelpunkt, habe ich mir zum Aufenthalte gewählt, von da ich meine Streifzüge (nach Art jener unzähligen kleinen Dynasten, nur unschuldiger wie sie) nach allen Seiten ausdehne. China und Japan hatte ich vor einem Jahr fleißig durchreist und mich mit dem Riesenstaat ziemlich bekannt gemacht. Nun will ich mich innerhalb der Grenzlinie der Eroberungen Timurs halten, weil ich dadurch an einem abermaligen Besuch im jugendlichen Palästina nicht gehindert werde.«

Letztere Bemerkung zielt darauf, daß im *Divan* zahlreiche Bezüge auch zur Bibel hergestellt werden, also nicht nur der Koran die Quelle des Glaubens und der Religiosität ist. Bibel und Koran erscheinen im Goetheschen Kosmos als gleichgewichtig und als gleichberechtigte Dokumente zweier großer Religionen. Von daher dann die nur scheinbar leichthin formulierten Verse, die doch zugleich eine ganze Welt-Sicht enthalten:

> Wer sich selbst und andre kennt
> Wird auch hier erkennen:
> Orient und Okzident
> Sind nicht mehr zu trennen.

> Sinnig zwischen beyden Welten
> Sich zu wiegen, laß ich gelten;
> Also zwischen Ost und Westen
> Sich bewegen sey zum besten!

Dem in der zitierten Briefstelle erwähnten Timur ist ein ganzes, tatsächlich aber eigentlich nur aus zwei Poemen bestehendes »Buch« gewidmet, von dem es in der bereits zitierten Verlagsankündigung heißt, es fasse »ungeheure Weltbegebenheiten wie in einem Spiegel auf, worin wir, zu Trost und

Untrost, den Widerschein eigener Schicksale erblicken«. Die Rede ist hier – in sozusagen offensichtlicher Verschlüsselung – von Napoleon, dem »Tyrann des Unrechts«, der in seiner Überheblichkeit die Natur herausgefordert hatte und von ihr – durch den Winter 1812/13 – vernichtet wurde. Überhaupt möchte Goethe die »orientalischen Zustände« so gelesen sehen, »daß man darin Analogien genug finden werde, sich in seiner europäischen Lage zu belehren und zu beurteilen«. »Orientalisches« (heute würden wir dafür allgemein den Begriff der »Dritten Welt« bemühen) als Analoga zur Belehrung der fortgeschrittenen, fortschrittlichen »Ersten Welt«? Wer möchte heute wagen, so etwas ernsthaft vorzuschlagen...

So stellen die »Noten und Abhandlungen« auf den ersten Blick zwar lediglich Erläuterungen zu Geschichte, Politik und Kultur des arabischen Raumes dar, einschließlich ihrer Wirkungs- und Rezeptionsgeschichte, aber genau gelesen enthalten sie eine Fülle von grundsätzlichen Einsichten und Überlegungen, die für europäische und zeitgenössische Probleme von Gesellschaft und Politik analoge Geltung beanspruchen, wobei sie häufig querliegen zu manchen gängigen Auffassungen. Das gilt etwa für die Aussage, »daß alle Herrschaft sich ableiten lasse von dem Rechte, Krieg zu erklären«[4], oder auch, »daß Regierungsform eben auch einen moralisch-klimatischen Zustand hervorbringe, worin die Charaktere auf verschiedene Weise sich ausbilden«. Die Bedingtheit des menschlichen Charakters so gut wie seiner kulturellen und geistigen Leistungen durch sozio-politische Strukturen ist ein Thema, das sich wie ein roter Faden durch die »Noten und Abhandlungen« zieht, verbunden mit der Warnung an »Minister und Günstlinge, Volksvertreter und Volk«, nicht zuletzt aber an die Intellektuellen, die »Dichter«, sich nicht von Teilhabe oder der Illusion einer Teilhabe »an der höchsten Macht« verführen zu lassen und sich dadurch zugrunde zu richten. Gerade die Schicksale von Dichtern an persischen Höfen, denen er sehr genau nachgegangen ist, gelten Goethe als Mahnungen an sich selbst und seinesgleichen, sich nicht zum Diener der Mächtigen durch Erhöhung erniedrigen zu lassen. Obwohl der *Divan* eine einzige große Liebeserklärung an die arabische Welt, an Religion und Kultur des Islam ist, so ist sie doch keine unkritische, blinde Liebeserklärung: Das betrifft sowohl den seit seiner Jugend verehrten Mohammed, über den er bekanntlich eine Tragödie *Mahomet* zu schreiben plante – »die bedeutsamste Huldigung, die jemals ein Dichter in Deutschland dem Begründer des Islam dargebracht hat« (Katharina Mommsen) –, als auch z. B. die Ablehnung von »heiligen Kriegen« oder die Kritik am Frauenbild des Islam. Vor allem aber folgert er aus der genauen Beobachtung der politischen Bedingtheit von Dichtung im Orient und der Abhängigkeit der Dichter von der Macht die geradezu paradoxe Umkehrung des Verhältnisses beider zueinander: der Dichter sei der Macht mindestens ebenbürtig –

> Mir gefällt zu konversieren
> Mit Gedichten, mit Tyrannen

> Was ist denn Hoheit? Mir ist sie geläufig!
> Du [Geliebte] schaust mich an, ich bin so groß als er.

– letztlich aber sogar überlegen, weil er die wahren, die echten Werte erkennt und sie dichtend lehre. Den Mächtigen, den Herrschern und Regierenden ruft der Dichter zu:

> Aber ihr wollt besser wissen,
> Was ich weiß, der ich bedachte,
> Was Natur, für mich beflissen,
> Schon zu meinem Eigen machte.

Fühlt ihr auch dergleichen Stärke?
Nun, so fördert eure Sachen!
Seht ihr aber meine Werke,
Lernet erst: so wollt' er's machen.

Es ist die genaue Beobachtung der Natur – das intimere Verhältnis des Dichters (aber auch des Philosophen oder Wissenschaftlers) zur Natur, zum übergreifenden Kosmos –, die
ihm seine Überlegenheit gibt, den größeren Horizont, den
Blick auf Wesentliches. Dazu gehört natürlich auch die Liebe:
der Kaiser ist nicht wie der Dichter in der Lage, im Bilde gesprochen, der Geliebten die schönsten Städte zu schenken:

Er ist herrlicher und weiser;
Doch er weiß nicht, wie man liebt.

Herrscher, zu dergleichen Gaben
Nimmermehr bestimmst du dich!
Solch ein Mädchen muß man haben
Und ein Bettler sein wie ich.

Goethe nannte seine geistige Orient-Reise eine »Hegire«, das
ist der französische Name für die (arabische) »Hedschra«,
die Flucht Mohammeds von Mekka nach Medina im Jahre
622, womit die mohammedanische Zeitrechnung beginnt.
Deutlicher könnte die epochale Bedeutung, die er dieser
west-östlichen Begegnung beimaß, nicht betont und unterstrichen werden. Goethe ernst nehmen heißt – und dies
spricht sich schwer aus und bedarf ständiger Reflexion –, ihn
zu entindividualisieren, sein Leben, seine Erfahrungen, seine
Einsichten nicht als die des Individuums Goethe lesen und
verstehen zu wollen, sondern als die eines »Kollektivwesens«, das empirisch-konkret Johann Wolfgang Goethe hieß.
Der selbst jedenfalls hat sich und seine Existenz dergestalt
exemplarisch verstanden, was für die eigene Lebensführung das Gegenteil von Anmaßung und Selbstüberhebung,

nämlich Bürde und Verpflichtung bedeutete, die eigenen Erfahrungen immer zugleich als Kollektiverfahrungen durcharbeiten und für das »Weltwesen« aufbewahren und ihm weitergeben zu müssen. Anders gesagt: Goethe verstand seine Orient-Reise nicht als eine ihn persönlich und dichterisch inspirierende Angelegenheit, sondern als eine ihn als Individuum transzendierende exemplarische ost-westliche Kulturbegegnung, deren bloßes Sprachrohr, Werkzeug, auserwähltes Instrument er war. »Es ist«, wie Erich Trunz es in der Hamburger Ausgabe des *Divan* kommentiert, »als habe er geahnt, daß die Zukunft der Weltkultur davon abhänge, daß geistige Begegnungen glückten.« Wenige Jahre nach der »*Divan*-Erfahrung« prägte er dann den damals ganz und gar neuartigen, heute uns geläufigen Begriff der »Weltliteratur« als Perspektive für eine Zukunft aufgeklärter kulturell miteinander kommunizierender Vielfalt. 1949 publizierte die Wissenschafts- und Bildungskommission der Vereinten Nationen, UNESCO, als eine ganz ungewöhnliche Ehrung einer Persönlichkeit einen Sammelband mit Beiträgen zu Goethes 200. Geburtstag, in dem das Selbstverständnis dieser wichtigen ›Weltkultur-Organisation‹ sich wiedererkennt in den kulturverbindenden Werten von dessen Werk, »ohne die die Unesco keine Existenzberechtigung hätte«. Was die Unesco hier fast explizit anerkannte und was noch weit davon entfernt ist, sich auch nur in Deutschland, Goethes »Nation«, geschweige denn in Europa herumgesprochen zu haben, ist, daß jene Orient-Reise ein europäisch zu verstehendes Ereignis exemplarischer kultureller Begegnung, wechselseitiger Befruchtung und gegenseitigen Verstehens darstellt – und sich nicht reduzieren läßt auf persönlich-subjektive Parameter und biographische Idiosynkrasien.

Einige »Erfahrungsberichte« von dieser Reise, im Orient gemachte und vor uns in der Form von Gedichten ausgebreitete Erkenntnisgewinne, die zum Schönsten dessen gehören, wessen die deutsche Sprache fähig gemacht werden kann, wurden schon erwähnt. Eine ganz entscheidende

Erfahrung aber bedarf noch, abschließend, der deutlicheren Herausarbeitung. Es ist die Erfahrung mit ›der Politik‹, die er im Orient macht.[5] Es ist bezeichnend – darauf wurde bereits hingewiesen –, daß die »Noten und Abhandlungen« überwiegend von Geschichte und Politik handeln und die verschiedenen persischen und arabischen Dichter immer wieder unter die Frage stellen, wie ihre poetische Produktion durch ihre gesellschaftlich-politische Stellung konditioniert war. Dahinter verbarg sich zweifellos auch ein persönliches Interesse, nämlich die Spiegelung der eigenen Existenz als Minister und Dichter am Hofe eines spätabsolutistischen, aufgeklärten oder aufzuklärenden Fürsten. Dem nachzugehen ist zwar von großer biographischer Relevanz – ›Goethe als Fürstenerzieher‹ –, aber nicht für unseren Kontext. Hier geht es vielmehr um Antworten auf Fragen, die Goethe grundsätzlicher auf seiner Reise interessierten: Was hat den Orient, was hat Persien und die islamische Welt groß gemacht? Worin besteht die Faszination, die der »Osten« auf den »Westen« ausübt? Was knüpft »den urältesten, abgeschiedenen Orient an den neuesten, lebendigsten« an? Wenn diese große, alte Kultur sich – und uns – »von dreitausend Jahren... Rechenschaft« gibt: was bleibt, was ist das Bleibende? Der Reisende hat sich gründlich informiert und gibt darüber in seinen »Noten und Abhandlungen« ausführliche Auskunft, er hat Geschichte, Politik, auch Geographie studiert – aber in den Taten der Großen und den Ambitionen der nur mühsam erinnerten Kleinen auf dem Felde der Herrschaft findet er nur wenig Erinnerungswertes, deren Spuren sind verweht, ihre Reiche verschwunden, ihre Namen verstaubt. Wenn einige aber dennoch überlebt haben, dann nur, weil sie einen Dichter fanden, der »mit und neben« ihnen wirkte und sie »über alle Sterbliche« erhöhte. Hölderlins Wort, »was aber bleibt, stiften die Dichter«, das könnte auch, wäre es nicht so direkt gesprochen und botschaftsgeladen, als Leitmotiv über Goethes Reisebericht stehen. So sind es die Lieder des »heiligen Hafis«, die uns nicht nur

heute noch, ungebrochen durch eine vielhundertjährige Geschichte, ansprechen (wozu der *Divan* seine Übersetzungs-
und Vermittlungsdienste leisten will), sondern sie können
auch legitimen Anspruch erheben, ins Paradies aufgenommen zu werden – und nicht die *res gestae* der weltlichen
Herrscher.

> Wisset nur, daß Dichterworte
> Um des Paradieses Pforte .
> Immer leise klopfend schweben,
> Sich erbittend ew'ges Leben.

Deutlicher und gröber formuliert: Was an der Welt des Islam
dialogfähig, dialogwürdig ist – und das gilt dann gleichermaßen für den Okzident –, das ist seine kulturelle Gestalt, so wie
sie von ihren Dichtern aufgeschrieben, überliefert, ja recht
eigentlich überhaupt von ihnen geschaffen wurde. Goethe
sah, darüber hinaus, das Besondere der arabischen Kultur
darin, daß »in keiner Sprache vielleicht Geist, Wort und
Schrift so uranfänglich zusammengekörpert« sei wie hier,
weshalb er – wie von Katharina Mommsen mit großer Sensibilität gezeigt – arabische Schriftübungen machte und der
Reinschrift seiner *Divan*-Geschichte arabisierte Schriftzüge
gab. Der von Goethe als ein Grundübel, als eine tiefsitzende
Krankheit der westlichen Moderne erkannte Prozeß der
›Entsinnlichung‹, vor allem in der wissenschaftlichen Forschung, die durch eine Apparateforschung ersetzt werde und
darum ihren Gegenstand, die Natur, verfehle, ihn nur noch
vermittelt, also eben un-sinnlich und abstrakt wahrnehme,
für diesen Prozeß sah er im Dialog mit der arabischen Welt
eine Chance der Heilung aufgrund des sinnlichen Charakters ihrer Schrift und Dichtung, wegen der Fähigkeit dieser
ihre Kultur repräsentierenden Dichtkunst, »daß sie sich sehr
oft auf sinnliche, sichtbare Gegenstände« beziehe, während
»diese Art« dem »Westländer« die schwerste erscheint, »weil
unsere Umgebung zu trocken, geregelt und prosaisch« ist.

Was Goethe »anschauendes Denken« als Methode nicht zuletzt auch einer erdnahen, dem Menschen nützlichen und dienlichen Wissenschaft nannte, das glaubt er in der Poesie der arabischen Welt wiederzufinden.

Der zweite Gewinn aus dieser geistigen Begegnung mit dem Islam, den der Reisende in seinem poetischen und dem erläuternden Bericht niederlegte, ist die reflektierte Erfahrung der Religion, des Religiösen. »Das eigentliche, einzige und tiefste Thema der Welt- und Menschengeschichte, dem alle übrigen untergeordnet sind, bleibt der Konflikt des Unglaubens und Glaubens«, heißt es da mit kaum zu übertreffender Deutlichkeit und Apodiktik. Daß Bibel und Koran gewissermaßen nachbarlich entstanden, war Goethe höchst bedeutsam und nicht zufällig, und diese innere Verwandtschaft war zweifellos eines der Reise-Motive. Die »Hauptpunkte«, in denen die religiösen und philosophischen Überzeugungen des »Kollektivwesens Goethe« mit der Lehre des Koran übereinstimmten, sind: »die Lehre von der Einheit Gottes, die Überzeugung, daß Gott sich in der Natur offenbare und daß er durch verschiedene Abgesandte zur Menschheit spricht, das Abweisen von ›Wundern‹ und die Auffassung, daß Religiosität sich in wohltätigem Wirken erweisen müsse« (K. Mommsen). Einer dieser Abgesandten war ganz offensichtlich Mohammed, der Prophet, zu dem Goethe sich in verwandtschaftlicher Beziehung hingezogen fühlte. Aber gewissermaßen »über« dem Propheten mit dessen Willen zur Macht steht der Poet als ebenfalls zur Menschheit sprechender göttlicher Abgesandter. Den »Unterschied zwischen Poeten und Propheten« sieht Goethe so: »beide sind von einem Gott ergriffen und befeuert, der Poet aber vergeudet die ihm verliehene Gabe im Genuß, um Genuß hervorzubringen [...] er sucht mannigfaltig zu sein, sich in Gesinnung und Darstellung grenzenlos zu zeigen. Der Prophet hingegen sieht nur auf einen einzigen bestimmten Zweck«, die Verkündung der Lehre und deren Akzeptanz durch den Glauben; »er muß also eintönig werden und bleiben, denn das Mannigfaltige glaubt man nicht, man erkennt es«. Genau gelesen heißt das nichts anderes, als daß der Dichter das durch Aufklärung (›Erkennen der Mannigfaltigkeit‹) bewirkt, nämlich Gottes Stimme vernehmbar zu machen, was der Prophet durch autoritäre Unterwerfung, auch durch Feuer und Schwert, in jedem Falle aber durch direkte oder indirekte Formen des Zwanges erreichen möchte. Nicht im Religiösen unterscheiden sich Poeten und Propheten, sondern durch die Methoden der Verkündung ihrer Wahrheit. Das Lob der Mannigfaltigkeit, die aufregende Erkenntnisarbeit an der Entdeckung der nahezu unendlichen Vielfalt der Natur, der Schöpfung, ist eine Form der Aufklärung; der auch in der Religion, im Christentum so gut wie im Islam angelegte Reduktionismus auf eindimensionale Welt- und Naturerklärungen, die zu enge Fassung Gottes und göttlicher Lehre ist hingegen eine große Gefahr, der zu entgehen und entgegenzuwirken die Aufgabe der Dichter ist. Darum ist von Mohammed, dem Propheten, in den »Noten und Abhandlungen« zwar ausführlich, im *Divan* selbst jedoch nur in der Spiegelung der Religion durch die im Islam verwurzelten Dichter, also nur indirekt, die Rede. Immer wieder flüchtet sich »reine Menschlichkeit, edle Sitte, Heiterkeit und Liebe« vor »phantastischen Religionsungeheuern und abstrusen Mystizismus«, vor den »Torheiten durch welche... der... befangene Mensch sich der Gottheit unmittelbar anzunähern und zuletzt mit ihr zu vereinigen gedenkt« in »die Herrlichkeit der Poesie«, in der »zuletzt... das Heil der Menschheit aufbewahrt« bleibt. So führt die Begegnung und einfühlende Auseinandersetzung mit der Religiosität des Islam Goethe – und uns – zurück auf die Reflexion über die Bedeutung der Dichtung, der Poesie für die Menschen, für ihr Selbstverständnis, für die Stiftung von Gesellschaft und Sittlichkeit, für ihre Religiosität als vermittelte Sprache Gottes. Der Satz von der Menschengeschichte als einem Konflikt zwischen Unglauben und Glauben läßt sich dann auch so lesen und verstehen, daß die Weltgeschichte sich zwischen den Polen Poesie und Gewalt bewege, ein Kampf sei zwischen Selbstverwirklichung als Herrschaft in durchaus konkret zu benennenden Machtbeziehungen einerseits – so, wie wir auch Geschichte in der Regel schreiben und die Regierenden und ihre Mitläufer sich auch historisch verstehen – und Selbstverwirklichung in Dichtung, Religion, Philosophie, Kunst andererseits. Noch weiter vereinfacht hieße das, daß »das einzige und tiefste Thema« das des Konfliktes zwischen Macht und Geist ist, zwischen politischer (ökonomischer, militärischer etc.) Geschichte und Gegenwart einerseits und der Geistesgeschichte der Welt der Kultur, der Aufklärung, auch der Religion, die, wo sie wahr ist, zugleich Dichtung ist oder in Poesie übergeht, andererseits.

SULEIKA Laß den Weltenspiegel Alexandern;
Denn was zeigt er? – Da und dort
Stille Völker, die er mit den andern
Zwingend rütteln möchte fort und fort.

Du! Nicht weiter, nicht zu Fremdem strebe!
Singe mir, die du dir eigen sangst.
Denke, daß ich liebe, daß ich lebe,
Denke, daß du mich bezwangst.

Goethe wußte sehr wohl, daß Europa militärisch und ökonomisch dem Nahen und Mittleren Osten überlegen war. Die von ihm konsultierten Reiseberichte bestätigen das, und die Expedition Napoleons nach Ägypten und Palästina, 1798/99, hatte es deutlich genug gemacht. Aber er hielt solche machtpolitische nicht zugleich für geistige Stärke, geschweige denn für einen kulturell-religiösen Führungs- oder Herrschaftsanspruch. Ganz im Gegenteil, wie seine *Divan*-Dichtung zeigt: »Hafis, dir sich gleich zu stellen, / Welch ein Wahn!« Von der Orient-Reise kam er gewissermaßen bescheidener zurück, als er hingefahren war: bereichert und eben darum aufgeschlossener für das Andersartige, die kulturelle Differenz, die Vieldimensionalität der Weltkultur. »Orient und Okzident / Sind nicht mehr zu trennen.«

Ganz anders übrigens hatte Schiller auf solche Reiseberichte reagiert. Am 26. Januar 1798 (also fast zwanzig Jahre vor Goethes Orient-Entdeckung) schreibt er dem Freund von der Lektüre eines Reiseberichts über Syrien und Ägypten (den Goethe später übrigens auch für seine Arbeiten konsultierte): »ich rate wirklich jedem, der bei den jetzigen schlechten politischen Aspekten den Mut verliert, eine solche Lektüre; denn erst so sieht man, welche Wohltat es bei alledem ist, in Europa geboren zu sein. Es ist doch wirklich unbegreiflich, daß die belebende Kraft im Menschen nur in einem so kleinen Teil der Welt wirksam ist, und jene ungeheuren Völkermassen für die menschliche Perfektibilität ganz und gar nicht zählen. Besonders merkwürdig ist es mir, daß es jenen Nationen und überhaupt allen Nicht-Europäern auf der Erde nicht sowohl an moralischen als an ästhetischen Anlagen gänzlich fehlt. Der Realism, wie auch der Idealism zeigt sich bei ihnen, aber beide Anlagen fließen niemals in eine menschlich schöne Form zusammen. Ich hielt' es wirklich für absolut unmöglich, den Stoff zu einem epischen oder tragischen Gedichte in diesen Völker-Massen zu finden oder einen solchen dahin zu verlegen.« Abgesehen davon, daß Goethe in seinem Antwortbrief darauf nur gewissermaßen ›mit einem Lächeln‹ und am Rande einging – »Lassen Sie uns denn also, wenn es auch in Europa noch etwas bunter zugehen sollte, gerne in diesem Weltteile verweilen« –: Spricht nicht Schiller das aus, was viele, und eben gerade auch gebildete Europäer bis heute und trotz unvergleichlich besserer Informationsmöglichkeiten von den Ländern der Dritten Welt im allgemeinen und vom Mittleren Osten im besonderen denken? Vor diesem Hintergrund – oder gegen diesen Hintergrund – entstand der *Divan*, und um solche Vor- und verhängnisvollen Fehlurteile zu korrigieren, sollte er damals und will er heute (auch) gelesen werden.

Kehren wir, abschließend, zum Ausgangspunkt der Orient-Reise zurück: Es war das von Kriegen und beginnendem Nationalismus zerrissene Europa gewesen, aus dem Goethe »geflohen« war, um eine andere Perspektive zu gewinnen als die der geforderten Parteinahme. In vergleichbaren Situationen werden sich Menschen politisch und gesellschaftlich immer wieder befinden, und nur darum (oder vor allem darum) ist die stille, unaufdringliche Botschaft des *Divan* und seines Verfassers von ungebrochener Aktualität: überzeitlich gültig als Haltung, weil mit veränderten Inhalten die Konstellation selbst sich immer wieder einstellt. Damals, angesichts des zusammenbrechenden napoleonischen Imperiums, forderte ›die Öffentlichkeit‹ von Goethe – wie von allen Intellektuellen – die nationale Parteinahme ein; er war einer der wenigen, der sich dem verweigerte. »Wie hätte ich Lieder des Hasses schreiben können ohne Haß! Wie hätte ich, dem nur Kultur und Barbarei Dinge von Bedeutung sind, eine Nation hassen können, die zu den kultiviertesten der Erde gehört und der ich einen so großen Teil meiner Bildung verdankte!« »Überhaupt«, fuhr Goethe in demselben Gespräch mit Eckermann fort (14. März 1830), »ist es mit dem Nationalhaß ein eigenes Ding. – Auf den untersten Stufen der Kultur werden Sie ihn immer am stärksten und heftigsten finden. Es gibt aber eine Stufe, wo er ganz verschwindet und wo man gewissermaßen *über* den Nationen steht, und man ein Glück oder Wehe seines Nachbarvolkes empfindet, als wäre es dem eigenen begegnet. Diese Kulturstufe war meiner Natur gemäß, und ich hatte mich daran lange befestigt, ehe ich mein sechzigstes Jahr erreicht hatte.« Mit einer solchen Haltung nimmt es nicht wunder, daß Goethe sich nicht nur für den nationalen Enthusiasmus der Napoleon-Gegner nicht erwärmen konnte, sondern daß diese ihm umgekehrt wiederum politische Kälte und mangelnde patriotische Gesinnung vorwarfen, was ihn offenbar so tief getroffen hatte, daß er darauf fast zwanzig Jahre später noch so ausführlich zu sprechen kommt. In den Jahren des

Kalten Krieges z. B. war eine andere, aber jenem frühen Nationalismus durchaus verwandte Parteinahme verlangt: Als sich einer der großen literarischen Humanisten dieses Jahrhunderts, Thomas Mann, explizit um Goethe zu ehren, 1949 eben diesen Frontbildungen entzog, wurde ihm ganz ähnlich wie seinem großen Vorbild der moralisch-politische Prozeß gemacht.

Heute scheint das überwunden und wir erinnern uns an solche Vorgänge wohl eher mit Scham und Verlegenheit. Gleichzeitig aber tun sich andere Fronten auf und erwarten Parteinahme: die modische Rede ist seit einigen Jahren z. B. von einem angeblichen »Krieg der Kulturen« als neue welthistorische Konfliktformation – und wenn man gewisse Phänomene ohne die nötige Distanz und die nötige Erkenntnis- und Verständnisarbeit im Schnellverfahren interpretiert, dann scheint in der Tat mancher empirische Befund für eine solche These zu sprechen. Aber ist nicht bereits das Gerede von einem solchen »Krieg der Kulturen« eine Art sich selbst erfüllender Prophetie, mit der das erst analytisch und begrifflich herbeigeredet wird, wovor man vermeintlich warnen will? Sind wir nicht, wie Brecht meinte, mitverantwortlich für unsere Voraussagen? Goethe hielt es für die »Pflicht der Höhergebildeten, ebenso mildernd und versöhnend auf die Beziehungen der Völker einzuwirken wie die Schiffahrt zu erleichtern oder Wege über Gebirge zu bahnen«; so wie der wirtschaftliche Austausch steigere »der Freihandel der Begriffe und Gefühle ... das allgemeine Wohlsein der Menschheit« (Gespräch mit Odyniec, 25. August 1829). Für einen solchen »Freihandel der Begriffe und Gefühle« hatte er seine »Ware« im *Divan* ausgebreitet.

Es war das ein von Goethe seinen Zeitgenossen und uns den Nachgeborenen nahegelegter interkultureller Dialog der Empathie, der schon damals nicht abstrakt über die Ländergruppen hinweg nur vorgestellt wurde als Privileg der Dichter und der Intellektuellen, sondern dem ganz konkrete

Erfahrungen dessen zugrunde lagen, was wir heute mit der etwas zu »poppig« klingenden Neu-Wortschöpfung »multikulti« bezeichnen. Zur Vorgeschichte der *Divan*-Entstehung gehört nämlich ein von Katharina Mommsen zu Recht als »ominös« bezeichnetes Ereignis in Weimar, Anfang 1814, von dem Goethe in einem Brief (an Trebra, 7. Januar 1814) berichtete: »[...] so muß ich bemerken, daß zu unserer Zeit Dinge geschehen, welche man keinem Propheten auszusprechen erlaubt hätte. Wer durfte wohl vor einigen Jahren verkünden, daß in dem Hörsaale unseres protestantischen Gymnasiums mahometanischer Gottesdienst werde gehalten und die Suren des Korans würden hergemurmelt werden, und doch ist es geschehen, wir haben der baschkirischen Andacht beigewohnt, ihren Mulla geschaut, und ihren Prinzen im Theater bewillkommt.« Das geschah in Weimar, 1814 (übrigens inmitten rings um das Herzogtum zu beobachtender Truppenbewegungen, wie Goethe im selben Brief erwähnt), und wäre heute, z. B. in Berlin-Kreuzberg, der ›größten türkischen Stadt westlich des Bosporus‹, schon nichts Besonderes mehr – allerdings hört man hier nicht von dem, was Goethe aus der Weimarer Gesellschaft berichtet, daß sich nämlich mehrere religiöse Damen daraufhin eine Übersetzung des Koran aus der Bibliothek erbeten hätten: eine spontane, gewissermaßen antizipierte *Divan*-Reaktion...

Es geht also auch um das Zusammenspiel von Einheit und Vielfalt im je eigenen Lande und in der je eigenen Kultur, sei es die europäische oder die arabische. Jede kulturelle »Reinheit« und Exklusivität ist da eine ebensolche Horrorvision, wie es die Politik »ethnischer Reinigung« in der gesellschaftlichen Wirklichkeit ist. Und so dürfen wir wohl, ohne sie unzulässig zu strapazieren, die unaufdringlichen Verse lesen, die Goethe dem damals (und in vieler Hinsicht noch immer) exotischen Ginkgo-Baum widmete, dessen gespaltenes Blatt unter seinem Blick zum Symbol des kulturellen Ost-West-Dialoges und der Weltkulturen wurde:

GINGO BILOBA

Dieses Baum's Blatt, der von Osten
Meinem Garten anvertraut,
Giebt geheimen Sinn zu kosten,
Wie's den Wissenden erbaut.

Ist es Ein lebendig Wesen?
Das sich in sich selbst getrennt,
Sind es zwey, die sich erlesen,
Daß man sie als eines kennt.

Solche Fragen zu erwiedern,
Fand ich wohl den rechten Sinn;
Fühlst du nicht an meinen Liedern,
Daß ich Eins und doppelt bin?

Goethes Faust-Kritik

Die folgenden Anmerkungen zum letzten Akt der Tragödie, die ja so etwas wie eine »Summa« von Goethes Lebenswerk geworden ist, erheben keinerlei Anspruch auf Originalität: alles ist irgendwo, irgendwann schon gesagt und geschrieben worden[1] – »wir sind nur original weil wir nichts wissen« –, aber eine mitteilende Selbstverständigung mag gleichwohl ihre Berechtigung haben.

Spätestens Schönes Kommentare[2] zum vielzitierten und besonders kontrovers interpretierten »Schlußmonolog« haben es zur Pflicht intellektueller Redlichkeit gemacht, auch hier niemals den Kontext aus den Augen zu verlieren: nicht nur – oder doch in geringerem Maße – den zeitgeschichtlichen, an den der Philologe zu erinnern hat, wie es zu seinem Fach gehört, sondern vor allem den textlichen, was jedem aufmerksamen Leser und jeder Leserin auch ohne Hilfestellung möglich ist, sofern er oder sie sich von der Last historisch vermittelter Fixierungen auf bestimmte Lesarten, die gerade im Falle des »Faust« und des »Faustischen« das Ergebnis von oft bewußt gesteuerten Ausblendungen sind, zu befreien vermag. Der Kontext der großen Vision vom freien Volke auf freiem Grund ist, woran eben Schöne deutlich erinnert, durch die gewissermaßen zu sich selbst gesprochenen Worte gekennzeichnet, mit denen der greise Gewaltherrscher offen ausspricht, was er in Wirklichkeit von diesem Volke denkt, für dessen glückliche Zukunft er sein Kolonisationsprojekt behauptet unternommen zu haben: Es ist eine »Menge die mir frönet«. (Frondienst ist nur wenig besser als Sklaverei!), und um keinen Zweifel daran aufkommen zu lassen, daß ihm die Menschen nichts als Mittel zum Zweck sind, gibt er dem Aufseher-Mephisto freieste Hand zur Rekrutierung: »Wie es auch möglich sei, / Arbeiter schaffe Meng' auf Menge, / Ermuntere durch Genuß und Strenge, / Bezahle, locke, presse bei!« (11551-11554) Zu den vielen historisch tradierten Ausblendungen in der Rezeptionsgeschichte des *Faust* gehört auch, worauf Leo Kreutzer aufmerksam gemacht hat, die Fehlbezeichnung vom Schluß-Monolog: denn es handelt sich in Wirklichkeit um eine Ansprache, die er – blind wie er ist – glaubt, vor seinem Volk, jedenfalls aber vor seinen zwangsrekrutierten Arbeitern zu halten, auch wenn es sich tatsächlich nur um die Lemuren-Totengräber handelt, was dieser Rede eine zusätzliche kontextuelle Brechung gibt, ja sie eigentlich als ins Leere gesprochen enthüllt. Kreutzer nennt sie darum zu Recht »eine schöne, eine hochherzige Politikerrede«, die, wie die meisten Reden dieses Genres, durch keine Taten gedeckt ist und wo die Taten die Worte Lügen strafen – was gerade in diesem Fall dem Publikum überaus deutlich vor Augen geführt wurde als Diskrepanz zwischen Freiheits- und Paradiesvision und der brutalen Realität von Fausts Gewaltherrschaft. Auch Thomas Mann vermochte sich der tradierten Lesart dieses Schlusses nicht zu entziehen, wenngleich er in seiner Goethe-Rede von 1949 wenigstens einige Vorbehalte andeutete: »Dem Dichter... war es von Herzen ernst mit Fausts letztem Abenteuer und seinem höchsten Augenblick, diesem ›Solch ein Gewimmel möcht' ich sehen‹, auch wenn er die Tragik der Tat durchschaute [...]« (wobei allerdings auch hier der zeitgeschichtliche Kontext der Mannschen Rede mitbedacht werden muß).

Nun scheint mir mit einem derartigen Zurechtrücken und Neu-in-Beziehung-Setzen zunächst einmal dieses »Monologs« in den Zusammenhang des Kolonisierungsprojektes und seiner Methoden die Sache, die da im V. Akt von *Faust II* verhandelt wird, keineswegs geklärt. Sie bedarf vielmehr weiterer kritischer Nachfragen – und zwar dann, wenn es um den politischen Faust, respektive um den politischen Goethe geht und darum, was Goethe auch an Politischem in diese Figur »hineingeheimnißt« hat. Und das ist nicht wenig. Dabei geht es weniger um die nicht zu bezweifelnden napoleonischen Dimensionen der Figur (»Faust bringt mich dazu, wie ich von Napoleon denke und gedacht habe«, notiert sich

Boisserée über ein Gespräch mit Goethe am 3. August 1815), auch nicht um die von Katharina Mommsen überzeugend herausgearbeitete Kritik am Politiker Carl-August, vielmehr meine ich, noch etwas grundsätzlicher ansetzen zu sollen.

Zunächst und vor allem muß da noch einmal die kontroverse Frage nach Gewinn und Verlust der Wette aufgenommen werden, die ja ihrerseits, wie Schöne zusammengestellt hat, geradezu ein Positions-Gesellschaftsspiel unter den Goethe-Exegeten geworden ist. Ich selbst halte es mit Adorno, der es für »sophistisch« und »erbärmlich« hält, einen Widerspruch zwischen Sinn und Buchstaben des Vertrages zu konstruieren – »als hätte in einer Dichtung, die wie kaum eine andere deutsche dem Wort den Vorrang erteilt vorm Sinn, die dümmlich sublime Berufung auf diesen die geringste Legitimation. Die Wette ist verloren.« Zumindest aber wird man Goethes eigene Erklärung ernst nehmen müssen: »Mephistopheles darf seine Welt nur halb gewinnen, und wenn die halbe Schuld auf Faust ruhen bleibt, so tritt das Begnadigungs-Recht des alten Herrn sogleich herein, zum heitersten Schluß des Ganzen.« Für die »Politik-Frage« jedoch ist der Ausgang der Wette selbst zunächst einmal sekundär – was sie interessiert, ist etwas anderes. Hier noch einmal der genaue Wortlaut selbst aus dem Ersten Teil:

> Werd ich beruhigt je mich auf ein Faulbett legen,
> So sei es gleich um mich getan!
> Kannst du mich schmeichelnd je belügen,
> Daß ich mir selbst gefallen mag,
> Kannst du mich mit Genuß betrügen,
> Das sei für mich der letzte Tag!
> Die Wette biet' ich!...
> Werd' ich zum Augenblicke sagen:
> Verweile doch! du bist so schön!
> Dann magst du mich in Fesseln schlagen,
> Dann will ich gern zugrunde gehn!
> (1692-1702)

Mit diesem Vertrag in der Tasche unternimmt Mephisto seine Welttour mit Faust. Er ist sich seiner Sache, die Wette zu gewinnen, völlig sicher; nur das Wie ist die offene Frage: Welcher Versuchung wird Faust erliegen, was wird ihm so schmeicheln, daß er meint, das höchste Glücksgefühl erfahren, Erfüllung und Selbstverwirklichung gefunden zu haben? Um das herauszufinden, wird Mephisto von Goethe explizit jegliches Mittel konzediert – auch Lug und Betrug, sofern nur Faust darauf hereinfällt –, und der will geradezu betrogen und schmeichelnd belogen werden, weil er sich absolut sicher ist, solches doch immer durchschauen zu können. Mephisto wird also so lange experimentieren, so viele denkbare Versuchungen konstruieren müssen, bis er den schwachen Punkt seines Opfers entdeckt hat – das ist der Sinn ihrer gemeinsamen Reise und der zahlreichen Stationen und Situationen, in die Faust von ihm gebracht wird.

Der *Faust* ist, wir wissen es, ein höchst kunstvoll konstruiertes ›Weltspiel‹, eine große Parabel, vielleicht die größte, die je von einem Autor, Dichter oder Dramatiker erstellt wurde. Und darin ist die Figur des Faust selbst ebensowenig ideosynkratisch wie Mephisto ein durch Individualität ausgezeichneter Teufel ist – beide sind konstruierte zusammengesetzte Figuren, wenngleich hier und da mit sehr persönlichen Eigenschaften ausgestaltet. Als »Faust« wird da das »zusammengesetzt«, was Goethe wohl als die dominierenden Eigenschaften, Mentalitäten, Triebkräfte, Motivationen, Selbstverständnisse und Zukunftsprojektionen des modernen europäischen Menschentypes der Post-Rennaisance erkannt hatte – und als Mephisto deren kritische Negationen. In der so konstruierten Figur des Faust wird die – europäische – Moderne durchgespielt, expliziter noch im zweiten Teil, an dem »der Verstand mehr Rechte« hat als an dem mehr »fragmentarischen«, man könnte auch sagen: noch weniger weltlich-politischen ersten. Denn in diesen Zweiten Teil ist nicht nur die Erfahrung des Staatsmannes Goethe als Weimarer Minister und Vertrauter, Berater und überwiegend frustrierter Erzieher eines deutschen Fürsten und damit Angehöriger in der politischen Klasse seiner Zeit eingegangen, sondern auch die des Zeitgenossen der Französischen Revolution, der napoleonischen Ära und ihrer kriegerischen Wirklichkeit, der konterrevolutionären Restauration und schließlich deren Ende in der Juli-Revolution von 1830, die den Keim der sozialistischen Bewegungen enthielt – einschließlich des sich ankündigenden Maschinenzeitalters und der modernen Naturwissenschaft und Technik. Der schon zitierte Leo Kreutzer hat, ohne es weiter auszuführen, angedeutet, daß jener Faust, der am Hofe des Kaisers über Mephisto die Physiokratie versuchte durchzusetzen, also den »letzten« ernsthaften Versuch unternahm, den naturzerstörerischen Kapitalismus durch ein alternatives Projekt zu verhindern, daß der am Ende seiner Karriere die – kapitalistische – Moderne, einschließlich ihrer selbstzerstörerischen Konsequenzen verwirklichte (und damit sich selbst buchstäblich und metaphorisch das Grab schaufelte); dabei ist es keinesfalls nebensächlich anzumerken, daß es eigentlich der kritisch negierende Mephisto war, der dem bankrotten Feudalregime die physiokratische Alternative zur Moderne suggerierte, während der – eben – modernistische Faust am Ende als der Großunternehmer, politische Herrscher und Gesamtkapitalist triumphiert (und in seinem Triumphe untergeht). Aber damit greife ich dem Argument, dem Gedankengang Goethes selbst vor.

Worauf es hier ankommt – in politischer Perspektive – ist dies: Erst das politische, das Herrschaftsprojekt Mephistos: das Angebot, die »Versuchung« von völliger Herrschaft über Mensch und Natur, über Natur und Mensch schlägt bei Faust ein, erst dies ist der Köder, den er schluckt und womit er sich in Mephistos Falle begibt und die Wette – zumindest zur Hälfte – verliert. Goethe-Mephisto hatte Faust, dem ›modernen Europäer‹, mehrere andere Angebote gemacht, die ihm Erfüllung, Selbstverwirklichung, Glück, höchsten Genuß gestiftet hätten: reine Erkenntnis, Wissen, Weisheit,

Familie, verantwortlicher Minister eines aufgeklärten Fürsten, Ingenieur der Moderne, die Liebesbeziehung zu einem anderen Menschen – nichts von alledem befriedigte oder genügte Faust: er wollte »Herrschaft« und »Eigentum«. Mephisto vermag es nicht recht zu glauben, daß es so wenig sei, was Faust sich da wünsche – nichts sei leichter, als daß »sich Poeten finden, / Der Nachwelt deinen Glanz zu künden, / Durch Torheit Torheit zu entzünden«. (10189-10191) Tatsächlich markiert dieser kurze Dialog den Umschlag (es handelt sich um den IV. Akt), in dem Faust bereits seine Wette verliert: Mephisto verführt ihn nämlich dazu, zwecks der Erreichung von »Herrschaft« und »Eigentum« die einzusetzenden Mittel nicht weiter ernst zu nehmen – anders gesagt: der noble Zweck wird die niedrigen Mittel rechtfertigen. Im Text – Faust entdeckt Mephisto sein Projekt, dem Meer Land durch Eindeichung abzugewinnen und darauf sein, Fausts eigenes Imperium zu errichten – liest sich das so:

FAUST   Das ist mein Wunsch, den wage zu befördern.
              (Trommeln und kriegerische Musik im Rücken
              der Zuschauer, aus der Ferne, von der rechten
              Seite her.)
MEPHISTO   Wie leicht ist das! Hörst du die Trommeln fern?
FAUST   Schon wieder Krieg! der Kluge hört's nicht gern.
MEPHISTO   Krieg oder Frieden. Klug ist das Bemühen,
              Zu seinem Vorteil etwas auszuziehen.
              Man paßt, man merkt auf jedes günstige Nu.
              Gelegenheit ist da, nun, Fauste, greife zu!
                                            (10223-10239)

Und Faust »greift zu«: zwar weiß er, nüchtern-objektiv, daß Krieg eine schlimme Sache ist, die eigentlich der Vernunft – dem Klugen – widerspricht, aber sein Herrschaftsprojekt ist ihm den Verrat an der Vernunft wert, was um so dramatisch-gravierender ist, als er – ein Mann eben der Vernunft – von Krieg nicht einmal etwas versteht und er nun sogar auch noch den Oberbefehl übernehmen soll: »Da zu befehlen, wo ich nichts verstehe.« (10312) Hier also beginnt Fausts Abstieg in den Aufstieg, der zu seiner Selbstzerstörung und zum Verlust der Wette selbst führen wird: Faust erliegt der Politik als einer Diskurslogik, in der der Zweck die Mittel heiligt und damit sich selbst, so hehr und hochherzig er auch immer – in der Vision vom freien Volk – formuliert und erklärt werden mag, entheiligt. Im Grunde folgt aus dieser moralisch-politischen Kapitulation Fausts, der Ent-Heiligung der Mittel, der ›Rest‹ der Tragödie der Moderne geradezu zwangsläufig. Wo alles zur Erreichung wohlklingender Ziele und Zwecke legitimiert wird – »Auf freiem Grund mit freiem Volke stehn« (11580) –, da ist auch alles möglich und denkbar, also legitimierbar: z. B. »Menschenopfer mußten bluten. / Nachts erscholl des Jammers Qual« (11127 f.), damit am nächsten Morgen ein Kanal fertiggestellt war.[3] Goethe läßt keinen Zweifel daran, daß die ›schöne neue Welt‹ des Faust ein herrschaftliches Produkt und Projekt ist – das, wie es die Herrschaft mit sich bringt, per definitionem nie vollendet sein wird. Schließlich beginnt Faust seinen Schluß-»Monolog«, richtiger: seinen politischen ›Bericht zur Lage der Nation‹ damit, daß leider gerade nur noch ein letztes Stück fehlte, um das große Werk zu vollenden:

> Ein Sumpf zieht am Gebirge hin;
> Verpestet alles schon Errungene;
> Den faulen Pfuhl auch abzuziehn
> Das letzte wär das Höchsterrungene.
> (11559–11562)

Dabei wissen wir, daß es kurz zuvor die friedliche Idylle von Philemon und Baucis war, die als »einzige« noch der Perfektion von Fausts Vision im Wege stünde und darum weggeräumt werden mußte: Es liegt in der Natur dieses Projektes, immer wieder letzte und allerletzte Imperfektionen zu entdecken – die Antiquiertheit des Menschen für die Vision der Moderne –, die der Verwirklichung des vollkommenen Glücks auf Erden im Wege stehen und zu deren Beseitigung jedes Mittel recht ist.

Und es liegt in der Natur des Faust-Projektes, so wie es in der programmatischen Schlußansprache ›auf den Begriff gebracht‹ wird, daß ›jedes Mittel‹ in letzter Instanz auf Gewalt hinausläuft: Fausts visionäres Gesellschaftsprojekt, das im wahrsten Wortsinne total ist, weil ihm und seinem planerischen Geist alles unterworfen ist – die Natur so gut wie die Menschen –, kann nur als manifest gewalttätiges Projekt verwirklicht werden, und Gewalt wird sich in ihm notwendigerweise immer weiter reproduzieren. Darin liegt nicht seine »Tragik« (Th. Mann), sondern vielmehr seine Logik. Daß »Krieg, Handel und Piraterie [...] nicht zu trennen« (11187f.) sind, weiß nicht nur Mephisto, sondern auch die Realgeschichte – etwa die der großen englischen Handels- und Freibeuterkapitäne mit königlicher Lizenz, und Merkur ist der Schutzgott sowohl der Kaufleute als auch der Piraten. Fausts Mitarbeiter sind nicht irgendwelche unterwürfigen Minister, sondern drei gewaltige, sprich: gewalttätige Gesellen.

Die Herrschaft über Natur und Mensch wird im Projekt der Moderne bis zu ihrer letzten Konsequenz voran- und auf die Spitze getrieben. Am Ende ist sowohl die Natur vernichtet und durch ein Gestell ersetzt – »Doch sei der Lindenwuchs vernichtet / Zu halbverkohlter Stämme Graun, / Ein Luginsland ist bald errichtet« (11342ff.) –, wie auch die lebendigen Menschen verschwunden sind: nach der Ermordung von Philemon, Baucis und dem Wanderer bleibt lediglich Lynkeus der Türmer als Zeuge für eine verschwundene Welt übrig – sonst hat es Faust nur noch mit Mephisto und den Lemuren zu tun. Aber auch noch in seiner Vorstellungskraft sind dem absoluten Herrscher die Menschen nichts als abstracta – »Kindheit, Mann und Greis« (11578) [übrigens keine Frauen!] – eine unterworfene Masse, ein »Gewimmel« (11579). Da sind Menschen als personae nicht mehr präsent, das Volk hat keine Repräsentanten, keine räsonierenden Bürger mehr, wie sie Faust noch im Osterspaziergang begegnet waren, womit auch jegliche Politik an ihr Ende gekommen ist: die »Räume«, die er »vielen Millionen« (11563) eröffnen will, sie enthalten keinen öffentlichen Raum für teilnehmendes Handeln – Herrschaft pur. Wenn er stirbt, ist niemand da, der um ihn trauert; nicht einmal ein verlogenes Staatsbegräbnis wird es für den großen Mann geben.

Wie sollte es auch: Als Mann der Politik, der so zielstrebig und eindimensional die Herrschaft über Menschen anstrebt, deren Geschick er zu leiten sich zur Aufgabe macht, hat er die Menschen selbst nie geliebt, sie waren und sind für ihn immer Mittel zum Zweck der eigenen Macht und des eigenen Ruhmes in der Geschichte gewesen. Am Wohlergehen des Volkes kann ihm auch überhaupt nicht gelegen sein, das kann ihn als Ziel seines Ehrgeizes

> nicht zufriedenstellen.
> Man freut sich, daß das Volk sich mehrt,
> Nach seiner Art behäglich nährt,
> Sogar sich bildet, sich belehrt –
> Und man erzieht sich nur Rebellen.
>
> (10155-10159)

Der politische Führer will vielmehr höher hinaus, er verachtet den materiellen Wohlstand und das Sicherheitsbedürfnis als Lebensziel der kleinen Leute, die dann gar noch Mitspracherechte beanspruchen, wenn es ihnen gutzugehen beginnt. Er will sich als historische Persönlichkeit sehen. In einem Paralipomenon spießt Mephisto diese Eitelkeit der Großen bissig auf (H P67):

> Pfui schäme dich daß du nach Ruhm verlangst
> Ein Charlatan bedarf nur Ruhm zu haben.
> Gebrauche besser deine Gaben
> Statt daß du eitel vor den Menschen prangst.

Nach kurzem Lärm legt Fama sich zur Ruh,
Vergessen wird der Held so wie der Lotterbube,
Der König schließt die Augen zu
Und jeder Hund bepißt gleich seine Grube.

Und doch ist Ruhmessucht eine der großen Triebkräfte der Herrschaft, des Machtstrebens, um eine Rolle auf der großen Weltbühne zu ergattern. Gleichzeitig gilt aber in dialektischer Verkehrung auch das Gegenteil: selbst wo Ruhm explizit nicht gesucht wird, kommt er doch als unvermeidliche Reproduktion der Torheit, die nur der durchschaut, der die wirkliche Geschichte kennt:

FAUST   Herrschaft gewinn' ich, Eigentum!
         Die Tat ist alles, nichts der Ruhm.
MEPHISTO Doch werden sich Poeten finden,
         Der Nachwelt deinen Glanz zu künden,
         Durch Torheit Torheit zu entzünden.
                            (10187-10191)

Die eigentliche Bedingung der Möglichkeit einer erfolgreichen politischen Karriere im Großen ist jedoch fundamentalerer Natur: Nicht nur empfindet der politische Führer keine Empathie, Liebe, konkrete Zuneigung zu konkreten, lebendigen Individuen, die für ihn immer nur Menge oder Masse oder Wähler sind, bewußt oder unbewußt verachtet er sie vielmehr; umgekehrt formuliert: die Menschenverachtung ist die Voraussetzung für den Erfolg auf der Bühne der Macht. »Ich lernte diese Welt verachten / Nun bin ich erst sie zu erobern wert« (Paral. II H⁵). Oder ebenso deutlich: »So lang das Volk so übermäßig dumm ist / Der Teufel braucht nicht klug zu sein« (Paral. IV H⁵). Menschen- und damit einhergehend auch Naturverachtung (selbst »der Linden Duft« stört den Mächtigen) ist der Generalbaß, der allen Faust-Reden des V. Aktes eingeschrieben ist.

Und doch ist auch ihm, kurz vor seinem Ende, die Chance

gegeben, seine politische Karriere zu reflektieren, sich Rechenschaft abzugeben nicht über Erfolge und Mißerfolge, sondern darüber, wer er selbst gewesen und geworden ist. Die Antwort ist deutlich genug. Vor lauter Geschäftigkeit und ständiger Hektik, wie sie das Leben im Rampenlicht der Öffentlichkeit mit sich bringt und wie es der unaufhörliche Kampf um den Aufstieg und den Machterhalt erforderlich machte, ist für die Reflexion, für inneren Reichtum – und nicht zuletzt für mitmenschliche Beziehungen – keine Zeit geblieben. Faust der Politiker hat ein von der Machtgier verblendetes, oberflächliches Leben gelebt, er ist letztlich ein armer Mann geblieben – oder durch den äußeren Erfolg geworden.

> Ich bin nur durch die Welt gerannt.
> Ein jed' Gelüst ergriff ich bei den Haaren,
> Was nicht genügte, ließ ich fahren,
> Was mir entwischte, ließ ich ziehn.
> Ich habe nur begehrt und nur vollbracht
> Und abermals gewünscht und so mit Macht
> Mein Leben durchgestürmt;
>
> (11433-11439)

Gleich darauf kann er sich allerdings dann schon wieder mit hohlem Pathos selbsttäuschend in die Tasche lügen und erklären, daß es eigentlich für den Menschen das beste sei, sich nicht mit Metaphysischem, mit letzten Dingen zu befassen – das sei alles Geisterspuk.

Und damit nun noch einmal zurück zur Wette, die Faust, und sei es auch nur halb, verloren hat: Nicht nur wurde er bereits vom Kaiser getäuscht, der der Kirche das Steuerrecht über das noch nicht einmal geschaffene Neuland hatte einräumen müssen – es ist also alles andere als »frei«; nicht nur ist es eine Illusion Fausts, das mit List und Gewalt Errungene werde Dauer haben – die Natur, der »Wasserteufel« wird das Werk wahrscheinlich wieder vernichten;

auch noch die Vision selbst, die Faust antizipierend hat und aufgrund deren er glaubt, den höchsten Augenblick der Erfüllung seines Lebens genießen zu dürfen, wurde ja ausgelöst von einer Täuschung, dem Geklirr der Totengräber-Spaten. Faust ist, wie es die Wette wollte, belogen und betrogen worden. Betrug aber liegt noch in einem tieferen, nennen wir es radikaleren Sinne vor. Goethe hat, wie die genaue kontextuelle Lektüre des faustischen Lebenswerkes zeigt, kaum Zweifel daran gelassen, daß er dieses Projekt der Moderne, ja, daß er die Moderne überhaupt als Projekt umfassender Herrschaft und Unterwerfung von Natur und Mensch für einen Irrweg hielt. Einen Irrweg im Großen zwar, in großen Dimensionen, der historisch beispiellose Energien zu entfesseln und zu mobilisieren in der Lage war, ein Projekt, dem man eine geheime Bewunderung ob seiner Kühnheit nicht versagen kann, das aber dennoch kein Fortschritt, sondern ein »Wegschritt‹ (Brecht), also Teufelswerk ist. Die Wurzel dieses Übels, dieser Krankheit – wenn es denn eine einzelne Wurzel überhaupt gibt – liegt in dem von der modernen Naturwissenschaft eingeleiteten neuartigen Naturverständnis, das eine Abwendung von der Natur und ihre Unterwerfung zum Zweck ihrer Ausbeutung für utilitaristische Zwecke bedeutete: dies war bekanntermaßen der Grund für den leidenschaftlich geführten Kampf Goethes gegen Newtons Farbenwissenschaft. Die Naturentfremdung führt zur Selbstzerstörung, so Goethes Warnung. Und diese Entfremdung erscheint in der Form der Natur-Zähmung, ihrer Domestizierung, wovon das Faust-Projekt gewissermaßen die reinste Form darstellt: eine ganz und gar natur-freie Gesellschafts- und Lebensform.

Wilhelm Emrich hat darauf hingewiesen, daß sich in Goethes Alterswerk »eine besondere Schuldproblematik herausgebildet« hatte, »die eine innere Verbindung zwischen dem Phänomen des Ziergartens, Schlosses, Parks auf der einen Seite und offenen Landschaften, Flüssen, Meeren, Gebirgen usw. auf der anderen herstellte. [»Weiter Ziergarten, großer, gradgeführter Kanal« heißt die Szenenanweisung für den Palast des greisen Faust, während Philemon und Baucis in einer »offenen Gegend« ihr idyllisches Zuhause haben; E.K.] Die ›Tätigkeit‹ der vornehmen Menschen der ›Wahlverwandtschaften‹ im und am Park, ihre aufklärerisch zivilisatorische Einebnung der mythisch-archaischen Gräber, ihre Versuche, Wege und Stege bequemer und leichter zugänglich zu gestalten, ›den beschwerlichen Felsenpfad in einen bequemen Fußpfad zu verwandeln‹, ihre tragisch ahnungslose Schaffung des ›Teichs‹, der später das Kind verschlingt, und ihre vielen ›vorsorglichen Anstalten‹ gegen das innere und äußere Unglück, stehen offensichtlich unterirdisch in innerer Wechselbeziehung zur tragischen Verblendung, in der diese Menschen ihr Verhängnis heranziehen statt ablenken... Was anders soll die konstrastierende Einlage von der naturoffenen Rettung der zwei wunderlichen Nachbarskinder im brausenden Flusse im Gegensatz zu dem unheimlich still das Kind verschlingenden selbstgeschaffenen Teich bedeuten?« (392)

Wenn dergestalt das Faust-Projekt, das Projekt der Natur und Mensch beherrschenden Moderne als zerstörerische Fehlentwicklung gezeigt wird, gewinnt die von Mephisto zumindest halbgewonnene und von Faust zumindest halbverlorene Wette eine zusätzliche, eben radikalere Dimension: Nicht im materiellen Wohlstand findet das von Faust verkörperte Projekt der Moderne seine Erfüllung, nicht das menschliche Glücksgefühl schlichter Weltzufriedenheit vermag ihn zu verführen, nicht das Angebot des Ruhmes, so verlockend es ist, wird angenommen, auch in der Liebe fand und findet unsere Moderne nicht ihre Identität oder kommt zur Ruhe des Genusses ihrer Gegenwart (an diesem Punkte war die Versuchung, den Augenblick festzuhalten, am größten, und zwar gleich zweimal während Faust-Mephistos Weltreise: in der Gretchen-Episode und in der Ehe mit der schönsten Frau der Welt, Helena) – nein, es ist die reine Macht, Herrschaft pur, in uneingeschränkter Totalität, in der sich die Moderne wiedererkennt und selbst anerkennt; in ihrem Spiegel, dem Bild der allumfassenden Kontrolle über Natur und Mensch, der prinzipiellen Machbarkeit von allem, genießt sie – genießen wir »im Vorgefühl von solchem hohen Glück« (11585) – die ›schöne neue Welt‹, die sich niemand mehr schuldet, nur noch dem Menschen, uns selbst. Faust ist – wir, die Techniker und Macher der Moderne sind – selbst gottgleich geworden: »nicht in Aeonen untergehn« (11584) kann unser Tun.

Und die Politik als das unbedingt-grenzenlose Streben nach Macht über Menschen und Natur hat dabei eine entscheidende, vielleicht sogar die entscheidende Rolle inne als Schubkraft auf dem verhängnisvollen Wege der Selbstzerstörung. Goethes 1816 skizzierte Fortsetzung des *Faust* zeichnet den Weg vor, der in die Katastrophe des V. Aktes von *Faust II* führen wird: »Zu Beginn des 2. Teiles findet man Faust schlafend. Er ist umgeben von Geister-Chören, die ihm in sichtlichen Symbolen und anmutigen Gesängen die Freuden der Ehre, des Ruhms, der Macht und Herrschaft vorspiegeln.« Am Ende dieses Weges steht die totalitäre Herrschaft, die zwar nur konzipiert war als Zähmung, als Domestizierung der Natur, woraus allerdings zwangslogisch-unverstanden die Domestizierung, sprich: die Versklavung auch des Menschen selbst folgte. Für die Wissenschaft hat Goethe diesen geheimen Zusammenhang gelegentlich so formuliert – und wir haben alle Veranlassung, diese Aussage zu verallgemeinern für den gesellschaftlich-politisch-technologischen ›Komplex‹: »Wenn der Naturforscher sein Recht einer freien Beschauung und Betrachtung behaupten will, so mache er sich zur Pflicht, die Rechte der Natur zu sichern; nur da, wo sie frei ist, wird er frei sein, da, wo man sie mit Menschensatzungen bindet, wird auch er gefesselt werden.« Eben das wurde im Faust-Projekt exemplarisch für die Moderne vorgeführt: Die Bindung der Natur mit Menschensatzungen hat als ihr logisches Korrelat die Fesselung der Menschen, ihre Unfreiheit bei gleichzeitig prätendierter Freiheit. Was uns als Emanzipation von der Natur vorgestellt wird und als Freiheitsgewinn, führt in Wirklichkeit zu immer größeren Abhängigkeiten – und eine herrschaftliche, menschen-führerische statt den Menschen dienende Politik, wie an der Figur des Faust exemplarisch vorgeführt, verstärkt diese Tendenz, wenn sie nicht gar deren wesentliche Triebkraft ist.

Und doch gibt es da ein Gegengewicht zu den verführerischen Kräften der Macht, der Herrschaft, der Gewalt: Shakespeare hat es in der Polarität der Tragödien und Historien einerseits, der Komödien andererseits thematisiert – Liebe gegen die Strategien der Unterwerfung. Goethe hat die Liebe als Erlösung vom historischen Fluch der Herrschaft von Menschen über Menschen (erweitert noch um den von Menschen über die Natur) im »Epilog« zum V. Akt des *Faust II* – Bergschluchten – angedeutet. Kein Wort kommt dort so häufig vor wie die »Liebe« in den verschiedensten Verbindungen (13mal) – und Fausts objektiv unverdiente, aber aufgrund seines subjektiv ehrlichen Strebens mögliche Erlösung wird wirklich, wenn »an ihm die Liebe gar / Von oben teilgenommen«. (11938f.) Es ist Gretchens vergebende Liebe, die den Großen Mann von seiner – politischen – Größe und seiner hybriden Männlichkeit erlöst.

Von der Naturbeobachtung
zur Gesellschaftswissenschaft:
Goethes Methoden

»Ich verstehe die menschliche Gesellschaft.« Diese ebenso eindeutige wie selbstbewußte Feststellung formulierte der 67jährige Goethe nicht so irgendwie ›nebenbei‹, brieflich oder im Gespräch, vielmehr in einer Art bilanzierendem Rückblick auf seinen Werdegang mit besonderer Berücksichtigung des wissenschaftlichen Ertrages seiner damals 30 Jahre zurückliegenden Italienreise.[1] In jenen zwei Jahren hatte er, so heißt es an derselben Stelle, »ununterbrochen beobachtet, gesammelt, gedacht«, und die Ergebnisse dann in drei Beiträgen, jeder von ihnen einer der »drei großen Weltgegenden« gewidmet, niedergelegt. Für die Kunst war das der Aufsatz *Einfache Nachahmung der Natur, Manier, Stil,* für die Natur *Die Metamorphose der Pflanzen* und für die Gesellschaft, oft fälschlich als Teil der autobiographischen *Italienischen Reise* wahrgenommen, der Text *Das römische Karneval.*

Die Darstellungsprobleme bei letzterem waren für Goethe besonders groß – ganz abgesehen davon, daß ihm das lärmend Turbulente der Veranstaltung persönliches Unbehagen bereitet hatte – und eine inhaltlich-kritische Analyse dieses paradigmatisch verstandenen Phänomens Karneval mag sehr wohl »die ästhetische Diffamierung [...] der Selbsttätigkeit des Volkes« aus der ideologischen Perspektive »des Bildungsbürgertums, der nationalen Bildungselite« ergeben.[2] Liest man den Text allerdings im Zusammenhang mit den beiden anderen Aufsätzen, dann dürfte seine eigentliche Bedeutung weniger im Inhaltlichen als vielmehr im Formalen, weniger in den impliziten, konservativen Positionen als in der hier zum ›Verständnis der Gesellschaft‹ modellhaft vorgeführten Methode liegen. Ich glaube, daß man den Intentionen Goethes mit der Behauptung, seine naturwissenschaftlich praktizierte und an der Naturbeobachtung reflektierte wissenschaftliche Methodik könne durchaus auf die Gesellschaft als Gegenstand des Erkennens angewandt werden, keine Gewalt antut – so wie es die Behandlung des *Römischen Karneval* im Kontext der »drei Weltgegenden« selbst nahelegt. Denn Goethe geht – was schon zu seiner Zeit anachronistisch war und heute weder epistemologisch noch in der Praxis ernst genommen würde – von der letztlichen Einheit nicht nur aller Wissenschaften, sondern auch von Wissenschaft und Dichtung unter methodologischen Aspekten aus. Er bestand darauf, »daß Wissenschaft und Poesie vereinbar seien« und daß »Wissenschaft sich aus Poesie entwickelt habe«, womit er die langfristige Hoffnung verknüpfte, daß, nach einem Umschwung von Zeiten, »beide sich wieder freundlich, zu beiderseitigem Vorteil, auf höherer Stelle, gar wohl wieder begegnen könnten«.[3]

Das Wesen Goethescher Wissenschaft und Methode ist das Beobachten. Goethe war, wenn der Gebrauch von Superlativen gestattet ist, der größte aller Beobachter.[3a] In den unverstellten Sinnen sah er die einzig verläßlichen Organe der Weltwahrnehmung – »Der Mensch ist genügsam ausgestattet zu allen wahren irdischen Bedürfnissen, wenn er seinen Sinnen traut und sie dergestalt ausbildet, daß sie des Vertrauens wert bleiben«[4] –, und unter diesen war es das Auge, dem er mehr als allen anderen Sinnen traute, durch das sich ihm die Welt erschloß, mittels dessen er Wissenschaft betrieb – und auch die Poesie. »Ich habe«, erklärte er Eckermann im Gespräch, »niemals die Natur poetischer Zwecke wegen betrachtet. Aber weil mein früheres Landschaftszeichnen und dann mein späteres Naturforschen mich zu einem beständigen genauen Ansehen der natürlichen Gegenstände trieb, so habe ich die Natur bis in ihre kleinsten Details nach und nach auswendig gelernt, dergestalt, daß, wenn ich als Poet etwas brauche, es mir zu Gebote steht und ich nicht leicht gegen die Wahrheit fehle.«[5] Die umfangreichen geologischen Studien etwa, obwohl sie gestützt werden durch systematische Gesteinssammlungen und eine begleitende Korrespondenz mit in- und ausländischen Fachleuten, beginnen und enden mit der Anschauung, einem Beobachten, das die Gegenstände auf sich wirken läßt – ein Beispiel: »Wiederholt viele Jahre schaut' ich mir die Felsen des Harzes, des Thüringer Waldes, Fichtelgebirges, Böhmens, der Schweiz und Savoyens an, eh' ich auszusprechen wagte: unser Ur- und Grundgebirge habe sich aus der ersten großen chaotischen Infusion krystallinisch gebildet«, und wenige Zeilen später: »Alles, was ich hier ausspreche, hab' ich wiederholt und anhaltend geschaut; ich habe, damit ja die Bilder im Gedächtnis sich nicht auslöschen, die genauesten Zeichnungen veranstaltet.«[6] Er erkannte sich und sein methodisches Verfahren wieder in dem, was ein ihn interpretierender Anthropologe das »gegenständliche Denken« nannte, »daß mein Anschauen selbst ein Denken, mein Denken ein Anschauen sei«.[7] Das Anschauen, so wie Goethe es versteht und ›praktiziert‹, ist selbstredend keine passive Haltung, sondern eine überaus intensive aktive Tätigkeit des bewußten verarbeitenden Wahrnehmens von Eindrücken und Erfahrungen – was die Natur anbetrifft, unterstützt durch Zeichnungen, sonst durch Aufzeichnungen. Diese Intensität des Anschauens, der Beobachtung machte es ihm möglich, beispielsweise das Erinnerungsbuch der *Italienischen Reise* oder die *Campagne in Frankreich* dreißig Jahre nach den Erlebnissen selbst zu schreiben. Wilhelm von Humboldt, der Goethes Arbeitsweise und Produktion unmittelbar anteilnehmend verfolgt und begleitet hat, bestätigt den empirischen Gehalt der Goetheschen Werke, von denen er (in einem Brief an seine Frau nach einem Besuch in Weimar) schreibt, »daß er nichts schildert, was er nicht ganz oder doch einigermaßen gesehen hat. Davon geht er überall aus: und ... so erkläre ich mir dadurch die unnachahmliche Haltung, in der immer Natur und Kunst bei ihm stehen.«[8]

Eine »unnachahmliche Haltung«? Natürlich ist Goethe, seine Welt-Sicht, der alle Oberflächen durchdringende Blick, unter dem sich die scheinbar einfachsten Gegenstände in

Symbole des Ganzen verwandeln, ist die Sprache, in der er sich und seine Ein-Sichten mitzuteilen in der Lage ist, »unnachahmlich«. Aber unnachahmlich (oder nur um den Preis der eigenen Lächerlichkeit) sind alle großen kreativen Schöpfungen von Wissenschaft und Kunst. Und warum sollten sie auch nachgeahmt werden? Eine ganz andere Sache hingegen ist es, von den Großen deren Methode zu lernen, sich in ihrem Blick zu üben, ihnen nachzueifern in der Ausbildung unserer eigenen analytischen – wissenschaftlichen, künstlerischen, begrifflichen, stilistischen, ethischen – Fähigkeiten und Sensibilitäten: sofern wir die Größe der Bescheidenheit aufbringen, die darin besteht, die Größe von Vorbildern anzuerkennen.[9] Und diese selbst haben – in der Regel – dagegen überhaupt nichts einzuwenden, im Gegenteil: Warum äußert sich Goethe so ausführlich über seine wissenschaftlichen Methoden, reflektiert die eigenen Wahrnehmungs- und Erkenntnisprozesse, insistiert auf grundsätzlichen Klärungen etwa durch die sehr mühsame Arbeit an erkenntnistheoretischen Aufsätzen wie *Der Versuch als Vermittler zwischen Objekt und Subjekt* und *Erfahrung und Wissenschaft*[10], einschließlich der (bewußt für eine spätere Publikation bestimmten) brieflichen Diskussion darüber mit Schiller, wenn es ihm nicht darum gegangen wäre, mitzuteilen, zu kommunizieren, ja – um einen vielleicht unschönen Ausdruck zu gebrauchen, der aber für den Konflikt mit Newtons Licht-Theorien durchaus angemessen ist – zu proselytieren? Goethe wollte uns für seine wissenschaftlichen Anschauungen und Methoden gewinnen, auch wenn sie »letztlich« vermutlich in der Tat ›unnachahmlich‹ sind; aber von diesem letztlichen Punkt sind wir noch immer weit genug entfernt. Wenn wir das Unnachahmliche, das Einmalige der Goetheschen Existenz und Welt-Anschauung postulieren, exkulpieren wir uns vor allem selbst von den Anstrengungen, die zu unternehmen wären, wenn wir seinen Anforderungen, den Herausforderungen seines wissenschaftlichen Umgehens mit Welt, Gesellschaft und Natur Folge leisten würden.

Es ist einfacher, mit dem ›unnachahmlichen Goethe‹ als Unnachahmlichem umzugehen (und mehr oder minder gescheit über ihn zu dissertieren), als ihn ernst zu nehmen: *Du* mußt dein Leben, deine gewohnten Anschauungen, deine überkommenen Urteile und (wissenschaftlichen) Haltungen ändern oder doch zumindest kritisch überprüfen.

Die Ausbildung der Sinne durch Beobachtung, Anschauung und Erfahrung ist eine durchaus leistbare, »erlernbare« Aufgabe, die zu bewältigen auch Goethe nicht von den Göttern geschenkt worden ist – er hat sie sich erworben, so wie wir sie uns erwerben können. Auf die Genauigkeit seiner Beobachtungen auf Reisen wurde schon kurz hingewiesen. Wie methodisch er dabei vorging, erläutert er selbst, und diese Stelle sei darum hier ungekürzt zitiert:

»Über den eigentlichen Zustand eines aufmerksamen Reisenden habe ich eigne Erfahrungen gemacht und eingesehen, worin sehr oft der Fehler der Reisebeschreibungen liegt. Man mag sich stellen, wie man will, so sieht man auf der Reise die Sache nur von *einer* Seite und übereilt sich im Urteil; dagegen sieht man aber auch von dieser Seite die Sache lebhaft, und das Urteil ist im gewissen Sinne richtig. Ich habe mir daher Akten gemacht, worin ich alle Arten von öffentlichen Papieren, die mir jetzt begegnen: Zeitungen, Wochenblätter, Predigtauszüge, Verordnungen, Komödienzettel, Preiskurrente, einheften und sodann auch sowohl das, was ich sehe und bemerke, als auch mein augenblickliches Urteil einschalte. Ich spreche nachher von diesen Dingen in Gesellschaft und bringe meine Meinung vor, da ich denn bald sehe, inwiefern ich gut unterrichtet bin und inwiefern mein Urteil mit dem Urteil wohlunterrichteter Menschen übereintrifft.

Sodann nehme ich die neue Erfahrung und Belehrung auch wieder zu den Akten, und so gibt es Materialien, die mir künftig als Geschichte des Äußern und Innern interessant genug bleiben müssen.«[10a]

Wie genau beobachten wir – als Sozialwissenschaftler, als

Soziologen, als Politologen – unsere gesellschaftliche Umwelt, den Gegenstand unserer wissenschaftlich-akademischen Disziplinen? Wie weit lebt, umgekehrt formuliert, unsere wissenschaftliche Arbeit von selbstbezogenen Diskussionskontexten, die nur noch sich selber, aber keine konkret angeschaute und erfahrene Sache mehr kennen und die die persönliche Empirie durch Theorie ersetzen (›Bücher aus Büchern produzieren‹)? Man denke nur an das selbstverliebte Spiel einiger wissenschaftlicher Debatten, wie die um das angebliche »Ende der Geschichte« oder über die Bezeichnung der Gegenwart als »Moderne«, »Spätmoderne« oder »Postmoderne«, die vielleicht intellektuelle Eitelkeiten befriedigt, aber keinerlei Erkenntniswert hat und auch nicht haben kann. Wissenschaftlicher Umgang mit der Welt, mit Gesellschaft und Natur, verlangt Empirie, Geduld und einen langen Atem: »anschauendes Denken«. Demgegenüber sind Theorien, von denen die Sozialwissenschaften ja heute geradezu überfließen, »gewöhnlich Übereilungen eines ungeduldigen Verstandes, der die Phänomene gern los sein möchte und an ihrer Stelle deswegen Bilder, Begriffe, ja oft nur Worte einschiebt«. Unter den zeitgenössischen Sozialwissenschaftlern scheint mir Michel Foucault einer der wenigen zu sein, der dem nahekommt, was Goethe methodisch erwartete: Detailgenauigkeit, Beobachtung, Empirie, Verknüpfungen zu immer größeren Zusammenhängen, im Einzelnen das Allgemeine zu sehen und erkennbar zu machen. »Das Allgemeine und Besondere fallen zusammen: das Besondere ist das Allgemeine, unter verschiedenen Bedingungen erscheinend.« Dieser Goetheschen Maxime entsprechen die Beobachtungen Foucaults über die Mikrophysik der Macht, die zwar Theorie enthalten, sich aber der Theorie im Sinne induktiver Systematik widersetzen. »Es ist so bequem für das, was man nicht begreift, wenigstens Formeln zu haben, und durch sie geschützt, alle mühsame Erfahrung, alle beschwerliche Übersicht, alle sorgfältige Zusammenstellung für überflüssig zu erklären«, schreibt Goethe. »Zwei Forderungen« stellt er auf für die denkende Anschauung von Natur und Welt: »die Erscheinungen selbst vollständig kennenzulernen, und uns dieselben durch Nachdenken anzueignen. Zur Vollständigkeit führt die Ordnung, die Ordnung fordert Methode, und die Methode erleichtert die Vorstellungen. Wenn wir einen Gegenstand in allen seinen Teilen übersehen, recht fassen und ihn im Geiste wieder hervorbringen können: so dürfen wir sagen, daß wir ihn im eigentlichen Sinne anschauen, daß er uns angehöre, daß wir darüber eine gewisse Herrschaft erlangen. Und so führt uns das Besondere immer zum Allgemeinen, das Allgemeine zum Besonderen. Beide wirken bei jeder Betrachtung, bei jedem Vortrag durcheinander.« Praktiziert hat Goethe bekanntlich seine Methode der Weltaneignung durch systematisches Beobachten an der Natur: in Geologie, Botanik und Osteologie vor allem. Aber die Übertragung auf die gesellschaftliche und die politische Welt war damit keinesfalls ausgeschlossen – sie wird postuliert in der folgenden Synthese seiner Methodik: »Um mich zu retten, betrachte ich alle Erscheinungen als unabhängig voneinander und suche sie gewaltsam zu isolieren; dann betrachte ich sie als Korrelate, und sie verbinden sich zu einem entschiedenen Leben. Dies beziehe ich vorzüglich auf die Natur; aber auch in Bezug auf die neueste, um uns her bewegte Weltgeschichte ist diese Betrachtungsweise fruchtbar.«

Gleichwohl galt das nahezu ausschließliche Interesse des Wissenschaftlers Goethe der Natur und nicht der Gesellschaft (wobei daran zu erinnern ist, daß eine Gesellschaftswissenschaft, die diesen Namen im heutigen Verständnis verdient, sich erst nach 1830 zu entfalten begann). Die Gründe dafür reichen recht eigentlich ins Zentrum des Goetheschen Weltverständnisses und seiner ›Botschaft‹; nur drei mögliche seien hier kurz skizziert. Zum einen kam für Goethe gewissermaßen existentiell alles darauf an, nachzuweisen und diesen Nachweis durch möglichst viele Phänomene durchzukonjugieren, daß der Mensch integraler Teil der Natur sei:

keine ›Schöpfung außerhalb der Schöpfung‹, auch nicht ihre ›Krone‹ und höchste Erfüllung – ihr Zweck gewissermaßen –, sondern eben ihr Teil, wenn auch ihr sensibelster und komplexester, weshalb er nach dem berühmten Zwischenkieferknochen suchte und die tiefe Befriedigung, das ungeheure Glücksgefühl, das er empfand, als er gefunden, wonach er so lange geforscht hatte. Wie gesagt: alles hing für Goethe an diesem Menschenverständnis – und auch wenn die biologischen Zusammenhänge der Evolution heute Gemeinplätze geworden zu sein scheinen, so ist das eher eine oberflächliche Täuschung. Denn für Goethe folgte aus seinen biologischen Studien eine Bestimmung des Menschen in der Natur, die ihn zu deren Pfleger und Beschützer bestimmte, der Verantwortung ihr gegenüber trug – für die organische so gut wie für die anorganische Natur –, der aber kein Recht hat, sie sich ausbeutend untertan zu machen. Solches hingegen war und ist die Folge einer Anthropologie, die im Menschen den höchsten Zweck der Natur, die »Krone der Schöpfung«, ihre eigentliche Erfüllung – eben den »Herrn [!] der Schöpfung« (oder jedenfalls den, der dazu von Gott eingesetzt sei) – sieht. Goethes intensive und vergleichende Naturbeobachtung führte ihn zu der Erkenntnis einer umfassenden Harmonie, einer ›Interdependenz‹ der Schöpfung und der Geschöpfe: Jedes Einzelgeschöpf ist in sich eine harmonische Einheit, eine ›kleine Harmonie‹, und die Geschöpfe sind wiederum untereinander gestaltverwandt, bilden schließlich in ihrem Ensemble eine ›große Harmonie‹: »Die Übereinstimmung des Ganzen macht ein jedes Geschöpf zu dem was es ist, und der Mensch ist Mensch so gut durch die Gestalt und Natur seiner obern Kinnlade, als durch Gestalt und Natur des letzten Gliedes seiner kleinen Zehe Mensch. Und so ist wieder jede Kreatur nur ein Ton, eine Schattierung einer großen Harmonie, die man auch im Ganzen und Großen studieren muß, sonst ist jedes Einzelne ein toter Buchstabe.« (Brief, 17. November 1784) Dieses bewußte Eingebundensein des Menschen in den größeren Zusammenhang der lebendigen Natur enthält auch – so paradox es zunächst klingt – das Freiheitspostulat Goethes: so wie im Politischen derjenige Herrscher, der vor allem über andere (statt über sich selbst) befiehlt, der eigentlich Unfreie ist, weil er seine eigene Herkunft, seine Lebens- und Überlebensbedingungen gewaltsam negiert. »Wenn der Naturforscher sein Recht einer freien Beschauung und Betrachtung behaupten will, so mache er sich zur Pflicht, die Rechte der Natur zu sichern; nur da, wo sie frei ist, wird er frei sein, da, wo man sie mit Menschensatzungen bindet, wird auch er gefesselt werden. Eines der größten Rechte und Befugnisse der Natur ist, dieselben Zwecke durch verschiedene Mittel erreichen zu können, dieselben Erscheinungen durch mancherlei Bezüge zu veranlassen.«

Mit psychologischem Einfühlungsvermögen beschreibt Goethe den Mechanismus, die innere Psycho-Logik, mit der ein begabter Theoretiker die Wahrheit deshalb verfehlt, weil sein wissenschaftliches System die Phänomene isoliert und sich unterwirft, statt sie selbst zum Sprechen zu bringen: »Das Genie, das vorzüglich berufen ist, auf jede Weise große Wirkung hervorzubringen, hat seiner Natur nach den Trieb, über die Gegenstände zu gebieten, sie sich anzueignen, sie seiner Art zu denken und zu sein, zu unterwerfen. Viel schwerer und leider oft nur zu spät entschließt es sich, auch den Gegenständen ihre Würde einzuräumen, und wenn es durch seine produktive Kraft eine kleine Welt aus sich hervorzubringen vermag, so tut es der großen Welt meist unrecht, indem es lieber wenige Erfahrungen in einen Zusammenhang dichtet, der ihm angemessen ist, als daß es bescheiden viele Erfahrungen nebeneinanderstellen sollte, um womöglich ihren natürlichen Zusammenhang endlich zu entdecken. So ungeduldig es sich nun bei der Beobachtung zeigt, so fest finden wir es, auf einer einmal gefaßten Idee zu beharren und so tätig sie auszubilden. Sehr leicht findet es Gründe, die Blößen seines Systems zu decken und zeigt einen neuen Zweig seiner Fähigkeiten, indem es dasjenige hartnäckig verteidigt, was es niemals bei sich hätte begründen sollen.« Als ihm ein Hegel-Schüler namens Hinrich ein Buch über das Wesen der antiken Tragödie, im strengen Schema der Hegelschen Ästhetik verfaßt, zusendet, fragt sich Goethe, wie es wohl möglich sei, daß ein ohne Zweifel kräftig geborener Mensch von der norddeutschen Seeküste durch Hegels Philosophie »so zugerichtet worden, daß ein unbefangenes und natürliches Anschauen und Denken bei ihm ausgetrieben und eine künstliche und schwerfällige Art und Weise sowohl des Denkens wie des Ausdrucks ihm nach und nach angebildet worden, so daß wir in seinem Buche auf Stellen geraten, wo uns der Verstand durchaus stille steht und man nicht mehr weiß, was man liest.«[11] Man darf sich fragen, was Goethe zur heutigen (deutschen) ästhetisch-philosophischen Theorieproduktion gesagt hätte, oder welches »scharfe Xenion« er für den Papst der deutschen Soziologie, Niklas Luhmann, formuliert hätte.

Ein zweiter Grund für das Primat der Natur in Goethes wissenschaftlichen Interessen lag in der Faszination von der Vielfältigkeit vor allem biologischer Formen, im enormen Reichtum an Gestalten und Verwirklichungen des Lebendigen, in der Kreativität der Natur bei der Lösung von Problemen. Das nämlich hat sie mit Sicherheit der Gesellschaft voraus, deren Phantasie bei Konfliktlösungen wie im Experimentieren mit historisch-politischen Formationen und Strukturen sich vergleichsweise arm, ja geradezu primitiv ausnimmt. Unter dem Aspekt der Pluralität, des Formenreichtums, der Komplexität ihrer Systeme und deren unendlichen Interdependenzen ›bietet‹ Natur der wissenschaftlichen Neugier, dem menschlichen Wissens- und Erkenntnisdrang, der Suche nach den Geheimnissen des Lebens und nach dem Höheren einer Idee – nach Gott – unvergleichlich mehr an Herausforderungen als die Welt der Geschichte und der Politik. Im Gespräch mit Eckermann umschrieb er gelegentlich seinen Gott als den, »der eine solche Produktionskraft in die Welt gelegt hat, daß, wenn nur der millionste Teil davon ins Leben tritt, die Welt von Geschöpfen wimmelt, so daß Krieg, Pest, Wasser und Brand ihr nichts anzuhaben vermögen«.[12] Im selben Zusammenhang aber – bei der Frage nach eben der Vielfalt und den Gründen für die spezifischen Gestalten des Tierreichs insbesondere – exemplifizierte Goethe das, was er für wissenschaftliche, also der Erkenntnis dienende Fragen hielt: »Die Frage nach dem Zweck, die Frage *Warum?* ist durchaus nicht wissenschaftlich. Etwas weiter kommt man mit der Frage *Wie?* Denn wenn ich frage: *wie* hat der Ochse Hörner? so führt mich das auf die Betrachtung seiner Organisation und belehrt mich zugleich, warum der Löwe keine Hörner hat und haben kann.« Und zwar ist die Zweck-Frage deshalb nicht wissenschaftlich, weil die Suche nach Kausalbeziehungen eine reine Verstandestätigkeit ist, dem Wunsch nach instrumenteller Beherrschung und dann Anwendung von »Naturgesetzen« geschuldet ist, nicht aber dem – zweckfreien – Verstehen dient. Um es mit den Worten des Physikers Thure von Uexküll zu sagen: »So oft wir ... entdecken, wie zweckmäßig ein Vorgang im organischen Geschehen abläuft, klatschen wir in Wahrheit nur uns selber Beifall dafür, daß wir den Zweck erfunden und den Kausalvorgang konstruiert haben. Die Natur kennt keine Zwecke, die kennt nur der nach kausalen Prinzipien arbeitende menschliche Verstand.«[13] Wissenschaft beruht auf Neugier, will erkennen; die Frage nach dem Zweck hingegen blockiert eben diese Neugier, deckt das Erkennen zu, will abschließende, keine weiterführenden Antworten. Und die Natur ist darin Schule und ihr Studium eine Bewährung für das menschliche Erkenntnisstreben, daß sie eben keine Zwecke verfolgt, sondern selbst Zweck ist – und zwar der höchste und zugleich komplexeste aller denkbaren Zwecke.

Ein dritter Grund für Goethes lebenslanges Bemühen um ein exemplarisches Wiedergewinnen eines herrschaftsfreien Verhältnisses zur Natur dürfte zu suchen sein in seinem sensiblen Verständnis dafür, daß eine große historische Epoche –

die Epoche klassisch-humanistischer Bildung – an ihr Ende gekommen ist oder doch bald kommen wird, und daß wir, nachdem die klassische Antike und die christliche Religion ihre prägende Kraft verloren oder doch weitgehend eingebüßt haben, neuer solider Orientierungen bedürfen. »Schon fast seit einem Jahrhundert wirken Humaniora nicht mehr auf das Gemüt dessen der sie treibt«, schreibt er 1808 an den Freund Knebel, »und es ist ein rechtes Glück, daß die Natur dazwischen getreten ist, das Interesse an sich gezogen und uns von ihrer Seite den Weg zur Humanität geöffnet hat.« Er selbst hatte das an sich erfahren und exemplarisch zu praktizieren versucht: Wie er in seinem Kriegsbuch *Campagne in Frankreich* berichtet, suchte er mit Erfolg sich dadurch dem Widersinn und der höheren Unvernunft dieses Krieges zu entziehen und sein inneres Gleichgewicht zurückzugewinnen, daß er sich – teilweise sogar mitten während der Kampfhandlungen – auf Naturbeobachtungen, insbesondere in diesem Fall auf die ersten systematischen Vorarbeiten zur Farbenlehre warf. Naturbeobachtung, Naturwissenschaft wurden zum Gegenprogramm zu den Irrnissen und Wirrnissen der geschichtlichen, der politischen Welt: nicht zuletzt um von hier aus auch eine für Natur und Gesellschaft gleichermaßen gültige Ethik zu begründen.

Der Mensch ist in der Natur ein privilegiertes Wesen – und Privileg heißt und verpflichtet zur Verantwortlichkeit, vor allem zum schonenden hilfreichen Umgang mit allem, was schwächer ist.[14] Entsprechend aber hat auch der gesellschaftlich Privilegierte, derjenige, der politische oder ökonomische Macht ausübt, eine besondere Verantwortung, die aus seiner Stellung erwächst: er darf sie nicht nur nicht zur eigenen Vorteilnahme nutzen, sondern er muß ganz im Gegenteil auf vieles verzichten, muß, das ist der Preis für Amt und Macht, »Entsagung« üben an der Erfüllung persönlicher Wünsche und egoistischen Glücksstrebens. Das politische Bilanzgedicht *Ilmenau* hat diese ethische Forderung zum Thema, wo es heißt: »Wer andre wohl zu leiten strebt, / Muß fähig sein, viel zu entbehren.« Die Natur kennt Hierarchien, aber keine gewaltgegründete Herrschaft; das von ihr durch geduldige Beobachtung zu lernen und darauf auch im Politischen eine ethische Haltung zu begründen, ist nicht zuletzt eine Überlebensfrage der Spezies Mensch. Daß niemand letztlich unfreier ist, als der durch Gewalt Herrschende – als einzelner, als politische Klasse oder als Herrenvolk –, das ist eine politische Erkenntnis, die wir alle mühsam aus der Unterdrückungsgeschichte der Neuzeit gelernt haben; Goethe hat diesen Zusammenhang noch radikaler an seinen Wurzeln gefaßt, indem er ihn bereits im Mensch-Natur-Verhältnis aufspürte.

Die Wissenschaft ist dafür nicht nur ein besonders sensibler Seismograph, sondern hier wurden – und werden immer noch – auch konkrete Entscheidungen getroffen und Weichen gestellt, die anschließend Gesellschaft und Politik ganz wesentlich und meist irreversibel konditionieren. Die zahlreichen parlamentarischen und außerparlamentarischen »Ethik-Kommissionen« und Forschungen zur »Technikfolgenabschätzung« weisen auf das sensibilisierte Bewußtsein hin, daß Wissenschaft und Forschung wieder über ihre eigenen Grenzen, eben über Ethik nachdenken müssen. Während es aber bei der heutigen Diskussion vor allem darum geht, über Forschungs- und besonders Anwendungsverbote nachzudenken und dafür gesetzliche Regelungen zu finden, sieht Goethe eine der zentralen Gefahren, wenn nicht gar »Krankheiten« der modernen Wissenschaft (sie begann sich eigentlich zu seinen Lebzeiten erst am Horizont abzuzeichnen) in der Anwendung von und Durchdringung mit quantitativ-mathematischen Methoden. »Die große Bequemlichkeit, die allgemeine Faßlichkeit und Erreichbarkeit gibt dem Ordnen nach Zahl auch in den Wissenschaften Eingang und Beifall [...], doch widerstrebt es einer höheren Einsicht mehr, als daß es solche förderte.« Die mathematisierten Wissenschaften aber sind nicht wertneutral, sondern vielmehr wertblind, lassen sich wegen ihrer scheinbaren methodischen Objektivität und ideologiefreien Rationalität nicht vor den

Richterstuhl ethischer Gerichtsbarkeit zitieren. Die quantifizierenden Sozialwissenschaften, die einen nicht geringen Teil des Feldes beherrschen, weisen ebenso wie die zeitgenössische Wissenschaft jeden Vorwurf ideologischer Befangenheit oder Wertgebundenheit mit ehrlicher Überzeugung zurück: Sie verstehen ihn nicht. Und eben darin liegt eines der Geheimnisse ihres Erfolges. »Die moralisch-sittliche Indifferenz [...] und die rückbindungs- und rücksichtslose Verfügbarkeit der modernen exakten Wissenschaften ist es, in der die Anwendung wissenschaftlicher Erkenntnisse zur Befriedigung der willkürlichen Zwecke des Menschen – im Gegensatz zu einer möglichen Beförderung des Wohls der Menschheit – von vornherein beschlossen liegt. Und in dieser methodisch verankerten Willfährigkeit muß man wohl einen der Faktoren erkennen, der zum ›Erfolg‹ der mathematischen Methode Wesentliches beigetragen hat. Darüber hinaus eignet der mathematischen Naturwissenschaft ein imperialistischer Zug, indem sie unter Verächtlichmachung sonstiger Weisen der Weltbegegnung und Weltaneignung den Anspruch auf alleinige und objektive Erkenntnis der Wirklichkeit erhebt und dieses aus der Erforschung des Anorganischen (klassische Physik, Mechanik) herrührende Monopol auf sämtliche Bereiche des Organischen und Lebendigen, auf Geisteswissenschaften, auf Kunst und Geschichte, schließlich auf letzte Reservate menschlicher Innerlichkeit zu übertragen versucht.«[15] An dieser aktuellen Beobachtung ist nur ein Punkt zu korrigieren (was ihr aber um so größeres Gewicht verleiht): Die Geisteswissenschaften – oder wichtige Bereiche – haben sich durchaus freiwillig den quantitativ-wertfreien Methoden unterworfen in der nicht enttäuschten Erwartung, dadurch größere wissenschaftlichere Akzeptanz zu gewinnen; gewissermaßen weil sie sich schämten, ständig unter den Ideologieverdacht der Unwissenschaftlichkeit gestellt zu werden, aber auch – politisch inzwischen überholt – um ihrerseits die marxistischen Schulen und deren Methoden als unwissenschaftlich denunzieren zu können.

Mehr als jede Theorie, mehr als jedes konstruierte System ist die Mathematik, die Welt der Zahlen reinstes menschliches Verstandesprodukt und die Abbildung der Wirklichkeit in Zahlen, ihre Meß- und quantitative Berechenbarkeit ist das Resultat eines Denkprozesses, der diese Wirklichkeit optimal anzunähern versucht an menschengemachte Verständniskategorien. In der Quantifizierung von Natur und Welt begegnen und erfahren wir nicht mehr diese, sondern schließlich nur noch uns selbst. Die mathematisch erfaßte, die quantifizierte Welt wird zu einer von Menschen gemachten Welt – vom Menschen, der sich selbst an die Stelle des Schöpfers – Gottes – setzt und darum kein Gegenüber mehr hat. Eine solche Methode »steigert« ihre »Formelsprache so hoch«, »um, insofern es möglich, in der meßbaren und zählbaren Welt die unmeßbare mit zu begreifen. Nun erscheint ihm (dem Mathematiker bzw. dem quantitativ analysierenden Wissenschaftler; E.K.) alles greifbar, faßlich und mechanisch, und er kommt in den Verdienst eines heimlichen Atheismus, indem er ja das Unmeßbarste, welches wir Gott nennen, zugleich weit zu erfassen glaubt und daher dessen besonderes oder vorzügliches Dasein aufzugeben scheint.«[16]

Der Wissenschaftler Goethe sah den Erkenntnisprozeß in den Naturwissenschaften aber nicht nur durch die Mathematisierung ihrer Methoden (und eine diesen korrespondierende Sprache!) gestört und verzerrt. Er reagierte geradezu allergisch auch auf die Einführung von »Apparaten«, von Instrumenten, die sich zwischen den Menschen als erkennenwollendes Subjekt und Natur und Umwelt als Gegenstand seiner Neugier schieben. Er glaubte darin keine Erweiterung, sondern vielmehr eine Verengung der menschlichen Sinne und ihrer Wahrnehmungsfähigkeit zu sehen. Das Mikroskop ließ er gerade noch gelten, aber schon vor den Teleskopen in der Astronomie scheute er zurück und hat letztere eben wegen dieser instrumentellen Abhängigkeiten des Auges nicht ernsthaft betrieben. So unverständlich, um nicht zu sagen borniert eine solche Einstellung erscheinen muß – sie nahm in Goethes persönlicher Antipathie gegen Brillenträger, da man ihnen nicht in die Augen schauen könne, geradezu grillenhafte Züge an –, so wäre, was die Astronomie betrifft aber doch immerhin zu bedenken, zu welchen bis heute noch staunenerregenden Einsichten in Gesetzmäßigkeiten des Kosmos die instrumentell unbewaffneten Beobachter früher Kulturen gelangt waren. Goethe sah in dem Prozeß des systematischen Ersetzens der menschlichen Sinne durch ›Wahrnehmungstechnologien‹ eine höchst fatale Tendenz der Entfremdung des Menschen von sich selbst und von der Natur, die nicht zu einem Mehr, sondern zu einem Weniger an Erkenntnissen führen würde, einer analytischen Aufsplitterung der Wirklichkeit in eine »millionenfache Hydra der Empirie«, die von keiner Synthese mehr zusammengebracht würde. Die eigentliche »Synthese« alles Seienden aber – um zu wiederholen: nicht dessen Endzweck! – ist der Mensch, der die Geschichte der gesamten Evolution in sich enthält. »Hier tritt nun eine ... bei der ganzen Naturforschung höchst merkwürdige Betrachtung ein«, heißt es in einem besonders bedeutsamen Brief an Zelter. »Der Mensch an sich selbst, insofern er sich seiner gesunden Sinne bedient, ist der größte und genaueste physikalische Apparat, den es geben kann. Und das eben ist das größte Unheil der neuern Physik, daß man die Experimente gleichsam vom Menschen abgesondert hat und bloß in dem, was künstliche Instrumente zeigen, die Natur erkennen, ja was sie leisten kann, dadurch beschränken und beweisen will. Ebenso ist es mit dem Berechnen. Es ist vieles wahr, was sich nicht berechnen läßt, so wie sehr vieles, was sich nicht bis zum entschiedenen Experiment bringen läßt. Dafür steht ja aber der Mensch so hoch, daß sich das sonst Undarstellbare in ihm darstellt. Was ist denn eine Saite und alle mechanische Teilung derselben gegen das Ohr des Musikers? Ja man kann sagen: was sind die elementaren Erscheinungen der Natur selbst gegen den Menschen, der sie alle erst bändigen und modifizieren muß, um sie sich einigermaßen assimilieren zu können?«

In ihrem großangelegten und weiträumigen Buch *Vita Activa*, diesem mutig fast gegen alle Evidenz angeschriebenen Versuch einer Rückgewinnung der Dignität des Politischen, des gemeinschaftlichen Handelns, kommt Hannah Arendt[17] – mit Sicherheit, ohne Goethe, mit dem sie als Dichter sehr vertraut war und den sie hoch verehrte, in diesem Zusammenhang gelesen und gekannt zu haben – zu Einsichten, die sich auf überaus eindrückliche Weise mit dem treffen, was Goethes Wissenschaft methodisch intendierte und an ihrer neuzeitlichen Ausformung ebenso verhalten wie radikal kritisierte. Einige längere Passagen aus diesem Buch seien darum hier referiert bzw. zitiert, insbesondere vor dem Hintergrund von Goethes Aversion gegen Gläser und Teleskope. Arendt nennt Galileis Erfindung und Anwendung des Teleskops die »Entdeckung des archimedischen Punktes« (§ 36), vergleichbar an Bedeutung mit der Geburt Christi, die das Ende der Antike markiert: aus den Hypothesen und Spekulationen des Kopernikus war nun eine – über das Instrument vermittelte – empirische Wirklichkeit geworden, was zu einem »plötzlichen Stimmungsumschwung« der gelehrten Welt geführt habe. »Von da ab hören wir nichts mehr von dem Enthusiasmus, mit dem Giordano Bruno ein unendliches Weltall, nichts mehr von der jubelnden Frömmigkeit, mit der Kepler die Sonne betrachtete…, nichts mehr von der nüchternen Genugtuung, mit der der Cusaner meinte, nun habe die Erde endlich die ihr angestammte Heimat in dem bestirnten Himmel gefunden. Indem Galilei seine Vorgänger ›bestätigte‹, etablierte er als tatsächliche Wirklichkeit, was bis dahin nur im Flug der Spekulation und der Einbildungskraft gesichtet worden war… Das Naturbild der modernen Physik, …das dadurch entstand, daß das Vermögen des menschlichen Sinnesapparats, Wirklichkeit zu vermitteln, in Frage gestellt wurde, zeigt uns schließlich ein Universum, von dem wir nicht mehr wissen, als daß es in bestimmter Weise unsere Meßinstrumente affiziert; und das, was wir von unseren Apparaten ablesen können, sagt über die wirklichen Eigenschaften... nicht mehr aus, als eine Telefonnummer von dem aussagt, der sich meldet, wenn wir sie wählen.« Der durch das Teleskop – gewissermaßen der ›Sündenfall‹ aller späterer Apparate – gefundene »archimedische Punkt« ist das Weltall, der Kosmos, die empirische Entdeckung universaler Gesetzmäßigkeiten außerhalb der Erde, von wo aus diese in der Tat nunmehr ›aus den Angeln gehoben‹ werden kann, weil es sich nicht mehr nur um irdische, von den Sinnen überprüfbare Gesetzmäßigkeiten und deren Anwendungen handelt. Arendt nennt das die »Erdentfremdung« als »das Wahrzeichen der modernen Wissenschaft«: Nicht die Tatsache ist dabei entscheidend, daß der Mensch nunmehr begann, mit Größen zu operieren, die im Kleinsten nicht mehr wahrnehmbar und im Großen nicht mehr vorstellbar sind, sondern »daß die neue Methode den Weg freilegte für eine bisher völlig unbekannte Art des Experiments wie für den Bau von Apparaten, die diesen von der Mathematik inspirierten Experimenten adäquat sind. In diesen Apparat-gebundenen Experimenten begegnete der Mensch der Natur in der Weise der neuen, erdentfremdeten Freiheit, d. h.... daß er die Natur unter die Bedingungen des menschlichen Verstandes stellte, der, im Gegensatz zu dem menschlichen Erfahrungsvermögen, sich von der Erde freimachen und einen Standpunkt außerhalb ihrer, eben einen universal-kosmischen Standpunkt beziehen und von ihm aus operieren kann. Die Mathematik wurde die führende Wissenschaft der Neuzeit, weil sie dem Verstand diesen Weg in das Weltall freilegte, ... (eine) Wissenschaft, deren einziger Gegenstand die Struktur des menschlichen Verstandes selbst ist... Aber diese mathematischen Formeln und Symbole enthüllen dem inneren Auge weder ideale Formen noch irgend etwas sonst; sie werden überhaupt nur dadurch gewonnen, daß dies innere Auge, genau wie das physische Sehvermögen, sich vor der phänomenal gegebenen Welt schließt und alle Phänomene vermöge der Kraft der Entfernung auf Zahlenverhältnisse reduziert.«

Oder lesen wir noch den folgenden Abschnitt (§ 40), der intuitiv ganz von Goethe her gedacht ist und in moderner Sprache das formuliert, wozu Goethes Wissenschaft und Goethes »erdnahe« Methodologie eine Alternative sein wollte und, sofern wir sie annehmen, noch immer sein kann:

»Sobald man sich also in eine Region vorwagt, die jenseits aller sinnlich wahrnehmbaren Erscheinung liegt und prinzipiell auch nicht mehr von den stärksten Beobachtungsmitteln erreicht werden kann, sobald man beginnt, in Apparaten die Geheimnisse eines Seins einzufangen, das für das naturwissenschaftliche Weltbild so geheimnisvoll geworden ist, daß es sich nirgends mehr zeigt, und so ungeheuer wirkungsmächtig, daß es alles Erscheinen hervorbringt, stellt sich heraus, daß unsere Apparate auf das unendlich Große und das unendlich Kleine, auf die Vorgänge in Makrokosmos und die des Mikrokosmos, gleich reagieren, und daß sich für sie die gleichen Regeln und Muster ergeben, sobald man daran geht, die Resultate der Meßapparate zu interpretieren. Wieder scheint es auf den ersten Blick, als melde sich hier nur die alte, auf einer höheren und exakteren Stufe wiedergefundene Einheit des Universums, der Harmonie der Sphären, in die das Irdische als ein Grenzfall eingegangen ist; aber gleich wird sich auch der Verdacht regen, daß unsere Ergebnisse, gerade wegen ihrer verblüffenden Stimmigkeit, weder mit dem Makrokosmos noch mit dem Mikrokosmos das Geringste zu tun haben, daß sie vielmehr den Regeln und Strukturen entsprechen, die für uns selbst und unser Erkenntnisvermögen charakteristisch sind, für das Vermögen nämlich, das die Apparaturen und Instrumente erfand – in welchem Falle es wirklich ist, als vereitle ein böser Geist alle Anstrengungen des Menschen, exakt zu wissen und zu erfahren, was immer er selbst nicht ist, und zwar so, daß er ihm, unter der Vorgabe, ihm die ungeheuren Reiche des Seienden zu zeigen, immer nur das eigene Spiegelbild vorhält.«

Die »erdentfremdete« Wissenschaft – und nicht nur jene, die Natur zu ihrem Gegenstand, sondern auch diejenige, die sich der Analyse von Politik und Gesellschaft verschrieben hat – führt den Menschen in eine Falle: die Falle der versuchten Vergewaltigung von Natur so gut wie Gesellschaft durch die Überstülpung verstandesproduzierter Schemata, Theorien und Systeme, deren Ergebnis nicht die erwartete Emanzipation, nicht die Befreiung, sondern die selbstverschuldete Unfreiheit und immer engmaschigere Abhängigkeiten sind – bis hin zu der am Horizont der Zukunft auftauchenden Möglichkeit der Selbstzerstörung des Menschengeschlechts. Zwar ist der nukleare Holocaust, die direkteste Form eines solchen selbstgemachten Endes unserer Spezies, heute politisch eher unwahrscheinlich geworden (ohne deswegen mit absoluter Sicherheit gebannt zu sein) – aber jeder aufmerksame Beobachter weiß inzwischen einen schleichenden, und darum um so gefährlicheren Zerstörungsprozeß zu konstatieren, der im aggressiven Angriff auf unsere Umwelt-Lebensbedingungen besteht und in der rücksichtslosen Ausbeutung nicht erneuerbarer natürlicher Ressourcen; beides folgt der scheinbar unaufhaltsamen Logik kapitalistischen Wirtschafts- und Weltverständnisses, zu der auch Theorie und Praxis einer Wissenschaft gehören, der es nicht um reine Formen des Erkennens, sondern um Beherrschung und Nutzen geht. Mit Galileos Teleskop war dieser »böse Geist aus der Flasche befreit« worden. Goethes Wissenschaft ist inhaltlich und methodisch der letzte große Versuch – vielleicht ist es richtig zu sagen: der einzige große Versuch – sich dieser Entwicklung entgegenzustellen oder doch zumindest eine Alternative, einen »anderen Fortschritt« als Möglichkeit aufzuzeigen.[18]

Natürlich kann das Geschehene nicht ungeschehen, das Teleskop – auch als Metapher verstanden – nicht wieder verdrängt und in Vergessenheit gebracht werden. Am Ende eines langen Gespräches über Teleskope heißt es in »Wilhelm Meisters Wanderjahre«: »Wir werden diese Gläser so wenig als irgend ein Maschinenwesen aus der Welt bannen, aber dem Sittenbeobachter ist es wichtig zu erforschen und zu wissen, woher sich manches in die Menschheit eingeschlichen hat, worüber man sich beklagt.« Aber andere Formen der Umkehr aus dem »Wegschritt« sind möglich. Die Wissenschaft als ein besonders exponierter Tätigkeitsbereich für das menschliche Erkenntnisvermögen, wo – jedenfalls in der europäischen Neuzeit – die entscheidenden Weichenstellungen erfolgten, lange ehe daraus technologische oder gesellschaftliche Praxis wurde, ist aus der von Goethe eröffneten Perspektive einer radikaleren Erkenntniskritik als bisher zu unterziehen. Ihre scheinbar gesicherten Aussagen über die Wirklichkeit sind – methodisch – dahingehend zu überprüfen, ob sie nicht, im oben angedeuteten Sinne, autoreferentielle Aussagen über verstandesmäßig produzierte Strukturen sind, aus denen sich die zu erkennende Wirklichkeit selbst längst zurückgezogen hat. Die Gegenwart ist heute voller – oft katastrophaler – Beispiele für wissenschaftlich vorbereitete und berechnete Eingriffe in ökologische Systeme, die, wenn sie dann technisch erfolgreich verwirklicht sind, unvorgesehene negative Konsequenzen und ›Nebenwirkungen‹ zeitigen: unvorhergesehen, weil jene angeblich erkannte und in ihren Gesetzlichkeiten verstandene Wirklichkeit nicht die des natürlichen oder gesellschaftlichen Seins war, sondern ein »erdentfremdetes« Verstandesprodukt. Die zusammengebrochenen sozio-politischen Systeme des sogenannten Real- oder wissenschaftlichen Sozialismus folgten in der Logik und Begründung ihrer Konstruktion einem Bauprinzip, das dem der naturunterwerfenden Wissenschaft durchaus verwandt ist, ja, derselben Wurzel entspringt. Andererseits ist die Unterwerfung der Politik – der Strukturen, Institutionen und normativen Werte gemeinschaftlich-öffentlichen Handelns – unter die als natürlich ausgegebenen Gesetze des kapitalistischen Marktes und der wissenschaftlich angeleiteten Technologie, der sich vernünftigerweise niemand in den Weg stellen wird, eine nicht minder verhängnisvolle Erscheinungsform der »Entfremdung«, von Arendt auf den Begriff der »Weltentfremdung« (§ 35) gebracht.

Kapitalismus und Technologie, zwei Erscheinungsformen der Entfremdung, die das Paradox einer ins Ungeheure gesteigerten Produktivität und Naturkontrolle einerseits, einer historisch beispiellosen Unbehaustheit und existentiellen Unsicherheit der Menschen andererseits hervorgebracht hat: Die Auflösung oder ›Erklärung‹ dieses scheinbaren Widerspruchs (denn warum sollten wir eigentlich nicht glücklicher sein als frühere Generationen, für die materieller Mangel, Hungersnöte und hohe Sterblichkeit schicksalshafte Gegebenheiten waren? Und warum uns nicht sicherer fühlen in einer Welt, die bis in die letzten Winkel erforscht, technisch beherrschbar und unser Zuhause geworden ist?) dürfte in der immer wieder zu erinnernden Tatsache zu suchen sein, daß der Kapitalismus nicht ›erfunden‹ wurde, um die materiellen Bedürfnisse des Menschen zu befriedigen, sondern um des Profites willen und er seinerseits neue Klassen-Machtverhältnisse durchzusetzen half; die Bedürfnisbefriedigung war und ist Mittel, nicht Zweck, eine Begleiterscheinung, bloßes Nebenprodukt. Und ebenso gilt es, sich von dem Vorurteil zu befreien, als sei die heutige Technologie nichts als die Fortsetzung der Geschichte lebens- und arbeitserleichternder Herstellung von Werkzeugen. Ihre unbestreitbaren, atemberaubenden Erfolge entstammen vielmehr einer ganz anderen Wurzel, sind eher »zufällige Folgeerscheinungen des rein ›theoretischen‹ Interesses an Dingen, die niemandem etwas nutzen sollten«, Abfallprodukte einer erdentfremdeten Wissenschaft. Die »praktischen Instinkte des Menschen« hätten »es nie zu einer nennenswerten Technisierung des Lebens gebracht«, um hier noch einmal Hannah Arendt zu folgen (§ 41); »und selbst heute, da die bereits bestehende Technik automatisch bestimmte Verbesserungen hervorbringt und die technische Entwicklung weitertreibt, ist es höchst unwahrscheinlich, daß die moderne Welt den gegenwärtigen Stand der Technik behaupten könnte... wenn die Menschen in allem Ernst auf den Gedanken verfielen, die theoretische, ›nutzlose‹

Grundlagenforschung als müßige Spekulationen beiseite zu lassen und sich auf ihre pragmatischen Instinkte zu verlassen«. Würden wir diese Überlegungen konkretisieren und in Politik umsetzen, so müßte es allerdings richtigerweise heißen, daß es nicht »die Menschen« sind, die die Grundlagenforschung weiterbetreiben oder weiterbetrieben sehen wollen, sondern sehr konkret angebbare Interessen und Interessengruppen, die in den einschlägigen parlamentarischen Gremien Sitz, Stimme und Macht haben und beispielsweise über Forschungshaushalte inhaltlich bestimmen und entscheiden, was wichtig und was nicht förderungswürdig ist. Auch die scheinbar zweckfreieste Grundlagenforschung ist keine naturwüchsige Tätigkeit.

Goethe hingegen, von dem man sich nach all dem bisher Gesagten zitierfähige Aussagen über jene zweckfreie Erkenntnisarbeit erwartet hätte, ist auch da wieder der erdgebundene ›Ptolemäer‹ (wie ihn Gottfried Benn nannte): Gewiß, Wissenschaft dient der Welt- und Naturerkenntnis, aber indem sie dieser dient, ist sie dem Menschen auch von Nutzen. Denn die Wissenschaft verdient ihren Namen und ihre Existenz nicht als eine vom Leben und Wirken der Menschen in dieser Welt, auf dieser Erde abgehobenen, abstrahierenden Verstandestätigkeit. »Die Wissenschaft hilft uns vor allem, daß sie das Staunen, wozu wir von Natur berufen sind, einigermaßen erleichtere, sodann aber, daß sie dem immer gesteigerten Leben neue Fertigkeiten erwecke, zu Abwendung des Schädlichen und Einleitung des Nutzbaren.« Schließlich hatte seine eigene ›wissenschaftliche Biographie‹ mit der Entdeckung der Natur im Dienste der Weimarer Ökonomie begonnen: »Ich war vom augenfälligsten Allgemeinsten auf das Nutzbare, Anwendbare, vom Bedarf zur Kenntnis gelangt.«[19] Wissenschaft ›im Dienste der Weimarer Ökonomie‹ heißt aber eben nicht im Dienste von Kapital und Profit, sondern der arbeitenden Menschen. Die Umkehr nämlich, die nötig ist, um Welt, Natur und Mensch wieder zum Bezugspunkt der Wissenschaft zu machen, die ist, prinzipiell gesprochen, möglich durch einen Paradigmenwechsel, der eine geradezu befreiende Wirkung hätte. Es geht darum, sich nicht länger einschüchtern zu lassen von der scheinbar übermächtigen, überwältigenden Evidenz moderner Wissenschaft, von ihrer Erfolgsgeschichte und ihren Methoden; das alles stellt sich heute immer mehr als höchst problematisch, wenn nicht gar als eine Sackgasse heraus. »Wenn man den menschlichen Geist von einer Hypothese befreit, die ihn zwang, falsch oder halb zu sehen, falsch zu kombinieren, anstatt zu schauen zu grübeln, anstatt zu urteilen zu sophistieren, so hat man ihm schon einen großen Dienst erzeigt. Er sieht die Phänomene freier, in anderen Verhältnissen und Verbindungen an, er ordnet sie nach seiner Weise, und er erhält wieder die Gelegenheit, die unschätzbar ist, wenn er in der Folge bald dazu gelangt, seinen Irrtum selbst wieder einzusehen.«

Während ein tonangebender, vor allem von der US-amerikanischen Tradition dominierter Teil der heutigen Sozialwissenschaften die eigene »Verwissenschaftlichung« mit quantitativ-mathematischen Methodologien weiter betreibt, scheint eine Korrektur des »Irrtums« sich in den fortgeschritteneren naturwissenschaftlichen Diskussionen abzuzeichnen. So schreiben Prigogine und Stengers, »daß unser Interesse sich von der Substanz auf die Beziehungen, auf die Kommunikation verlagert. Diese neuere Entwicklung der Wissenschaft bietet uns die einzigartige Gelegenheit, die Stellung der Wissenschaft innerhalb der allgemeinen Kultur neu zu bestimmen... und es scheint, daß die Wissenschaft eine *universalere Botschaft* enthält, eine Botschaft, bei der es um die Wechselwirkung zwischen Mensch und Natur und um die Wechselwirkung zwischen Mensch und Mensch geht.«[20] Auf dieser ›Straße‹ aber zeichnet sich die Annäherung an jene Perspektive an, die Goethe als Ausgangs- und langfristigen Zielpunkt bestimmt und sich erwartet hatte, nämlich die Wesenseinheit und Wiederversöhnung von Wissenschaft und Poesie, von Wissenschaft und Kunst. »Jede große Epoche der Wissenschaft hat ein bestimmtes Modell der Natur entwickelt. Für die klassische Wissenschaft war es die Uhr, für die Wissenschaft des 19. Jahrhunderts, die Epoche der industriellen Revolution, war es der Motor, der irgendwann einmal nicht mehr weiterläuft. Was könnte für uns das Symbol sein? Wir stehen vielleicht den Vorstellungen Platons näher, der die Natur mit einem Kunstwerk verglich. Statt die Wissenschaft durch den Gegensatz zwischen Mensch und Natur zu definieren, sehen wir in der Wissenschaft eher eine Kommunikation mit der Natur.«[21] Hier wird den Gesellschaftswissenschaften geradezu eine Goethesche Brücke gebaut, um gemeinsam mit einer so konzipierten Naturwissenschaft ein alternatives Paradigma zur mathematisierten Technologie- und Technokratiewissenschaft zu entwickeln.

Der Weg zur Wiedergewinnung einer Einheit der Wissenschaften ist lang und muß sich ›stromaufwärts‹ bewegen. Goethes eigene Beobachtung der arbeitsteiligen Zersetzung von vor 200 Jahren hat sich heute noch weiter dramatisiert: »Vereinzelt behandelte man sämtliche Tätigkeiten; Wissenschaft und Künste, Geschäftsführung, Handwerk und was man sich denken mag, bewegte sich im abgeschlossenen Kreise. Jedem Handelnden war ernst in sich, deswegen arbeitete er aber auch nur für sich und auf seine Weise, der Nachbar blieb ihm völlig fremd und sie entfremdeten sich gegenseitig. Kunst und Poesie berührten einander kaum, an lebendige Wechselwirkung war gar nicht zu denken, Poesie und Wissenschaft erschienen als die größten Widersacher.«[22] Die angedeutete – anzustrebende – Arbeit an einem neuen Paradigma der Wissenschaft enthält auch die Aufgabe, über eine Überwindung der die Menschen voneinander entfremdenden Arbeitsteilung nachzudenken. So wie historisch die Wissenschaft die Moderne geformt und geprägt hat, so könnte sie jetzt auch eine führende Rolle bei der notwendigen Selbstkorrektur des sogenannten naturwissenschaftlich-technischen Zeitalters spielen. Die weithin zu hörenden Rufe nach »Interdisziplinarität« sind da ein ermutigendes Symptom, das einer aktiven wissenschaftspolitischen Förderung und gleichzeitig selbstorganisierten Praxis bedarf. Goethes Hilfestellung wird dabei unverzichtbar sein und steht zur Verfügung.

Sich an Goethe politisch orientierend

»Daß die Weltgeschichte von Zeit zu Zeit umgeschrieben werden müsse, darüber ist in unseren Tagen wohl kein Zweifel übrig geblieben. Eine solche Notwendigkeit entsteht aber nicht etwa daher, weil viel Geschehenes nachentdeckt worden, sondern weil neue Ansichten gegeben werden, weil der Genosse einer fortschreitenden Zeit auf Standpunkte geführt wird, von welchen sich das Vergangene auf neue Weise überschauen und beurteilen läßt.« Diese Überzeugung Goethes, die in der Tat heute mehr denn je explizit das Credo historischen Erkenntnisinteresses ist, dürfen, ja sollten wir auch auf Goethes historische Existenz anwenden, die er selbst bekanntlich bewußt zum Exemplarischen stilisiert hat: damit wir daraus bildenden Gewinn zögen. Die Frage, warum in der Vergangenheit ganz offensichtlich kein solches »Erkenntnisinteresse« am politischen Goethe, an Goethe als Minister und Angehörigen der politischen Klasse seiner Zeit bestand, soll hier nicht nachgegangen werden. Zwar wußten alle Goethe-Biographen, daß er Geheimrat und Mitglied des Regierungskollegiums gewesen war – zehn Jahre »hauptberuflich«, danach eher ehrenamtlich –, aber was das für ihn bedeutet hatte und wie diese Erfahrung gesellschaftlich-öffentlicher Tätigkeit sich in seinem Werk und seiner ›Botschaft‹ niederschlug, die er doch offensichtlich bewußt der Nachwelt hinterließ (der erst nach seinem Tode zu öffnende *Faust II* war ganz explizit eine solche), das wurde fast durchweg ignoriert oder bestenfalls am Rande gestreift als für seine »eigentliche« Lebensaufgabe, die Dichtung, verlorene, verschwendete Zeit.

Die vermeintliche »Flucht« nach Italien, 1786, gilt oft als Rechtfertigung dafür, die Entscheidung des jungen und berühmten Schriftstellers (Werther) und Dramatikers (Götz von Berlichingen), 26jährig nach Weimar an den Hof eines kleinen Duodezfürsten zu gehen und in dessen Dienst zu treten, nicht als eine wohlüberlegte Entscheidung für die Politik – zunächst als Fürstenerzieher, dann durch Übernahme amtlicher Verantwortung – ernst nehmen zu müssen, um sie statt dessen als von Goethe selbst ja nachträglich korrigierten Irrtum aus der Biographie zu verdrängen. Für ein breiteres Lesepublikum hat erst der Goethe-Biograph Karl Otto Conrady (1970) das versucht, richtigzustellen: »Nicht um zu dichten, blieb er in Weimar, sondern um die gebotene Chance wahrzunehmen, beratend und handelnd an der Verwaltung und Gestaltung eines Gemeinwesens mitzuwirken. Niemand hatte Goethe gezwungen, ein Jahrzehnt lang, Dichtung und Kunst in die Stunden neben den amtlichen Pflichten zu verbannen. Bis zum Lebensende hat er die Last öffentlicher Ämter nicht mehr abgelegt, sie allenfalls zu mindern gesucht, damit seine künstlerischen und wissenschaftlichen Fähigkeiten und Neigungen nicht zu kurz kamen.«

Alles, was Goethe sich vornahm, betrieb er mit größtmöglicher Gewissenhaftigkeit – auch und eben nicht zuletzt seine ministeriellen Amtsgeschäfte und Amtspflichten; die mehr als 500 Sitzungen des Geheimen Conseils, an denen er in den ersten zehn Jahren nachweislich teilnahm (es waren möglicherweise auch mehr), belegen das, auch die Voten, die er dort zu den vielfältigen Problemen abgab. Er tat das, weil er sich dessen bewußt war, welche enormen Auswirkungen und u. U. ungewollte Konsequenzen administrative Entscheidungen haben, daß so viele Schicksale und Existenzen, vor allem der schwächeren Gesellschaftsmitglieder davon abhängen. Deshalb haßte er ganz besonders in »Staatsangelegenheiten alle Pfuscherei wie die Sünde«. Denn eben das war schon sehr frühzeitig seine Regierungserfahrung gewesen: »wie doch immer gepfuscht wird!« Er insistierte in der Verwaltung auf Pünktlichkeit, Gewissenhaftigkeit, Zuverlässigkeit, Ehrlichkeit und nicht zuletzt auf Kompetenz. Für die Privilegien der Herrschaft und des Regierens sind Opfer zu bringen – sie zur Führung etwa eines gehobenen, besseren

Lebensstils zu nutzen, galt ihm als das Schlimmste. Er sah die großen und kleinen Amtsträger als »Scheißkerle überall auf dem Fasse sitzen« und hatte es, wie er meinte, mit ihnen schon nach wenigen Monaten »verdorben«. Noch im Alter war er stolz darauf, einen korrupten Steuerkassierer gegen den Widerstand seiner amtssolidarischen Ministerkollegen ins Zuchthaus gebracht zu haben.

Die zeitaufwendige Regierungstätigkeit war ihm Bürde und Herausforderung zugleich: Die »Pflicht wird mir täglich teurer und darin wünscht ich's den größten Menschen gleich zu tun und in nichts größerem.« Den Freunden, denen die Energie, mit der er seine Amtsgeschäfte wahrnahm, unverständlich war, weil sie ihn doch am Dichten hinderten, schrieb er, sie sähen »das nur was ich aufopfre, und nicht was ich gewinne, und sie können nicht begreifen, daß ich täglich reicher werde, indem ich täglich so viel hingebe«. Das »regieren!!«, wie er es emphatisch ins Tagebuch schrieb, als große Lebens- und Lernerfahrung, als aufregende Öffnung und Eröffnung unserer Sinne für die Probleme der Menschen in der Gesellschaft, für das Spannungsverhältnis von Freiheit und Ordnung, von Recht und materieller Not – das ist wohl das Engagement auch und gerade derer wert und würdig, ja, für alle die unverzichtbar, die Bildung als Selbstbildung und Verantwortlichkeit für andere erkannt haben. Die Dimension des Politischen, die Übernahme öffentlicher Ämter und Funktionen als bürgerliche Pflichten gegenüber der Gesellschaft – insbesondere oder gerade dann, wenn materiell privilegierte Voraussetzungen uns das gestatten –, das gehört zur vollen Persönlichkeit. Ohne die politische Tätigkeit, wie immer sie im einzelnen und für jeden konkret aussehen mag, erfahren wir nicht die ganze Fülle des Daseins. Nach gut zwei Jahren in Weimar – er war da immerhin inzwischen außenpolitischer Berater, Kriegsminister, zuständig für Straßenbau und Wasserwege, Bergbaukommissar und Kultusminister – notiert er im Tagebuch: »Immer fortwährende Freude an Wirtschaft, Ersparnis, Auskommen…

Bestimmtes Gefühl von Einschränkung, und dadurch der wahren Ausbreitung.« Was man an äußerer Freiheit und Freizeit verliert, gewinnt man an innerer Bereicherung im Tätigsein – und, in eben diesem Zusammenhang: »Stille und Vorahnung der Weisheit.« Die politische, die öffentliche Tätigkeit als ein Weg zur Weisheit? Ein höchst befremdlicher Gedanke.

Er ist deshalb befremdlich und zunächst kaum nachvollziehbar, weil ihm eine wichtige Prämisse fehlt. Goethe hatte nämlich sehr genaue Vorstellungen von der Ethik des Amtes, der Verantwortung, der Machtausübung, des Regierens. »Niemand als wer sich ganz verleugnet, ist wert zu herrschen und kann herrschen«, notiert er sich in der Zeit seiner intensivsten Regierungstätigkeit. Diese Einsicht, diese Maxime politischer Ethik hat er in vielfacher Weise variiert – zuletzt in der Figur des zweiten Faust. Er hat sie kritisch auf sich selbst angewandt – »man ist beschämt, wie man vor so vielen Tausenden begünstigt ist« – und hat aus eben diesen Privilegien eine besondere Pflicht zum selbstlosen Dienen als eigentliche Regierungsethik abgeleitet. »Wer will die Stelle«, ist eine der Xenien überschrieben: »Republiken hab' ich gesehen, und das ist die beste, / Die dem regierenden Teil Lasten, nicht Vorteil gewährt.« Er hat das seinem politischen Zögling Carl August mahnend versucht beizubringen: »wer andre wohl zu leiten strebt, / Muß fähig sein, viel zu entbehren«, er hat die Umkehrung dieser Tugend als die geheime historische Triebkraft der Machtpolitik und des politischen Karrierismus erkannt – »Denn jeder, der sein innres Selbst / Nicht zu regieren weiß, regierte gar zu gern / Des Nachbars Willen, eignem stolzen Sinn gemäß« – und er hat schließlich diese aus dem Politischen gewonnene Maxime zu einer grundsätzlichen ethischen Kategorie weit über die Politikerfahrungen hinaus erhoben: der »Entsagung«. Das aber soll hier nicht weiter verfolgt werden.

Sich an Goethe politisch orientieren heißt zunächst, sich an seiner hier nur stichwortartig angedeuteten politischen

Ethik orientieren, über seine Maßstäbe politischen Handelns nachzudenken. Zunächst und zuvörderst hat die verhängnisvolle, von Max Weber eingeführte Unterscheidung von Gesinnungs- und Verantwortungsethik[1] da keinen Bestand. Natürlich geht Goethe davon aus, daß die Regierenden, wie soeben zitiert, in besonderem Maße verantwortlich sind für ihr Tun, ein unverhältnismäßiges Mehr an Verantwortung zu tragen haben – aber das bedeutet nicht ein Weniger an ethischen Kriterien zur Beurteilung und als Richtschnur ihres Handelns, sondern im Gegenteil noch strengere Maßstäbe, noch größere Skrupel, noch mehr Sensibilität für die Versuchungen, die mit der Macht einhergehen. Diese Versuchungen bestehen nicht in erster Linie in dem, was wir als Korruption bezeichnen – das Ausnützen des öffentlichen Amtes für private Vorteile –, sondern sie sind subtiler, wenn man so will »psychologischer« Natur. Macht macht ungeduldig und arrogant. Die umständliche, mühsame Überzeugungsarbeit im Umgang mit anderen, um diese für bestimmte Ziele und Zwecke zu gewinnen, fällt dem schwer, der »eigentlich«, d. h., kraft Amtes oder sonstiger Machtmöglichkeiten nur zu befehlen brauchte, um das durchzusetzen, was er für die Gemeinschaft für gut und richtig hält. Die reinste Erscheinungsform von Ungeduld und Arroganz als politische Praxis ist Androhung mit und die Anwendung von Gewalt. Gewalt ist Machthandeln, das auf Sprache, Kommunikation und Zustimmung verzichtet. Der Weimarer Kanzler v. Müller, bei dem Goethe viel Politisches gesprächsweise ›deponiert‹ hat, berichtet aus den letzten Lebensjahren die Äußerung, es gebe »nur zwei Wege«, wie man in der Politik etwas erreichen könne: »Gewalt und Folge. Jene wird leicht verhaßt, reizt zu Gegenwirkung auf und ist überhaupt nur wenigen Begünstigten verliehen« – da ist mit Sicherheit auch an Napoleon gedacht worden, der durch Gewalt vieles und Größtes erreicht hatte, der zweifellos ein Genie war, aber dessen politisches Werk dann doch gleich wieder in Trümmer zerfallen war. »Folge aber«, so fährt Goethe im Gespräch fort – und mit »Folge« ist Geduld, Beharrlichkeit, das Webersche »langsame Bohren von dicken Brettern« gemeint –, »Folge kann auch vom Kleinsten angewendet werden und wird selten ihr Ziel verfehlen, da ihre stille Macht im Laufe der Zeit unaufhaltsam wächst«.

»Folge« ist hier ein anderes Wort für Methode, und die Methoden, mit denen wir in der Gesellschaft, mit Menschen handeln, die sind – oder sollten sein – dieselben im Kleinen wie im Großen. Wie wir an ein bestimmtes Problem herangehen, mit welcher Einstellung, Haltung und »Gesinnung«, das entscheidet über die Resultate, auch wenn es da keine letzten Sicherheiten geben mag. Was da »Methode« heißt, formuliert der Geheimrat in einer schriftlichen Kommunikation für seinen Fürsten (die spezifische Angelegenheit, um die es dabei ging, braucht hier nicht zu interessieren): »Man muß Hindernisse wegnehmen, Begriffe aufklären, Beispiele geben, alle Teilhaber zu interessieren suchen. Das ist freilich beschwerlicher als befehlen, indessen die einzige Art, in einer so wichtigen Sache zum Zweck zu gelangen und nicht verändern wollen, sondern verändern.« Wie wichtig ihm diese Feststellung ist, erhellt nicht zuletzt daraus, daß er dieselbe Formulierung fast wörtlich auch in der einzigen öffentlichen politischen Rede seiner Minister-Tätigkeit, nämlich zur Eröffnung des Bergbaus zu Ilmenau, 1784 gebraucht, mit der er die Bürger, Bergarbeiter und Kapitalanleger gleichermaßen anspricht als »primus inter pares« eines gemeinschaftlichen Projektes.[2] Das Wichtigste im Politischen ist die Art und Weise des Umgangs miteinander, sind die Methoden bei der Verwirklichung von Gemeinschaftsaufgaben und bei der Entscheidungsfindung: Aufklärung und Teilhabe, Mitdenken und Mithandeln, die Bedingungen der Möglichkeit dafür schaffen, daß Vernunft in den öffentlichen Angelegenheiten zum Tragen kommen kann – das sind die Aufgaben der politischen Klasse, dem hat sie zu dienen, das hat sie zu vermitteln.

Kein Zweck heiligt die Mittel. Die bekannte Episode beim Auszug der Jakobiner aus dem belagerten und besiegten

Mainz, als aufgebrachte Anti-Republikaner sich an einem wehrlosen »Klubbisten« rächen wollten und Goethe der Menge entgegentrat, weil er »keine Gewalttätigkeit« dulde, sie wird im Kontext des Kriegsberichtes absichtsvoll als Lehrstück erzählt. An der Berechtigung des Zornes vieler Mainzer mochte Goethe nicht zweifeln, aber es schien ihm das kleinere Übel, wenn ein möglicherweise Schuldiger seinen Richtern entzogen würde, hingegen das größere, ja größte, wenn durch Selbstjustiz die Rechtsordnung verletzt würde. »Ich will lieber eine Ungerechtigkeit begehen als Unordnung ertragen« heißt: ein Unrecht kann korrigiert werden, die Folgen der Gewalt – auch und gerade zur Durchsetzung von Gerechtigkeit – sind unabsehbar, oder vielmehr absehbar ist die endlose Kette von immer neuer Gewalt. Nichts ist verletzlicher, nichts muß sorgfältiger gehütet werden als die Ordnung. Nicht die jeweils positive, bestehende Rechts- und Sozialordnung ist da gemeint, sondern der friedliche, durch Sitte, Konvention und Gesetz geregelte Verkehr von Menschen und Nationen miteinander. Ordnung und Frieden stehen darum in einem verwandtschaftlichen Zusammenhang. Ordnung ist nichts Statisches, sondern ein lebendiger Prozeß des Sich-Entwickelns, des Wachstums, der unaufhörlichen Transformationen. Und entsprechend ist Frieden kein End- oder Ruhezustand, sondern eine Methode. Nur friedlich können die verschiedenartigen Probleme, die zu unserer gesellschaftlichen Existenz gehören, angegangen werden; friedlich und gemeinsam, nicht durch autoritäre Entscheidungen. Die große Lehrmeisterin, von der wir sowohl die Geduld als auch die unendliche Vielfalt von möglichen Lösungen lernen können, ist die Natur; darauf wird noch zurückzukommen sein.

Friedlichkeit als Orientierungsleitlinie politischer Ethik ist aber keineswegs nur eine mentale, psychologische Kategorie, sie verdinglicht sich vielmehr in Formen: in Umgangsformen, Institutionen, Regeln und Gesetzen (ungeschriebenen so gut wie positiven). Der Respekt vor den Institutionen – im weitesten Wortsinne verstanden – gehört zentral zu einer Politik, die den Menschen dienen und nicht eigenen Ehrgeiz befriedigen soll. Sie schützen vor Verletzungen, sichern den ausgleichenden Umgang, schaffen Vertrauen und Verläßlichkeit, geben dem einzelnen das Gefühl der Sicherheit. Der Rechtsstaat ist nur eine ihrer Erscheinungsformen. So sind Verfahrensfragen in der Politik alles andere als nur technische Verkehrsregeln: ihr formbewahrender Charakter garantiert der behandelten Sache die notwendige Zeit und den verhandelnden Menschen die friedenssichernde Distanz. Wo Formen leichtfertig um der Effizienz willen, auch schneller Resultate wegen verletzt werden, da leiden letztlich auch Menschen. Als Herzog Carl August erwog, den umständlichen Kanzleistil zu vereinfachen, um den amtlichen Schriftverkehr zu beschleunigen, gab der dreißigjährige ›Stürmer und Dränger‹ Goethe sein Votum dezidiert dagegen ab: »ein großer Herr ist dem Anstande etwas schuldig. Er entscheidet so oft über Schicksale des Menschen, er nehme ihnen nicht durch eilige Expeditionen den Glauben an Gesetztheit der Ratschläge. Ordnung kann ohne eine proportionierte Geschwindigkeit nicht bestehen. Eile ist eine Feindin der Ordnung so gut als Zögern.«

Der Hinweis auf die Bedeutung des Zusammenhanges von Zeit, Ordnung und Verfahrensregeln für das politische Handeln war schon vor 200 Jahren ungewöhnlich und hat an Aktualität nichts eingebüßt – im Gegenteil. Es geht dabei zunächst einmal um das Republikanische der Politik, ihren Öffentlichkeits- und Diskurscharakter, den Goethe übrigens auch und nicht zuletzt für die Wissenschaft eingefordert hat. Die Republik als ›die Sache aller‹ braucht für ihre Entscheidungen, gerade weil alle Meinungen gehört und erwogen sein wollen und müssen, die Zeit so unverzichtbar wie der Mensch die Luft zum Atmen. Die übereilte, an Effizienz- oder Konkurrenzzwängen orientierte Entscheidung ist in der Regel die falsche, zumindest die schlechtere, darum aber auch die potentiell gefährlichere Entscheidung. Wo die

»Schicksale der Menschen« betroffen sind, da steht auch die
Einheit von Mensch und Natur, die umgreifende Ordnung
der Dinge auf dem Spiel, in die handelnd einzugreifen – und
jede herrschaftlich-politische Handlung ist ein Eingriff! –
es der größten Umsicht und Verantwortungsbewußtheit
bedarf, und das heißt: Geduld, Besonnenheit, Zeit. Der Kapitalismus ist nicht zuletzt durch die rasante Beschleunigung
aller gesellschaftlichen, technologischen und wirtschaftli-
chen Prozesse gekennzeichnet – die Politik hat sich dazu zu
verhalten: steuernd hemmend oder die Beschleunigung för-
dernd. Einfache parlamentarische Mehrheiten treffen Entscheidungen über die »Schicksale von Menschen durch eilige
Expeditionen«, deren allzuoft katastrophale, dann aber irre-
versible Konsequenzen nicht bedacht werden oder werden
konnten, weil sie unter dem Zeitdruck z. B. ökonomischer
Konkurrenzzwänge zustande kamen. Eine an Goethe sich
orientierende Politik muß darauf bestehen, daß »Eile eine
Feindin der Ordnung« ist. Goethe prägte für diese schon vor
200 Jahren sichtbare Gefahr das Kunstwort »veloziferisch«,
mit dem er die rastlose Geschwindigkeit der Moderne (velo-
citas) zu einer Sache des Teufels (Luzifer) machte. Die Zeit ist
überhaupt eine weitgehend vernachlässigte Dimension der
Politik und gehörte doch, sowohl unter dem Aspekt von Geschwindigkeit und Beschleunigung als auch perspektivisch
als der Zeithorizont, innerhalb dessen wir Entscheidungen
treffen oder auf den hin Konsequenzen von Entscheidungen
kalkuliert werden, ins Zentrum jeglichen Nachdenkens über
die Zukunft der Institutionen und der Menschheit selbst. –
    Ein politisches Rollenverständnis im Sinne oder im Geiste
Goethes ist vor allem eines: unspektakulär. Es macht keine
Schlagzeilen, bringt seine Protagonisten nicht ins Fernsehen, befriedigt keine Machtambitionen. In den ersten zehn
Weimarer Jahren besonders intensiver politischer Arbeit war
Goethe gewissermaßen aus dem Rampenlicht der Öffentlichkeit verschwunden, aber auch in den Jahren nach Italien
(1788 ff.) hat er seine politische Tätigkeit weiterhin sehr ernst

genommen, sie aber doch überwiegend im stillen ausgeübt. Als Dichter suchte er die Öffentlichkeit, nicht als Minister. Ein solches dienendes Politikverständnis – dienend vor allem denen, die nicht ökonomisch, sozial oder durch glückliche Naturanlagen privilegiert sind, dienend dem schwer arbeitenden Volke, dem Goethes ganze Sympathie gehörte – war damals und wäre heute eine Herausforderung für alle Politiker. Öffentliche Anerkennung durch eine Geschichtsschreibung, in der die spektakulären *res gestae* augustäischer Herrscher- und Regierungstradition vor allem zählen, ist mit solchem Wirken in der Stille nicht zu gewinnen. Die selbstdisziplinierende, nicht öffentliche Anerkennung einklagende »Entsagung« ist da keine leere Phrase. Ob eine solche Haltung allerdings ohne weiteres demokratisch mehrheitsfähig wäre, darf und muß leider bezweifelt werden: Es liegt geradezu in ihrer Natur, sich der Werbung um öffentliche Zustimmung, um quantitative Mehrheiten zu entziehen.[3] Insofern fordert eine politische Orientierung an Goethe auch zu einer durchaus schmerzhaften Revision, oder doch zumindest qualifizierenden Kritik von gängigen Prämissen der Demokratie heraus: Die Zweifel an der politischen Weisheit von kurzfristigen Mehrheitsentscheidungen sind heute eher noch berechtigter geworden, als sie es damals zu sein schienen. Das Argument, es gäbe zu Wahlen und Abstimmungen keine Alternative, kann so nicht hingenommen werden: Der Demokratie im Sinne verantwortlicher Teilnahme und Selbstbestimmung werden vielmehr zunehmend die tatsächlichen Voraussetzungen – die der Aufklärung und der Partizipation – entzogen, die zumindest für Goethe ungemein wesentlicher waren als die publizitätsintensive Wahl von Regierungspersonal.

Damit in unmittelbarem Zusammenhang steht das historische Weimar der Goethezeit. Zunächst noch aus ganz anderen, nämlich bewußt partikularistischen Motiven eines kulturellen und sozialen Pluralismus gespeist, sah Goethe später in ›seinem‹ Kleinstaat eine realpolitische Alternative zur

Französischen Revolution und zum sich neuformierenden nationalen Einheitsstaat in Nachahmung des französischen Vorbildes. Hinter diesem konservativen Festhalten an der Partikularität entgegen den scheinbar unaufhaltsamen Tendenzen der Moderne zur Vereinheitlichung stand noch eine andere, fundamentalere Sorge als die Angst vor der kulturellen Nivellierung Deutschlands und vor dem aufkommenden Nationalismus, wie er im anti-napoleonischen Befreiungskrieg von 1813 erstmals unangenehm in Erscheinung getreten war. Es war die – vielleicht erst heute in ihrer Bedeutung erkennbare – Befürchtung vor dem substantiellen Realitätsverlust, der mit der Bildung von großen politischen Einheiten einhergehen würde. Die sinnliche Erfahrbarkeit als wesentliche Voraussetzung von Erkenntnis im Allgemeinen und für gesellschaftlich-politisches, verantwortliches Handeln im Besonderen, das ermöglichte Weimar seinen Regierenden – und jede überschaubare politische Einheit den Ihren. »Small is beautiful« wurde eine Einsicht in die nämliche Problematik in den siebziger Jahren dieses Jahrhunderts, »global denken, lokal handeln« ein Schlagwort der Gegenwart.

Niemandem war der globale Charakter aller gesellschaftlichen Tätigkeiten – des Ingenieurs, des Wirtschaftsmanagers, des Literaturproduzenten (»Weltliteratur« ist Goethes Formel) – klarer als dem Weimarer Minister; er schloß darin nicht zuletzt auch die Wissenschaft und das Naturverhältnis unmittelbar ein. Unsere Erde ist nicht nur eine geographisch-politische Größe, sondern auch Bestandteil des Kosmos und seiner Ordnung. Aber verantwortlich für diese Ordnung, für den Kosmos, für diese zusammenwachsende Welt zu handeln, ist nur dann möglich, wenn dieses Handeln es mit sinnlich wahrnehmbaren Verhältnissen, überschaubaren Größenordnungen, das menschliche Maß nicht überschreitenden Dimensionen zu tun hat (»a misura dell'uomo« ist eine Redeformel toskanischer Bauern, wenn sie über ihre eigenen Felder und Siedlungen sprechen).

Dagegen liegt in der Trennung von Erfahrung und Wissen, von sinnlicher Wahrnehmung und gelernter Kenntnis, von eigener Empirie und buchgelehrter wissenschaftlicher Arbeit – und dann die Unterordnung der Ersteren unter die Letztere, der Erfahrung unter die Abstraktion – nicht nur die Krankheit unserer Epoche, sondern auch die strukturelle Pathologie ihrer Politik.

Eine radikale Umkehr muß da überlegt, Begriff und Inhalt von Verantwortung – denn was anderes ist die Politik? – müssen wieder bestimmt, die Möglichkeiten kompetenten Handelns der politischen Subjekte, der Bürgerinnen und Bürger geklärt und ihre Bedingungen herausgestellt werden. Eine ganz zentrale strukturelle Bedingung aber heißt Überschaubarkeit. Denn die republikanischen Tugenden gemeinschaftlichen, verantwortlichen Handelns, sie gedeihen nicht in der Anonymität großer Flächenstaaten, deren politisches Führungspersonal sich über schwer durchschaubare Machtkämpfe in den Hinterstuben manipulierter Massenorganisationen rekrutiert, das ein passives Zuschauerpublikum dann als Fernsehspektakel serviert bekommt. Die Republik hingegen lebt von geographisch und kulturell überschaubaren Verhältnissen und Größenordnungen. Die Gründungsväter der amerikanischen Republik wußten das ebenso wie die erste, von Rousseau inspirierte »euro-föderalistische« Generation der französischen Revolutionäre, und es wußten die »Weimarer« und gleichzeitigen »Weltbürger« des Vor-Bismarckischen Deutschland; in Friedrich Meineckes großer Studie über das 19. Jahrhundert, »Weltbürgertum und Nationalstaat«, finden wir davon noch deutliche Spurenelemente. Derselbe Friedrich Meinecke sah nach der Katastrophe des Dritten Reiches in der Bildung von »Goethe-Gemeinden« eine kulturelle Alternative zur Restauration von deutscher Machtstaatlichkeit und eine Möglichkeit zu echtem Neubeginn: Die Arbeit am Erbe der Goethezeit sei eine Alternative zu außenpolitischen Ambitionen, während Deutschland sich politisch an kleinen ›überschaubaren‹ Staaten wie Holland, der Schweiz oder Schweden ein Vorbild nehmen solle.[4]

Denn Politik im Großen, große Politik ist potentiell zerstörerisch und selbstzerstörerisch, weil ihr Diskurs auf einer so hohen Abstraktionsebene stattfindet, daß sie durch keine sinnliche Erfahrung gedeckt und abgesichert ist: Die Rede ist von der Außenpolitik, der »Weltpolitik«, jener Großen Politik eben, für die die Welt nur mehr Kräftefeld und Arena ist, wo um Einflußsphären, Märkte und Ressourcen gerungen wird, zugleich aber eine Bühne, auf der zu stehen und zu agieren mehr Aufmerksamkeit auf sich zieht, mehr Publizität, vor allem aber mehr, ja, den letztlich größten Ruhm für die Nachwelt verspricht – wenn man »fortune« hat, wenn man in diesem riskanten Spiel gewinnt. Selbst noch dem großen Verlierer ist in der Regel da sein Platz in der Geschichte gesichert: Sie erinnert sogar den großen Verbrecher. Und wer ist schon bekannt geworden als Gesundheits-, Landwirtschafts- oder Wohnungsbauminister? Solche falschen Prioritäten sind – von Goethe her gedacht – umzukehren: wir bedürfen einer anderen Wertordnung, einer anderen Rangordnung für die Themen der Geschichte und des öffentlichen Diskurses; an der Basis, an den konkreten Bedürfnissen der konkreten Menschen hat dienende Politik anzusetzen, beweist sich gutes Regieren.

Die Versuchung, die Verführung zur Großen Politik resultiert einmal aus der schieren Akkumulation von Macht: Wer über große Ressourcen verfügt, der ist auch versucht, sie auf jener Bühne vorzuzeigen, auf der »die Großen mit den Menschen spielen«, sprich: Machtpolitik treiben. Nun hatte das Weimar Goethes gewiß alles andere als Macht im deutschen, geschweige denn im europäischen Kontext. Und doch: Herzog Carl August wollte »mitspielen«, wollte dabeisein, wenn es um Koalitionen, Bündnisse und Reichspolitik (das damalige Äquivalent zur heutigen Weltpolitik) ging. So klein es auch war: Weimar hatte natürlich sein eigenes Militär, das man überwiegend symbolisch – aber doch nicht nur symbolisch – einbringen konnte. Goethe übernahm 1779 den Vorsitz der Kriegskommission und wurde der erste, vielleicht bis heute historisch der einzige Abrüstungsminister, indem er das weimarische Militär, das aus 39 Husaren, 10 Artilleristen und 532 Infanteristen bestand, in seinem vierten Amtsjahr 1783 mehr als halbierte auf gut 200 Mann. Auch war er ein entschiedener Gegner jeglicher Rüstungsproduktion, da er in der Verwendung von Bodenschätzen für Zerstörungsinstrumente (von Erz für Kanonen) in letzter Instanz eine Verletzung der Natur und ihrer Gaben sah, die der Mensch friedlich zu verwalten und zu nutzen habe. Rüstung und Militär aber sind die materiellen Voraussetzungen, um Große Politik zu betreiben, sind gewissermaßen die Instrumente der Verdinglichung der abstrakten Politik. In ihnen konkretisiert sich die verhängnisvolle Trennung von sinnlich erfahrbarer Wirklichkeit, in der und für die man tätig sein kann und soll, und einer Wirklichkeit im Abstrakten, im vorgestellten Denkgebäude der Welt als einer großen Landkarte, auf der die Völker als kollektive Größen, als ›Machtaggregate‹ verzeichnet sind, die aber nie jemand zu Gesicht bekommen hat, noch je zu Gesicht bekommen kann. Nur Gott kann die Welt aus einer solchen Perspektive sehen – tut das eine politische Führung, so sind die Folgen des Politikspiels auf diesem Schachbrett vorprogrammiert. Sie kann gewinnen, sie kann auch verlieren – einen Krieg, einen diplomatischen Konflikt, eine politische Konfrontation. Aber auch noch im günstigen Fall – dem Sieg – verliert jemand mit Sicherheit: das Volk, das für die Spesen aufzukommen hat. Was heute die kartographischen Grenzziehungen in Bosnien sind, mit denen die politischen Machtpositionen von demagogischen Politkarrieristen abgesichert werden, das waren gestern die Grenzziehungen nach dem Prinzip der sogenannten völkischen Selbstbestimmung, hinter dem immer nur ehrgeizige Karrieristen standen, für die ›Selbstbestimmung‹ ein Vehikel für den eigenen Weg auf die politische Bühne war, und es war vorgestern die ebenso abstrakter Herrschaftslogik folgende

Aufteilung Afrikas in Staaten, die mit der dort lebenden konkreten Bevölkerung und ihren gesellschaftlichen Gliederungen überhaupt nichts zu tun hatten. Herrschaftspolitik ist abstrakte Politik – und zieht eine überwiegend blutige Opferspur hinter sich her.

Außenpolitik ist natürlich nicht einfach »abschaffbar« – aber es ist möglich, ihr die Legitimation zu entziehen, sie vergleichsweise unwichtig zu machen, unsere gesellschaftspolitischen Energien auf Naheliegendes zu konzentrieren, als Intellektuelle der Versuchung zu widerstehen, auf einer Ebene verbal tätig zu sein, wo die Meinungen letztlich unverbindlich und unverantwortbar sind. »Man sollte nur Rat geben in Dingen, in denen man selbst mitwirken will« – und mitwirken *kann,* so wäre zu ergänzen. Wie viele Bücher werden jährlich produziert, wie viele Leitartikel täglich geschrieben, die die richtigen Spielzüge der Schachspieler auf der weltpolitischen Bühne zu verstehen und zu analysieren sich bemühen und dafür Anteilnahme, Aufmerksamkeit, Parteinahme einfordern. Und ist nicht unser Verständnis von Geschichte, historischer Bedeutung, von Größe formiert – und deformiert – durch die uns ansozialisierte Herrschaftsperspektive? In Brechts »Mutter Courage« korrigiert die Courage den Feldprediger, der in der Eroberung und Zerstörung der Stadt Magdeburg einen ›historischen Augenblick‹ glaubt erkennen zu können, mit dem Hinweis, daß für sie dieser ›historische Augenblick‹ in der Verstümmelung ihrer Tochter bestehe, die nun keinen Mann mehr finden werde. Auch Goethe insistiert auf einer solchen, von der herrschenden Meinung wohl als ›Froschperspektive‹ diskreditierten Sicht der Politik »von unten«: Für das »Weltwesen« mag es etwa in den antifranzösischen Kriegskampagnen um Bedeutendes, Großes gegangen sein, ihm aber fällt bei der Beobachtung des Kampfgeschehens »jener Bauer« ein, »den ich [...] im Bereich der Kanonen, hinter einem auf Rädern vor sich hingeschobenen Schanzkorbe seine Feldarbeit verrichten sah. Der einzelne beschränkte

Mensch gibt seine nächsten Zustände nicht auf, wie auch das große Ganze sich verhalten möge.« Auch lernt Goethe vom gesunden Menschenverstand seiner Mutter, der er – offensichtlich zumindest teilweise noch dem herrschenden Denken verpflichtet – eine einigermaßen abstrakt-politische Interpretation des Krieges gegen Frankreich (1792) vorgetragen hatte: »Wenn Mama auch nach meiner treuen Relation das Geschehene nicht begreifen kann, so gereicht es ihr zur Ehre, denn es beweist, daß sie ihre Vernunft nicht unter den historischen Glauben gefangen geben will.«

Mehr als 40 Jahre haben wir – im Kalten Krieg – unsere ›Vernunft unter den historischen Glauben gefangen gegeben‹, sind wir, Intellektuelle, Historiker, Experten der Internationalen Politik, journalistische Meinungsmacher den Behauptungen zweier konkurrierender politischer Klassen aufgesessen, daß es sich hier um einen welthistorischen Systemkonflikt, um einen Konflikt zwischen zwei Weltanschauungen, zwei großen Prinzipien, zwei Gesellschaftsformationen handle. Keiner (kaum einer) hat den sogenannten »Ost-West-Konflikt« seiner vermeintlichen historischen Würde entkleidet und ihn als das denunziert, als das er sich heute immer deutlicher herausstellt: als eine beispiellos überdimensionierte politische Pathologie, eine kollektive Krankheit der Abstraktionen, für die beide Seiten bereit waren – und das auch noch mit überwiegender Zustimmung der Betroffenen –, sich gegenseitig in die Luft zu sprengen und das Ende der Menschheit zu riskieren. Daß die Protagonisten an ihre eigene Lebenslüge glaubten, das mag ja noch hingehen, denn sie brauchen solche Rationalisierungen als ihr ›gutes Gewissen‹, als Rechtfertigung vor der Geschichte, in deren Bücher sie alle eingehen wollen. Aber daß sie dafür auch noch die historisch-intellektuellen Begründungen ›frei Haus‹ geliefert bekamen, daß niemand die nackten Kaiser beim Namen nannte als jeder historischen Würde und Größe bar konkurrierende Machtkarrieristen, das verweist auf eine allgemeine Verirrung und Verwirrung des Denkens und der Maßstäbe, die offensichtlich sehr tiefe Wurzeln hat. Um diese zu erkennen, müßten wir sehr weit ausholen, sehr prinzipiell begründen und Erklärungen jenseits der etablierten Konsens-Wahrheiten suchen. Goethe selbst hat dazu Hinweise gegeben – offensichtlich ohne sichtbaren Erfolg, denn seine Radikalität, die Radikalität seiner politischen Fragestellungen – und angedeuteten Antworten – ist bis heute so gut wie unerkannt geblieben und in der Goethe-Forschung, die ja nicht nur eine deutsche geistesgeschichtliche Aufgabe, sondern auch eine europäische Herausforderung ist, weitgehend unbeachtet geblieben. Es käme darauf an, das mit positivem Inhalt zu füllen, was er als kritischen Auftrag eines politischen Diskurses definiert: »Leider läßt sich kaum was Rechtes denken, / Das nicht grimmig den Staat, Götter und Sitten verletzt.« Diese Xenie, ernstgenommen, enthält ja doch nicht weniger als die Aufforderung zu einer ›Umwertung aller Werte‹, zur Verletzung der heiligsten öffentlichen Werte: Staat, Götter und Sitten.

Eine solche Umwertung des Politischen, der Politik, der Neusetzung der Prioritäten verantwortungsbewußten Handelns sollte, wenn wir Goethe folgen und von ihm lernen wollen, von der Natur aus konzipiert werden: Naturbeobachtung, Naturwissenschaft, die ›Naturbewußtheit‹ der menschlichen Existenz – biologisch und sozial – kurz: die organische Zusammengehörigkeit von Mensch und Natur macht die Basis, den »Rahmen«, modern-szientifisch gesprochen: die »Kontingenz« des Politischen aus. Mensch und Natur stehen nicht in einem kontradiktorisch-dialektischen, sondern in einem evolutionär-supplementären Verhältnis zueinander. Als höchste und komplexeste Erscheinungsform der Natur hat der Mensch als gesellschaftliches Wesen zugleich die volle Verantwortung für die ›Schöpfung‹, ist er ebenso ihr Wächter, Bewahrer und Kustode, wie er für sich selbst verantwortlich ist. Das, was heute unter dem Begriff der »Ökologie« geführt und als zusätzliches Politikfeld oder als technologische Aufgabe (»Umwelttechnologie«) den modernen Staatsfunktionen hinzugefügt wird, hat damit so gut wie nichts zu tun. Die Politik von der Natur her denken heißt vielmehr den Zusammenhang des pflanzlich-tierisch-menschlichen Kontinuums als eine nicht nur rhetorisch zu berufende, sondern lebendige und zu jedem Zeitpunkt empirisch überprüf- und erfahrbare Interdependenz zugrunde zu legen. Diese anzuerkennende gegenseitige Abhängigkeit zielt auf die Gewinnung von Freiheit, die herzustellen, wie Hannah Arendt es formulierte, die eigentliche Aufgabe der Politik ist.

Wie aber soll Freiheit von der Natur her gedacht werden, gilt doch deren eherne Gesetzmäßigkeit geradezu als das Gegenteil der menschlichen Freiheit? Ist nicht Gesellschaftlichkeit und die Schaffung von politischen Strukturen recht eigentlich durch die Emanzipation von der Natur, durch die Befreiung von der Unterwerfung unter ihre Zwänge – die der Nahrung, die wir uns selbst anbauen, die des Wetters, vor dem wir uns durch den Häuserbau schützen, die unserer körperlichen Verwundbarkeit, die wir durch Kleidung kompensieren – gekennzeichnet? »Macht die Erde euch untertan, und herrscht über die Fische im Meer und die Vögel des Himmels, über das Vieh und alle Tiere, die auf der Erde sich regen« (1. Mose 1,28) ist eine biblische Aufforderung. Aber wozu diese Unterwerfung inzwischen geführt hat, ist bekannt; die (scheinbar noch kontrollierbaren) ökologischen Katastrophen (Tschernobyl) sind nur ein Vorspiel dessen, was potentiell, bei ungebrochener Verlängerung dieser Fortschrittslinie, auf uns zukommen kann und wird. Aber unsere politisch – z. B. über das Bundesforschungsministerium und dessen Etat, oder über die Deutsche Forschungsgemeinschaft – gesteuerte Forschungsförderung setzt ungebrochen auf die Weiterführung einer Strategie, die wissenschaftsgeschichtlich seit der Renaissance ein herrschaftlich abgesichertes Monopol innehat. ›Die Natur auf die Folterbank zwingen, damit sie schreiend ihre Geheimnisse preisgibt‹ war das methodische Wissenschaftscredo von Roger Bacon

– und aus derart abgepreßten Geheimnissen entstand dann die moderne Technologie: ein Gewalt- und Unterwerfungsprodukt. Alternativen waren – und sind, jedenfalls was die Förderung durch öffentliche Mittel anbetrifft – da nicht zugelassen.

An der Tatsache, daß wissenschaftlich angeleitete Technologien alle Bereiche zwischenmenschlicher Beziehungen – von den intimsten über die gesellschaftlich-strukturellen bis hin zu den politischen – entscheidend prägen und zumindest ko-determinieren, zweifelt heute niemand mehr. Der Überwachungsstaat ist längst keine ferne Zukunftsvision von »1984« mehr, sondern bereits auf der Bühne der Geschichte erschienen. Von der Bedrohung der Freiheit durch Wissenschaft und Technik sprechen heute auch diejenigen, die sie in der Vergangenheit gefördert haben und weiterhin fördern werden, weil sie den einen großen Widerspruch nicht zu erkennen vermögen: Die Bedrohung der Freiheit (so gut wie die Zunahme von Gewalt in der Gesellschaft) rührt ursächlich her vom Herrschaftscharakter der Mensch-Natur-Beziehungen – über höchst komplexe, vielschichtige, meist schwer zu erkennende Vermittlungswege, zumal der Mensch offensichtlich sowohl Naturwesen ist, als er auch der Natur als »Mängelwesen« (A. Gehlen) gegenübersteht. Goethe hat versucht darauf aufmerksam zu machen in einem Monitum an die Wissenschaft: »Wenn der Naturforscher sein Recht einer freien Beschauung und Betrachtung behaupten will, so mache er sich zur Pflicht, die Rechte der Natur zu sichern; nur da wo sie frei ist, wird er frei sein, da, wo man sie mit Menschensatzungen bindet, wird auch er gefesselt werden.« Diese Fesselung, die Unfreiheit – und damit auch Unwahrheit – betrifft nicht nur Forschung und Wissenschaft, die zunehmend zusammenhanglose aber profitabel verwertbare Ergebnisse produzieren, sondern auch eine wegen ihrer Realitäts- oder Naturentfremdung pathologische Politik. Deren bisher furchterregendste Erscheinungsform war der Kalte Krieg. Mehr als vierzig Jahre lang arbeiteten Politik und Wissenschaft in Ost und West gemeinsam daran, nicht nur die militärtechnischen Voraussetzungen für die physische Zerstörung des Lebens auf diesem Globus zu schaffen, sondern auch noch die Entscheidungsfreiheit über deren Einsatz aufzuheben und diese dem Automatismus von computergesteuerten Systemen zu überantworten. Daß wir anscheinend da ›noch einmal davorgekommen‹ sind, ist kein Beweis für eine Umkehr; in anderen Formen werden unsere Fesseln ständig stärker und scheinen – rebus sic stantibus – nicht einmal der Phantasie zu erlauben, sich aus den Denkgefängnissen des Realismus zu befreien. ›Augen zu und nach uns die Sintflut‹ ist oder scheint die Parole unserer politischen und gesellschaftlichen Eliten zu sein, die sehr wohl wissen, daß die Politik des Wirtschaftswachstums und kapitalistischer Expansion ökologisch schon mittelfristig gar nicht durchzuhalten ist; die wissen, daß an eine auch nur annähernd mit den Wohlstandsinseln der heutigen Industrienationen vergleichbare Verbesserung des Lebensstandards der meisten Menschen in den »Entwicklungsländern« völlig ausgeschlossen ist, daß also der Immigrationsdruck gar nicht aufzuhalten sein wird – es sei denn, man kurierte das Übel an den Wurzeln.

Soziale und politische Phantasie sind nicht nur nicht gefragt auf dem karrieristisch besetzten Markt der beruflichen Politik, sie werden auch noch dort, wo sie sich in schüchternen Ansätzen bisweilen zeigen, von den Realisten ins sektiererische Abseits verwiesen und dort der Lächerlichkeit, bestenfalls dem arroganten Mitleid leicht mobilisierbarer Mehrheiten preisgegeben. Goethe war es mit seinen wissenschaftlichen Beiträgen ebenso wie mit seinem Engagement für Weimar nicht viel besser ergangen. Er hatte beispielsweise gemeint, man könne mit geduldiger Anschauung von der Natur die ungeheure Vielfalt von Formen und Methoden zur Erreichung bestimmter Zwecke studieren und davon lernen: Unser soziologisch-politisches Repertoire ist vergleichsweise arm an Gesellschaftsformationen und Politikformen, die die Geschichte hervorgebracht hat. Im unmittelbaren Anschluß an die oben zitierte Forderung an den Naturbeobachter heißt es: »Eines der größten Rechte und Befugnisse der Natur ist, dieselben Zwecke durch verschiedene Mittel erreichen zu können, dieselben Erscheinungen durch mancherlei Bezüge zu veranlassen.« Die politische Kreativität der Deutschen des 19. Jahrhunderts hatte nicht weiter als bis zur phantasielosen Schaffung jenes nationalen Einheitsstaates gereicht, der die kulturelle Vielfalt, die zugleich ein großes Potential an Weltbürgerlichkeit enthielt, langsam erstickte. Diversität auch in den politischen Formen statt der alles vereinheitlichenden und nivellierenden Großflächenstaaten: So vielgestaltig wie die Natur ihre Zwecke erreicht, ihre Freiheit in der Variationsbreite der Gesetzlichkeit findet, »nach ewigen beweglichen Gesetzen« verfährt, so vielfältige Gestalt dürfen, ja sollen auch Kultur, Gesellschaft und Politik annehmen und in ständiger Verwandlung fortentwickeln. –

Goethes Weimar hatte von seinen kulturellen Leistungen auf dem Gebiet der Künste, der Wissenschaft, der Bildungseinrichtungen gelebt und darin seine Identität gehabt. Nicht zuletzt war es ein friedliches politisches Gebilde – und wollte, um eben dieses Friedens willen, »zwei, drei, viele Weimars« um sich entstehen oder erhalten sehen. Dabei gewiß keines wie das andere: Die damalige konstitutionelle Spannweite des »Deutschen Reiches« reichte schließlich vom aufgeklärten Absolutismus über die Adelsrepublik bis zur bürgerlich regierten Freien Reichsstadt – die demokratischen Schweizer Kantone, die Goethe in politisch-pädagogischer Absicht seinem Herzog vorführte, nicht zu vergessen.[5] An scheinbar entlegener, fast versteckter Stelle reflektiert Goethe über die Tugenden des Schweizer Republikanismus, über den Bürger, dessen Freiheit in der tätigen Bindung an das mitverantwortete Gemeinwesen besteht. Ungeachtet späterer Zerwürfnisse schreibt er in »Dichtung und Wahrheit« über den besonders während der ersten weimarer Regierungstätigkeit hochgeschätzten Lavater in Zürich, er habe »niemand gekannt«, »der ununterbrochener handelte als er« und sich »mit allen seinen Kräften zur Tätigkeit, zur Wirksamkeit gedrängt« habe. »Unser inneres sittliches Wesen«, so resümiert Goethe grundsätzlich, ist »in äußeren Bedingungen verkörpert..., es sei nun, daß wir einer Familie, einem Stande, einer Gilde, einer Stadt oder einem Staate angehören«. Politisch-gesellschaftliche Verhältnisse formen den Charakter, wie umgekehrt der Charakter sich bildet in der Mitgestaltung eben dieser Verhältnisse – darin besteht das Geheimnis der politischen Freiheit, in eben dieser Einheit von Bindung und Selbstverwirklichung im gemeinsamen Tun mit anderen Bürgern; Lavater hatte das Glück gehabt, als Glied eines Gemeinwesens geboren zu sein, das »in der genauesten und bestimmtesten Beschränkung einer löblichen hergebrachten Freiheit genoß. Schon der republikanische Knabe gewöhnt sich über das öffentliche Wesen zu denken und mitzusprechen. In der ersten Blüte seiner Tage sieht sich der Jüngling, als Zunftgenosse, bald in dem Fall, seine Stimme zu geben und zu versagen. Will er gerecht und selbständig urteilen, so muß er sich von dem Wert seiner Mitbürger vor allen Dingen überzeugen, er muß sie kennenlernen, er muß sich nach ihren Kräften umtun, und so, indem er andere zu erforschen trachtet, immer in seinen Busen zurückkehren.« Wurde je die Tugend des demokratischen Bürgers, das ›Menschenbild‹ der Republik so schlicht und zugleich so psychologisch genau auf den Begriff gebracht?

Das Republikanische als das Leitmotiv Goethescher Politik unterscheidet sich von nahezu allen anderen Begründungen durch seine Verankerung in der Naturbeobachtung und der dort gefundenen Vielgestaltigkeit, die Freiheit und Gesetzmäßigkeit komplementär verstehen und erfahren läßt. So mündet das naturwissenschaftliche Lehrgedicht »Metamorphose der Tiere« in die politischen Schlußfolgerung und Erkenntnis:

Dieser schöne Begriff von Macht und Schranken, von
                                        Willkür
Und Gesetz, von Freiheit und Maß, von beweglicher
                                        Ordnung,
Vorzug und Mangel erfreue dich hoch; die heilige Muße
Bringt harmonisch ihn dir, mit sanftem Zwange
                                        belehrend.
Keinen höhern Begriff erringt der sittliche Denker,
Keinen der tätige Mann, der dichtende Künstler; der
                                        Herrscher,
Der verdient, es zu sein, erfreut nur durch ihn sich der
                                        Krone.

»Durch ihn« heißt: durch den aus der Natur gewonnenen
»schönen Begriff von Macht und Schranken, von Willkür
und Gesetz« – nur wer in Demut sich dieser kosmologischen
Zusammenhänge bewußt ist, kann und darf die schwere
Pflicht und Verantwortung des Regierens übernehmen; nur
wo wir uns vergewissert haben, daß die Aspiranten auf politische Ämter vor solchen Kriterien bestehen, können wir
ihnen das bedingte Vertrauen unserer Wahl-Stimme geben.
    Das sind keine »utopischen« Forderungen, sondern le-
diglich perspektivische Reflexionen zur Wiederbesinnung
auf ein Verständnis von Politik, das sich dem Zynismus der
Realpolitik verweigert und ein andere Wirklichkeit durch
Setzung anderer Prioritäten thematisiert. Goethe selbst verweigert sich ja selbst keineswegs der Macht als Ingredienz
des Politischen – aber was ihn die Natur gelehrt hat, ist
der »schöne Begriff« der Macht, der dann nicht im Widerspruch zum Begriff der Freiheit steht. – Unter den mir
bekannten Politikern der Gegenwart gibt es immerhin einen,
dem solche Überlegungen nicht völlig wirklichkeitsfremd
und esoterisch vorkämen, der auch über die Begründung
des Politischen in der Natur in kosmischen Zusammenhängen nachdenkt. Václav Havel sprach zum amerikanischen
»Fourth of July« 1994 in Philadelphia über die »Achtung vor
dem Wunder des Seins, dem Wunder des Universums, dem

Wunder der Natur, dem Wunder unserer eigenen Existenz« als Fundamente einer auf die Menschenrechte gestützten Politik. Und er erkannte in diesem Respekt vor der Natur auch das Fundament für Toleranz, für Anerkennung der Vielfalt, für gelebte Pluralität: »Nur wer sich der Autorität der universellen Ordnung und der Schöpfung unterwirft, wer das Existenzrecht als Bestandteil und Faktor dieser Ordnung bewertet, kann sich und seine Nachbarn wahrhaft schätzen und so auch ihre Rechte achten.«[6] Aus dem Munde eines Staatspräsidenten das zu hören, ist zumindest ermutigend – und vielleicht hören wir solches auch eines Tages aus dem Munde von Kanzlern und Ministern und es folgen diesen Worten auch die schwereren Taten.

Aber damit es dazu kommt, zu den Worten und Taten, bedarf es noch beträchtlicher eigener intellektueller Arbeit von Aufklärung und Selbstaufklärung, vor allem aber von Klärung. Ich meine und möchte dafür plädieren, daß mit Goethes Hilfe ein solcher perspektivischer Klärungsprozeß ganz bedeutend gefördert werden könnte.

Anhang:
Drei lexikalische Stichworte

Die folgenden Stücke wurden geschrieben für Band 4 des »Goethe-Handbuchs«, hg. v. Hans-Dietrich Dahnke und Regine Otto, Stuttgart 1998, und werden hier mit freundlicher Genehmigung des Verlags abgedruckt. © J. B. Metzlersche Verlagsbuchhandlung und Carl Ernst Poeschel Verlag GmbH Stuttgart/Weimar.
Die Sigle WA verweist auf die Weimarer Ausgabe.

Politik

Wenn wir unter Politik alles Handeln verstehen wollen, das die Gestaltung, Ordnung und dauerhafte Strukturierung gesellschaftlicher Verhältnisse und Tätigkeiten zum Ziel hat, dann war G. zweifellos auch ein Mann der Politik – in einigen Phasen seines Lebens mehr, in anderen weniger. Auch als er die »Weltrolle« (an Merck, 22.1.1776) nicht mehr so aktiv wie im ersten Weimarer Jahrzehnt spielte, blieb er dem Zeitgeschehen als kritisch teilnehmender Beobachter verbunden. Noch sein letztes von Eckermann aufgezeichnetes Gespräch dreht sich vor allem um Politisches. Nicht anders gibt der letzte Brief, gerichtet an den Freund, aber eben auch an den Politiker Wilhelm von Humboldt, der Sorge vor den verwirrenden und verwirrten politischen Weltzuständen Ausdruck, denen er den zweiten Teil seines *Faust* zu Lebzeiten nicht mehr aussetzen möchte. Die eigene Biographie sieht er eingeschrieben in die politischen Eckdaten der »größten Weltbegebenheiten« (Eckermann, 25.2.1824), nämlich des Siebenjährigen Krieges, des amerikanischen Unabhängigkeitskampfes, der Französischen Revolution, des Aufstiegs und Falls Napoleons. Weithin bekannt ist schließlich sein Bekenntnis, daß die »gränzenlose Bemühung«, die Französische Revolution, also *das* politische Ereignis der Epoche,

»in seinen Ursachen und Folgen dichterisch zu bewältigen«, sein »poetisches Vermögen fast unnützerweise aufgezehrt« habe (WA II, 11, S. 61). Die meisten Großen auf der politischen Bühne seiner Zeit bis hin zu Napoleon waren ihm persönlich bekannt – z. B. Metternich, Stein, Hardenberg, Zar Alexander –, nicht zuletzt viele hohe Offiziere, die zur politischen Klasse ihrer Zeit gehörten. Die Politik ist also aus Werk und Biographie überhaupt nicht wegzudenken.

Biographisch kommt der Knabe G. mit politischen Ereignissen bereits im Elternhaus in Berührung und nimmt diese – die heftigen Auseinandersetzungen über Friedrich II. und den Siebenjährigen Krieg (1756-63), aber auch das Ereignis der Kaiserkrönung Josephs II. (1764) – sehr bewußt und sensibel wahr, wovon in *Dichtung und Wahrheit* berichtet wird. Das juristische Praktikum am Reichskammergericht in Wetzlar 1772 macht ihn mit den politischen und rechtlichen Strukturen des Reiches vertraut und veranlaßt ihn zu vertiefendem Studium der Geschichte dieser Institution. Dann aber gibt Ende 1774 die Begegnung mit dem zukünftigen Herzog von Weimar, Carl August, seinem Leben eine neue Wendung. Vor dem Hintergrund des Eindrucks, den ihm das Beispiel des öffentlichen Wirkens von Justus Möser im Stadtstaat Osnabrück und dessen *Patriotische Phantasien* gerade gemacht haben, nimmt er 1775 die Einladung nach Weimar an. Wenig später schreibt er an Johanna Fahlmer (14.2.1776): »Wär's auch nur auf ein paar Jahre, ist doch immer besser als das untätige Leben zu Hause wo ich mit der grössten Lust nichts thun kann. Hier hab ich doch ein paar Herzogthümer vor mir.« Im folgenden Jahr (8.10.1777) heißt es im Tagebuch emphatisch: »*Regieren!!*«

Kurz nach seiner Übersiedlung war G. – nicht ohne Widerstände – zum Geheimen Legationsrat gemacht worden. Von nun an nahm er ein Jahrzehnt lang durchschnittlich sechs- bis siebenmal monatlich an den Sitzungen des Geheimen Conseils teil. Hier wurden von Carl August und seinen engsten Beratern die allgemeinen Richtungsentscheidungen getroffen, vor allem auf dem Gebiet des Steueraufkommens und der Staatsausgaben, aber auch – wenngleich in geringerem Umfang – auf dem der äußeren Politik. Darum ging es z. B. bei der gemeinsamen Reise mit Carl August nach Berlin und Potsdam 1778. Die Begegnung mit der Realität Preußens trug dazu bei, G.s Abneigung gegen den absolutistischen Staat zu vertiefen.

G. sah seine politische Aufgabe im Herzogtum Sachsen-Weimar, wie seine amtlichen Tätigkeiten belegen, in der Lösung praktischer Probleme von Handwerk, Landwirtschaft, Handel und Bergbau. Politik war für ihn vorrangig dienende Verwaltungstätigkeit, nicht aber repräsentierende Zurschaustellung von Herrschaft und machtbegründeten Privilegien im Sinne des vor allem von Versailles ausgehenden europäischen Politikmodells. Auch seine grundsätzliche Opposition gegen militärische Ambitionen, die er als Verführung der Fürsten zum Politikspiel auf der deutsch-europäischen Ebene ansah, ist orientiert an einem Horizont des Politischen, der sich prinzipiell von dem der Machtpolitik der Territorialstaats-Konkurenz unterschied, wie sie sich seit dem 17. Jahrhundert herausgebildet hatte. So übernahm er auch Anfang 1779 die Leitung der »Kriegskommission«, um Carl Augusts Soldatenspielerei entgegenzuwirken.

Nach seiner Rückkehr aus Italien ließ sich G. von den laufenden Regierungsgeschäften suspendieren. Gleichwohl behielt er einige Arbeitsbereiche wie z. B. das Straßenbauwesen bei und übernahm andere Aufgaben wie die Betreuung von Kanal- und Flußregulierungsprojekten sogar zusätzlich. Die Französische Revolution, die den Kampf um die Macht im Staate generell freisetzte und darüber hinaus dem Machtkampf zwischen den Staaten neue Dynamik verlieh, bestärkte ihn in seiner skeptischen Sicht auf die politischen Verhältnisse, nun auch in ihrer neuen Spielart. Im *Reineke Fuchs*, an dem er nicht zufällig während der Belagerung von Mainz arbeitete, erscheint der Fuchs geradezu als Verkörperung des skrupellosen, modernen politischen Aufsteigers.

Angesichts dieser Erfahrungen und Einsichten wurde Weimar für G. zu einer Art politischem Gegen-Entwurf. Jetzt konzentrierte sich seine Politik durchaus programmatisch auf die Kultur: das Bildungswesen, insbesondere die Universität Jena, die Museen und Sammlungen, das Theater. Bis zu seinem Tode behielt er, seit 1816 Staatsminister, die »Oberaufsicht über die unmittelbaren Anstalten für Wissenschaft und Kunst in Weimar und Jena«. Der europäische Ruhm, der sich mit dem Namen Weimar auch durch die kulturpolitische Tätigkeit G.s verknüpfte, trug 1806 zur Rettung des Herzogtums vor seiner Liquidierung durch Napoleon bei, nachdem sich der Herzog – entgegen G.s Rat – an der Seite Preußens am Krieg gegen Frankreich beteiligt hatte.

G. hatte seine politische Aufgabe schon frühzeitig nicht zuletzt darin gesehen, seinen Herzog zum verantwortlichen Umgang mit der Herrschaft zu erziehen und damit womöglich ein Beispiel für alle diejenigen zu geben, die aufgrund von Standesprivilegien und Machtpositionen Regierungsgeschäfte auszuüben hatten: »Herrschen lernt sich leicht, regieren schwer« (WA I, 42,2, S. 236). Daß er damit kurzfristig gescheitert war, wurde ihm sehr wohl klar – aber Ansätze zu einer politischen Ethik des Regierens als Orientierungsnorm hat er gleichwohl hinterlassen. Sie ergibt sich aus der politischen Dimension seiner Lebensmaxime der Entsagung: Nur wer die innere Kraft – und die äußere, nicht zuletzt ökonomische Unabhängigkeit – besitzt, den Versuchungen, die mit Machtprivilegien verbunden sind, zu widerstehen, hat die Qualifikation zur politischen Tätigkeit, zum Regieren. »Niemand als wer sich ganz verläugnet ist werth zu herrschen, und kan herrschen« (Tagebuch, 13.5.1780). Mehr noch: Politische Tätigkeit für das Gemeinwesen ist für G. vor allem dienende Tätigkeit, die sich die Erfüllung eigener Wünsche, vor allem aber die letztlich destruktive Befriedigung durch Machtausübung über Menschen, bewußt versagt, um durch die öffentliche Anerkennung wohltätigen Wirkens vor Mit- und Nachwelt um so reicher belohnt zu werden.

»Republiken hab' ich gesehen, und das ist die beste, / Die dem regierenden Theil Lasten, nicht Vortheil gewährt« (WA I, 1, S. 355). Darum geht es auch in dem politischen ›Schlüsselgedicht‹ *Ilmenau:* »Der kann sich manchen Wunsch gewähren, / Der kalt sich selbst und seinem Willen lebt; / Allein wer andre wohl zu leiten strebt, / Muß fähig sein, viel zu entbehren« (WA I, 2, S. 147).

Politisches in diesem grundsätzlichen Sinne findet sich nahezu überall in G.s Werken wieder – in den Dramen und autobiographischen Schriften, in Epigrammen und Maximen, in den Epen, aber auch in den Gesprächen. Wie eng jedoch in der Ausübung politischer Macht die proklamierte Behauptung selbstloser Tätigkeit zur Verbesserung der Lebensverhältnisse der Menschen und die tatsächlich angestrebte Befriedigung des persönlichen Machtstrebens miteinander verschränkt sind, wird am Schicksal Fausts, vor allem im letzten Akt von *Faust II* (Palast / Tiefe Nacht / Großer Vorhof des Palastes), unüberhörbar thematisiert – einschließlich der Problematisierung der Gewalt als Mittel der Politik: Das Beispiel von Philemon und Baucis zeigt, wie Gewalt zerstörerisch wirkt. Das war auch G.s historischpolitische Bilanz des fehlgeschlagenen napoleonischen Friedensprojekts für Europa, von dem er sich zunächst sehr viel versprochen und mit dem er sich sogar bis zu einem gewissen Grade identifiziert hatte. Es mußte zerbrechen, weil es mit den falschen – kriegerischen – Mitteln verwirklicht werden sollte, wie der Vorspruch zu *Des Epimenides Erwachen* betont.

Die politische Dimension in G.s Werk und Biographie ist noch immer ein Stiefkind der Diskussion, die Literatur zum Thema eher bescheiden. Von der weiteren Öffentlichkeit darf man behaupten, daß ihr die Rolle G.s als Politiker – als nicht nur nomineller, sondern aktiver Angehöriger der politischen Klasse seiner Zeit – so gut wie unbekannt geblieben ist. In den großen Werkausgaben fehlen die noch immer nicht vollständig edierten amtlichen Schriften fast völlig. Die noch ungeschriebene Geschichte der Bewertung G.s als Politiker – sie beginnt bereits mit der Kritik des Vaters, der Freunde und Zeitgenossen an seiner Entscheidung, politische Verantwortung im Herzogtum Weimar zu übernehmen – wäre eine deutsche Geistesgeschichte, die wie in einem Brennspiegel deren pathologische Politikverdrängung auf den Punkt brächte. Und dieser Punkt besteht darin, daß der politische G. – allen Versuchen zum Trotz – weder in den traditionellen Orientierungsschemata von »konservativ« und »progressiv« aufgeht, noch von »links« oder »rechts« her vereinnahmbar ist. Aber unpolitisch, worauf er überwiegend bequemlichkeitshalber reduziert wurde, war er mitnichten.

Staat

Der moderne Territorialstaat, der sich im europäischen 17. Jahrhundert zu konsolidieren begann, hatte sich zu G.s Lebzeiten noch nicht als ausschließliche Form politischer Herrschaft durchgesetzt. G.s Entscheidung, nach Weimar zu gehen, war auch eine politische Entscheidung gegen diesen modernen Staat; als er ihm auf seiner Berlin-Reise in der Form des friderizianischen Preußens begegnete, war er ihm eher unheimlich: ein großes »Uhrwerck«, das die Menschen zu »Puppen« macht (an Charlotte von Stein, 17.5.1778). Staat war für G. etwas anderes als die säkularisierte Herrschaftsordnung der Moderne; er hatte keinen Staatsbegriff, vielmehr die Vorstellung einer Pluralität von Staatsmöglichkeiten, die von der politischen Ordnung des Kleinstaates Sachsen-Weimar über das Staatenkonglomerat des Heiligen Römischen Reiches deutscher Nation bis hin zum Territorialstaat Frankreich reichten. Seine Gegnerschaft gegen den modernen Einheitsstaat gründete letztlich darin, daß diesem die kosmologische Legitimation, die Verankerung in einer göttlichen Weltordnung fehlte, die ihrerseits die

Voraussetzung für die wechselseitige Toleranz einer Formenvielfalt von politischen, von staatlichen Gemeinschaften ist. Auf solche Pluralität kleiner, überschaubarer Einheiten setzend, sah G. im politischen Weltbürgertum eine ernsthafte und wünschenswerte Alternative zum Nationalstaat und in den Kulturnationen organische Glieder der Menschheit, während die Staatsnation, in der sich das europäische 19. Jahrhundert erfüllte und die im 20. Jahrhundert zum universalen Vorbild gemacht wurde, aus dieser Perspektive eine fatale Fehlentwicklung darstellte.

Ausgehend von der Nichtidentität von Staat und Nation, d. h. von der Auffassung, daß vor allem große Nationen eine Vielfalt von Staaten ausbilden können und sollen – ähnlich der Vielfalt der griechischen Polis –, ergibt sich für G. der dienende Charakter des Staates: Er kann nicht Selbstzweck sein, und seine Erhaltung ist kein Wert an sich, er ist vielmehr Mittel zum Zweck vor allem der Bildung; Persönlichkeitsbildung und Volkserziehung waren für G. die höchsten sittlichen Staatsaufgaben. Daneben galt es selbstverständlich, die elementaren Verwaltungstätigkeiten zu sichern, um durch Schaffung der Rahmenbedingungen Handel, Gewerbe und Industrie zu befördern. Hier ging G. selbst mit gutem Beispiel voran und erwartete auch von Amtskollegen und Untergebenen Zuverlässigkeit und Selbstlosigkeit des Dienens am Ganzen – ganz zu schweigen vom regierenden Staatsmann, der sein Metier zu lernen und zu beherrschen habe. »Ich hasse alle Pfuscherei wie die Sünde, besonders aber die Pfuscherei in Staatsangelegenheiten, woraus für Tausende und Millionen nichts als Unheil hervorgeht« (Eckermann, Anfang März 1832).

Nach G.s Ansicht kann der Staat Bildungs- und Verwaltungsfunktionen indessen nur wahrnehmen, wenn seine Politik dem Gemeinwesen »Ordnung und Frieden« als »die Wesenselemente des staatlichen Zustandes« sichert, »der überhaupt erst die Voraussetzung für eine echte Persönlichkeitsbildung ist« (Badelt). Nur so ist zu begreifen, daß G. sich im Rückblick auf die Belagerung von Mainz (*Campagne in Frankreich*) bis zu der Aussage steigern konnte, »lieber eine Ungerechtigkeit begehen als Unordnung ertragen« zu wollen (WA I, 33, S. 315), daß er sich zu gegebenen Anlässen sehr deutlich gegen die Militär- und Kriegs- bzw. Bündnispolitik Carl Augusts aussprach, ebenso daß er zunächst in Napoleons Politik, dann in der Konstruktion der Heiligen Allianz das Streben nach überstaatlichen Friedensordnungen sah, unter denen die politische Vielfalt der Nationen gedeihen könnte und gleichzeitig großen, machthungrigen Staaten Zügel angelegt würden, wobei er nicht zuletzt aufgrund seiner eigenen Erfahrungen in Sachsen-Weimar Preußen im Blick hatte.

Litt der große Territorial- und spätere Nationalstaat als rational-bürokratisch organisierte »Anstalt«, wie ihn Max Weber zu Beginn des 20. Jahrhunderts definierte, in G.s Augen bereits daran, daß ihm gleichsam die kosmologische Legitimität fehlte, so kam als weiteres Negativmoment hinzu, daß seine Größe und Ausdehnung ihn unvermeidlich zu einer sinnlich nicht mehr wahrnehmbaren, ›entfremdeten‹ Wirklichkeit machten. Sinnliche Wahrnehmbarkeit und Erfahrung aber waren für G. zentrale Kategorien, nicht zuletzt im Wissenschaftlichen wie im Politischen: In Gemeinwesen, in denen die Regierenden und die Regierten nicht direkt und persönlich miteinander umgehen können, wird der Staat zur Abstraktion und der Bürger zum entpolitisierten oder demagogisch verführbaren Untertanen-Objekt der Herrschaft. Eben das war der Fall zumal dann, wenn, wie durch die Französische Revolution geschehen, die nach G.s Ansicht ordnungsnotwendigen Stände beseitigt waren. Demgegenüber erinnerte er in seiner Ansprache *Zu brüderlichem Andenken Wielands* daran: »Die deutsche Reichsverfassung, welche so viele kleine Staaten in sich begriff, ähnlichte darin der griechischen. Die geringste, unscheinbare, ja unsichtbare Stadt, weil sie ein eignes Interesse hatte, mußte solches in sich hegen, erhalten und gegen die Nachbarn verteidigen.

Daher war ihre Jugend frühzeitig aufgeweckt und aufgefordert über Staatsverhältnisse nachzudenken« (WA I, 36, S. 331). Ähnliches hatte schon Justus Möser, G.s politischer Mentor auf dem Wege nach Weimar, formuliert. Der Staat G.s ist die kleine, überschaubare politische Einheit, bestehend auf dem Besonderen, Partikularen, dem Recht auf politischen Eigensinn, dabei zugleich offen nach allen Seiten, Weltbürgertum als Tugend seiner Bürger pflegend, jeder Machtpolitik entsagend durch Abbau, ja Auflösung des eigenen Militärs, sich einfügend in eine überregionale, die ethnisch-kulturelle und politische Vielfalt konservierende Friedensordnung, von allen Bürgern im Rahmen ihrer beruflich oder sozial gegebenen Kompetenzen ein Maximum an Anteilnahme an den öffentlichen Angelegenheiten erwartend, wobei aber einige Grundwerte nicht zur Disposition von Mehrheitsentscheidungen stehen.

Krieg / Frieden

Unmittelbar mit dem Krieg in Berührung kam schon der knapp zehnjährige Knabe G. anläßlich der französischen Besetzung Frankfurts 1759 bis 1763, die für ihn allerdings eher eine Bereicherung darstellte, da sie ihn mit der französischen Kultur – Theater und Literatur – bekanntmachte. Später haben Kriege wiederholt und dann tiefer in sein Leben eingegriffen und sein Werk mitgeformt: Der 1. Koalitionskrieg 1792, an dem er auf Wunsch des Herzogs Carl August teilnahm und den er nicht nur revolutions-, sondern auch und vor allem kriegskritisch verarbeitete (*Campagne in Frankreich*). Sodann die Belagerung des republikanischen Mainz, bei der er wiederum als führender Politiker des Herzogtums anwesend sein mußte. Dabei entstanden die ersten *Betrachtungen über die Farben*, die er auch als eine Art Gegenprogramm zu dem zerstörerischen Wesen des Krieges verstand. Zugleich setzte G. die Arbeit am *Reineke Fuchs* fort, nicht nur als Mittel der Ablenkung von unleidlichen Verhältnissen, sondern auch als Zusammenfassung seiner alten und neuen politischen Erfahrungen in einer großen Parabel.

1806 geriet Sachsen-Weimar als Verbündeter Preußens in den Strudel der Schlacht bei Jena und Auerstädt. G. selbst blieb freilich von Plünderungen verschont. Die nationalen Befreiungskriege verfolgte er 1813 mit Skepsis, wenn nicht gar innerer Ablehnung, vor allem wegen der nationalistischen Töne, die sie publizistisch-literarisch und politisch begleiteten. Angesichts der militärischen Niederlage und Abdankung Napoleons mußte er auch seine Hoffnung auf eine europäische »Pax Napoleonica« begraben, die seinem Weimar und darüber hinaus den deutschen Städten, Staaten und Fürstentümern eine weltbürgerliche Kulturentwicklung in einer dauerhaften Friedensordnung hätte sichern sollen. Es war ein allerdings für G.s auf Frieden ausgerichtete Weltsicht symptomatisches Wunschdenken, wenn er 1812 von Napoleon erwartete: »Der alles wollen kann, will auch den Frieden« (WA I, 16, S. 329). Zwei Jahre später hatte er aus dem Sturz des Kaisers gelernt, daß Frieden nicht einfach politisch ›machbar‹ ist: »Den Frieden kann das Wollen nicht bereiten« (WA I, 16, S. 331), heißt es in *Des Epimenides Erwachen.*

So entschieden G. den Krieg ablehnte als »in Wahrheit eine Krankheit, wo die Säfte, die zur Gesundheit und Erhaltung dienen, nur verwendet werden, um ein Fremdes, der Natur Ungemäßes, zu nähren« (Gespräche II, S. 170), so vielgestaltig er ihn dichterisch »gewältigte« und so durchgängig negativ-zerstörerisch er ihn darstellte – autobiographisch in der *Campagne in Frankreich,* allegorisch-mythologisch in *Des Epimenides Erwachen* (Vs. 118-201) und in *Faust II* (Vs. 10323-10848) –, so wenig war der Frieden ihm nur Gegenpol des Krieges. Das war er auch, aber er war doch zugleich sehr viel mehr. Friede transzendiert letztlich die Welt des Politischen: Er ist sowohl individuell möglicher Zustand

geistig-seelischer Entsagung gegen der Welt der Leidenschaften (*Wanderers Nachtlied*) als auch die Perspektive der
Versöhnung der gesamten Schöpfung durch Überwindung
der lebensbedrohenden Gewalt als Werk des Menschen,
wenn er sich der allesbesiegenden Stärke der Gewaltlosigkeit, der Liebe, bewußt geworden ist. In der *Novelle* heißt
es: »Löwen sollen Lämmer werden / ... / Blankes Schwert
erstarrt im Hiebe« (WA I, 18, S. 343).

Anmerkungen

Warum Goethe?

1 Nicholas Boyle, *Goethe. Der Dichter in seiner Zeit*, Bd. I: 1749-1790 (a.d. Engl.), München 1995.

2 Hans Mayer, *Goethe – ein Versuch über den Erfolg*, Frankfurt/Main 1973.

3 Vgl. vor allem Wilhelm Bode (Hg.), *Goethe in vertraulichen Briefen seiner Zeitgenossen*, München 1982.

4 Georg Simmel, *Goethe*, Leipzig 1917, S. V u. 263f.

5 Vgl. z. B. das Kap. »Goethes Poesie des Abendmahls« bei Jochen Hörisch, *Brot und Wein*, Frankfurt/Main 1992.

6 Die epochale Formulierung stammt bekanntlich – wie der größte Teil der »Declaration of Independence« – von Thomas Jefferson. Zwischen den Biographien der beiden Männer, Goethe und Jefferson, lassen sich ganz erstaunliche Parallelen ausmachen, die ich demnächst systematisch hoffe ausarbeiten zu können.

7 Zum Begriff des »Staates« in diesem Kontext s. Anhang.

8 Eine umfangreiche Auswahl der »amtlichen Schriften« ist soeben innerhalb der Goethe-Ausgabe des Deutschen Klassiker Verlags erschienen.

9 Eine Ausnahme: Hans Tümmler, *Goethe als Staatsmann*, Göttingen 1976.

10 *Goethe Lesebuch*, Frankfurt/Main 1992 Nachwort.

11 Eine – leider im denunziatorischen Ansatz mißglückte – Darstellung bietet die materialreiche Arbeit von Friedrich Sengle, *Das Genie und sein Fürst. Die Geschichte der Lebensgemeinschaft Goethes mit dem Herzog Carl August*, Stuttgart und Weimar 1993.

12 *Wir Wilhelm von Gottes Gnaden. Die Lebenserinnerungen Kurfürst Wilhelms I. von Hessen 1743-1821*, Frankfurt/Main 1996.

13 Für das »Erste Weimarer Jahrzehnt« unverzichtbar als Quelle die »Briefe, Tagebücher und Gespräche« der »Frankfurter Ausgabe«, Bd. 2 (29), hg. v. Hartmut Reinhard.

14 Vgl. dazu Reiner Wild, *Überlegungen zu Goethes Konzept einer Weltliteratur*; in: Hans W. Panthel und Peter Rau (Hg.), *Bausteine zu einem transatlantischen Literaturverständnis*, Frankfurt/Main 1994, S. 3-11. – Desgl. Dorothea Hölscher-Lohmeyer, *Johann Wolfgang Goethe*, München 1991, S. 117f.

15 Typisch, wie zwei gescheite und gebildete Leute (Peter Bichsel und Günter Gaus) zum Thema »Goethe und die Politik« (im Rahmen einer Sendereihe zum 150. Todestag) nichts als dumme Platitüden reproduzieren

(»von Politik ist bei Goethe kaum eine Spur«. »Dieser Mann ist an Politik total nicht interessiert. Und doch wird behauptet, er sei Politiker gewesen.« U.s.w.). Harald Eggebrecht (Hg.), *Goethe. Ein Denkmal wird lebendig*, München 1982; S. 80-90. – Kaum besser ist das, was der sonst so kluge englische Historiker und Deutschland-Kenner Gordon Craig zum Thema »Goethe als Staatsmann« zu sagen hat bzw. nicht weiß: Gordon A. Craig, *Die Politik der Unpolitischen. Deutsche Schriftsteller und die Macht*, 1770-1871, München 1993.

16 Kungfutse, *Gespräche. Lun Yü*, übertragen und hg. v. Richard Wilhelm, München 1990, XIII, 13; S. 134.

17 So der Titel meiner »21. Vorlesung«, in: Ekkehart Krippendorff, *Schöpferische Unzufriedenheit. Ethische Politik von Sokrates bis Mozart*, Frankfurt/Main 1999.

Politik gegen den Zeitgeist

1 Wolfgang Rothe, *Der politische Goethe*. Vandenhoeck & Ruprecht, Göttingen 1998.

2 Zur kritischen Würdigung des Buches vgl. meine Rezension im Goethe-Jahrbuch 1999.

3 Briefe, Tagebücher und Gespräche vom 7. November 1775 bis 2. September 1786, Hg. Hartmut Reinhardt, Frankfurt/Main, »Frankfurter Ausgabe« 1997 (FA II 29).

4 Band 26 der »Frankfurter Ausgabe«, hg. v. Reinhard Kluge, 1998; Band 27, hg. v. Gerhard und Irmtraut Schmid, 1999. – Die Herausgeber sind die besten Kenner der amtlichen Schriften Goethes.

5 Dazu ausführlich Friedrich Sengle, *Das Genie und sein Fürst*, Stuttgart 1993.

6 Frankfurt/Main und Leipzig 1992.

7 Vgl. dazu meine Textsammlung zur wissenschaftlichen Methode: *Goethes Anschauen der Welt*, Frankfurt/Main: Insel Verlag 1994, hier S. 36.

8 Vgl. dazu mein *Staat und Krieg. Die historische Logik politischer Unvernunft*, Frankfurt/Main 1985.

9 Karl Jaspers, *Die maßgebenden Menschen*. München 1964; S. 194-199.

10 Vgl. dazu meinen kleinen polemischen Beitrag: *Die Sonne anbellen*, in: Griffel, 5/1997; S. 34-38.

11 Georg Simmel, *Goethe*, Leipzig 1917; S. 174f.

12 *Goethe. Ein Versuch über den Erfolg*, Frankfurt/Main 1973.

13 Rothe, a.a.O., S. 159.

14 Zit. in *Goethes Anschauen der Welt*, a.a.O., S. 42.

15 Vgl. dazu das entsprechende Kapitel in meinem Buch über politische Haltung: *Schöpferische Unzufriedenheit*, Frankfurt/Main 1999.

16 Große Berliner und Frankfurter Ausgabe, Stücke Bd. 10/2, S. 878 ff.
17 Am 11.11.40. – Arbeitsjournal Bd. 1: 1938-1942, Frankfurt/Main 1973;
   S. 197.
18 Vgl. den ausführlichen Kommentar dazu in der »Münchner Ausgabe«
   von Goethes Werken, Bd. 18. 1, S. 473 f. – Hier wird der Bogen zurück-
   gespannt zu den frühen Weimarer Jahren, in denen sich diese Einsichten
   gebildet und in der Praxis entwickelt hatten: Die früher zitierte Ilmenau-
   Rede hatte eben jenen Passus enthalten: »Es tue ein Jeder, auch der Geringste, dasjenige, was er in seinem Kreise … tun kann, und so wird es
   gewiß gut gehen.«

Die Stimme der Polis

1 »Wenn wir auf den großen Ruhm der vielen kleinen griechischen Republiken zurückgehen und nach der Ursache forschen, warum so manches Städtchen, was in der heutigen Welt nicht einmal genannt werden
   würde, so großes Aufsehen gemacht, so ist es diese, daß jedes sich seine
   eigene religiöse und politische Verfassung erschaffen und mit Hilfe derselben Kräfte zu einer außerordentlichen Größe gebracht habe … Dergleichen kleine Einrichtungen lassen sich im großen gar nicht machen.
   Sie sind bloß das glückliche Spiel kleiner Städte oder Koterien; und so
   sollte eine Landesobrigkeit diesen Geist zu erwecken und durch dienst-
   liche Begünstigungen oder Belohnungen zu befördern suchen. Vielleicht
   hätten wir dann auch unsere Solonen und Lykurgen … Wie angenehm
   würde es nicht für Reisende sein, auf jeder Station gleichsam eine besondere Art von Menschen zu sehen und in jedem Hafen ein neues Otahiti
   zu finden! Wie viele Philosophen würden nicht reisen, um das mannigfaltige Kunstwerk, den Menschen, zu sehen!« (Möser)
2 In seiner liebevollen Würdigung von Wielands politisch-pädagogischer
   Tätigkeit stellte Goethe 1813 den Bezug zwischen Weimar im Kontext
   reichsdeutscher staatlicher Pluralität und der Polis-Welt des klassischen
   Griechenlands her.
3 Herder übrigens ließ sich von Goethes Enthusiasmus nicht anstecken
   und bemerkte dazu später eher sauertöpfisch: »Eine der lächerlichsten
   Genieperioden war die bergmännische in Weimar, als die Bergwerke in
   Ilmenau wieder gangbar gemacht werden sollten. Da war der Mensch
   gar nichts, der Stein alles. Goethe fand in der Organisation des Granits
   die göttliche Dreieinigkeit, die nur durch ein Mysterium erklärt werden
   könne!«
4 Goethe hat, ohne großen Erfolg, dem Herzog seine Jagdleidenschaft aus-
   zutreiben versucht und sich an diesen Unternehmen bewußt kaum beteiligt: nicht nur weil die fürstlichen Jagden oft die Landwirtschaft schä-

digten, sondern auch weil Goethe das Jagen als spielerische Form des Kriegsführens erkannte, von dem er auch – wiederum vergebens – Carl August abzubringen hoffte.

5 Diese übernahm er nur, wie er später bekannte, um sie abzubauen, um einzusparen auf Kosten der nicht nur nutzlosen, sondern auch falschen außenpolitischen Ehrgeiz weckenden »militärischen Makkaronies«, die er von über 500 auf weniger als 150 reduzierte, die dann überwiegend für Boten-, Wach- und vereinzelte Polizeidienste Verwendung fanden; Goethe war der erste – und bisher einzige – Kriegs- oder, im heutigen Sprachgebrauch, Verteidigungsminister, der von sich aus eine radikale Abrüstung durchsetzte.

6 Das große Konfessionsgedicht endet mit den Versen über den Brocken:

> Du stehst mit unerforschtem Busen
> Geheimnisvoll-offenbar
> Über der erstaunten Welt
> Und schaust aus Wolken
> Auf ihre Reiche und Herrlichkeit,
> Die du aus den Adern deiner Brüder
> Neben dir wässerst.

Goethe erläuterte dazu später: »Hier ist auf den Bergbau gedeutet. Der unerforschte Busen des Hauptgipfels wird den Adern seiner Brüder entgegengesetzt. Die Metalladern sind gemeint, aus welchen die Reiche der Welt und ihre Herrlichkeit gewässert werden. Eine vorläufige Anschauung dieser wichtigen Geschäfts-Tätigkeit sich zu verschaffen, welches ihm auch gelang, veranlaßte zum Teil das seltsame Unternehmen, wovon das gegenwärtige Gedicht allerdings mysteriose, schwer zu deutende Spuren enthält.«

7 In Goethes Bibliothek findet sich ein 38strophiges Gedicht der »Reichspoetin« Sidonia Hedwig Zäunemann (1714-1740), das diese 22jährig nach einem Besuch des Ilmenauer Bergwerks (das zwei Jahre später, 1739, zusammenbrach) verfaßt hatte, und zwar für dasselbe ›Bergfest‹, dessen Datum die Goethesche Kommission fast ein halbes Jahrhundert später zur symbolträchtigen Neueröffnung bestimmte. Dort heißt es über die Frauen:

> Wozu hat uns die höchste Kraft
> Verstand und Mut ins Herz gegeben,
> [...]
> Als daß wir auch nach Wissenschaft
> Und edlen Werken streben?
> [...]
> Weswegen soll denn nicht ein Frauenbild auf Erden
> Durch Leder, Licht und Fahrt ein kühner Bergmann werden?

Literatur

Die Rede wird zitiert nach der Gesamtausgabe der Werke und Schriften in zweiundzwanzig Bänden, zweite Abteilung Schriften, zwanzigster Band, Schriften zur Geologie und Mineralogie, Schriften zur Meteorologie; J. G. Cotta'sche Buchhandlung Nachf., Stuttgart 1960. (Diese Ausgabe zeichnet sich u.a. dadurch aus, daß sie die Schriften zur Geologie, Mineralogie und Meteorologie ergänzt durch chronologisch angeordnete Äußerungen Goethes in Briefen, Gesprächen, Tagebüchern sowie durch jeweils einschlägige Stellen aus der poetischen Produktion.)

Nicholas Boyle, *Goethe I, 1749-1790*, München 1995.

Karl Otto Conrady, *Goethe. Leben und Werk*, Bd. 1, Frankfurt/Main 1982.

Max Geitel, *Entlegene Spuren Goethes. Goethes Beziehungen zu der Mathematik, Physik, Chemie und zu deren Anwendung in der Technik, zum technischen Unterricht und zum Patentwesen*, München und Berlin 1911.

Gert Ueding (Hg. und Nachwort), *Goethes Reden*, Frankfurt/Main und Leipzig 1994.

Ekkehart Krippendorff, *Wie die Großen mit den Menschen spielen. Goethes Politik*. Frankfurt/Main 1988.

Ekkehart Krippendorff (Hg.), *Goethes Anschauen der Welt. Schriften zur wissenschaftlichen Methode*, Frankfurt/Main und Leipzig 1994.

Julius Voigt, *Goethe und Ilmenau*, Leipzig 1912 (Reprint Leipzig 1990).

Otfried Wagenbreth, *Goethe und der Ilmenauer Bergbau*, Weinheim 1984.

Werktätiges Leben im Geiste Goethes. Eine Darstellung auf der Grundlage der Briefe und Tagebücher und unveröffentlichten Archiv-Materials. Mit einem Geleitwort von Hans Wahl; Weimar 1950.

Kriegsbericht

* Eine kürzere Fassung dieses Textes findet sich im größeren Zusammenhang als Kap. VII meines Buches über Goethes Politik: *Wie die Großen mit den Menschen spielen*, Frankfurt/Main 1988.

1 Dazu Krippendorff, Ekkehart, *Staat und Krieg. Die historische Logik politischer Unvernunft*, Frankfurt/Main 1988.

2 Inzwischen deuten sich da Korrekturen an einer eher konventionellen Lesart der beiden Texte an, z. B. bei Klaus-Detlef Müller, *Goethes »Campagne in Frankreich« – Innenansicht eines Krieges*, in: Goethe-Jahrbuch, Bd. 107 (1990), S. 115-126, oder bei Thomas P. Saine, *Goethes Roman »Campagne in Frankreich 1792«*; in: *Unser Commercium. Goethes und Schillers Literaturpolitik*, hg. v. Barner (Veröffentlichungen der Deutschen Schillergesellschaft, Bd. 42), Stuttgart 1984; S. 529-558. – Zusam-

menfassend der Beitrag im Goethe-Handbuch Bd. 3, Stuttgart/Weimar 1997; S. 369-385.

3 Der fakten- und zitatenfleißige Friedrich Sengle (*Das Genie und sein Fürst*, Stuttgart 1993) vermag, im Gegensatz zu mindestens einigen zeitgenössischen Lesern nur die glatte Oberfläche des Berichtes zu sehen und urteilt (mit typisch männlichem Vorurteil): »So wollten vor allem die Frauen, die wichtigsten Leserinnen der Zeit, die bereits legendär gewordene Vergangenheit der Revolution aufbereitet finden.« Die Schilderung als »Abenteuerurlaub« habe mit dem tatsächlichen Krieg nichts zu tun, der vielmehr als »Schauspiel« erlebt werde und solle »wohl Leserinnen imponieren, die den Krieg nicht kannten«. (S. 115 ff.)

4 Brief vom 18.6.1822; vgl. auch Joachim Müller, *Goethes »Campagne in Frankreich«. Epochenkritik, Umweltanalyse und Kontraststruktur,* Berlin 1974, S. 41.

5 Alle Zitate (Seitenangaben) nach Bd. 10 der »Hamburger Ausgabe« (HA).

6 Walter Benjamin, *Schriften* II, 2; Frankfurt/Main 1977, S. 727.

7 Damals hatte ihn wohl nicht zuletzt seine Mutter mit ihrem unverstellten gesunden Menschenverstand auf die höhere Torheit des ganzen Kriegstheaters hingewiesen. Ihr hatte er eine »Relation« über eines der von ihm miterlebten Gefechte geschickt und berichtet über deren Reaktion zustimmend dem Düsseldorfer Freund Jacobi: »Wenn Mama auch nach meiner treuen Relation das geschehene nicht begreifen kann, so gereicht es ihr zur Ehre, denn es beweist, daß sie ihre Vernunft nicht unter den historischen Glauben gefangen geben will.« (7. Juli 1793)

8 Über die vielfältigen Bekanntschaften mit Offizieren berichtet ausführlich (wenn auch mit offensichtlicher politischer Tendenz) Erich Weniger, *Goethe und die Generale,* Leipzig 1942.

9 Roethe, Gustav, *Goethes Campagne in Frankreich 1792,* Berlin 1919, S. 292 u. 298. – Roethe widmet diese in ihrer Zuverlässigkeit erstaunliche Studie dem Andenken derer, »denen das hohe Glück beschieden war, in ungetrübtem Glauben an ihr Volk vor Verdun, in den Argonnen, der Champagne und in Flandern den schönen Tod für König und Vaterland zu sterben«.

10 Vgl. Sengle, a.a.O., S. 129.

11 Horst Günther (Hg.), *Goethe. Erfahrung der Geschichte,* Frankfurt/Main 1982, S. 44.

12 Vgl. dazu Karl Richter, *Das »Regellose« und das »Gesetz«. Die Auseinandersetzung des Naturwissenschaftlers Goethe mit der Französischen Revolution,* in: Goethe-Jahrbuch, Bd. 107 (1990), S. 127-143.

13 Till Bastian, *Zivilcourage,* Hamburg 1996.

14 Zit. Weniger, a.a.O., S. 21.

15 Vgl. dazu Gisela Horn, *Goethes autobiographische Schriften »Campa-*

gne in Frankreich« und »Belagerung von Mainz«, in: Helmut Brandt und Manfred Bayer (Hg.), *Ansichten der deutschen Klassik*, Berlin und Weimar 1981, S. 233-249.

16 Eine kleine Nachbildung gehörte später zu seiner Sammlung; zu einem Bildband schrieb er 1829 einen erläuternden Text unter Bezugnahme auf die »*Campagne*«; in: Schriften zur Kunst, Bd. II, Artemis-Ausgabe, Bd. 34, S. 248 ff.

17 J. Müller, a.a.O., S. 30.

Reise in den Orient

1 Dort spricht der Engel Gabriel zu Mohammed: »Sag: Gottes ist der Orient und Gottes ist der Okzident, er leitet, wen er will, den wahren Pfad.« (Vgl. die ausführlich kommentierte Divan-Ausgabe von Hendrik Birus im Deutschen Klassiker Verlag, Frankfurt/Main 1994, hier S. 905 f. – Alle Gedichte und Zitate, soweit nicht anders vermerkt, sind aus dem *Divan* und den dazugehörigen »Noten und Abhandlungen«.

2 Ihr faszinierendes Buch *Goethe und die arabische Welt*, Frankfurt/Main 1988, darf wohl als erschöpfend zum Thema gelten und bietet die fruchtbarsten Einblicke sowohl in die Welt Goethes als auch in die des Orients.

3 In der Textsammlung *Goethes Anschauen der Welt*, Frankfurt/Main 1994, habe ich eine Auswahl von Schriften zur wissenschaftlichen Methode zusammengestellt, bei denen auch das Beobachten auf Reisen eine wichtige Rolle spielt. Dieses Zit. S. 23.

4 Ohne damals diese Aussage Goethes zu kennen, habe ich vor mehr als zehn Jahren in einer ausführlichen Untersuchung eben diesen Zusammenhang von staatlicher Herrschaft und Militär historisch und systematisch herauszuarbeiten versucht (*Staat und Krieg*, Frankfurt/Main 1985) – eine These mit enormen Implikationen, wenn man sie z. B. heute friedenspolitisch ernst nimmt.

5 Eine der stimulierendsten Untersuchungen zum besseren Verständnis der politischen Dimension von Goethes ›Orient-Reise‹ schrieb Ursula Wertheim, *Von Tasso zu Hafis*; Berlin und Weimar, 1983. Zum Thema der »Reise« u.a. S. 293 f.

Goethes Faust-Kritik

1 Z. B. – neben den »Erläuterungen« von Albrecht Schöne im Kommentarband der Frankfurter Ausgabe (FA) – bei Brunhild Neuland, *Faust, die drei Gewaltigen und die Lemuren*, in: Helmut Brandt und Manfred Bayer (Hg.), *Ansichten der deutschen Klassik*, Berlin und Weimar 1981,

S. 276-297. Leo Kreutzer, *Fiesling Faust und sein Ghostwriter Goethe,*
in: Welfengarten, Hannover 2/1992, S. 22-31. Heinz Hamm, *Goethes*
»Faust«, Berlin 1978. Dorothea Lohmeyer, *Faust und die Welt,* München
1975. Gerhard Scholz, *Faust-Gespräche,* Leipzig 1983. Victor Lange,
Faust. Der Tragödie zweiter Teil, in: Walter Hinderer (Hg.), *Goethes*
Dramen. Neue Interpretationen, Stuttgart 1980, S. 281-312. Eva Alexan-
der Meyer, *Politische Symbolik bei Goethe,* Heidelberg 1949. Wolfgang
Engel inszeniert Goethes Faust am Staatsschauspiel Dresden 1990; Zen-
trum für Theaterdokumentation und -information, Berlin 1991 (2 Bde.).
Theodor W. Adorno, *Zur Schlußszene des Faust,* in: Hans Mayer (Hg.),
Goethe im 20. Jahrhundert, Frankfurt/Main 1987, S. 330-337. – Katha-
rina Mommsen, *›Faust II‹ als politisches Vermächtnis des Staatsmannes*
Goethe, in: Jahrbuch des Freien Deutschen Hochstifts; Tübingen 1989,
S. 1-36. Wilhelm Emrich, *Die Symbolik von Faust II,* Königstein/Ts.
1981. Gert Mattenklott, Faust II, in: Goethe-Handbuch, Bd. 2; Stutt-
gart/Weimar 1997, S. 391-447. – Bei ganz und gar konträren Lesarten im
einzelnen haben sie alle das eine gemeinsam: die kritische, anti-heroisch
Faust und Mephisto als Einheit verstehende Textanalyse, vor der das
tradierte und noch immer populär reproduzierte »Faustische« mit all
seinen positiven Konnotationen und Assoziationen keinen Bestand hat.

2 In der Frankfurter Ausgabe, Deutscher Klassiker Verlag, Frankfurt/Main
1994.

3 Im Kontext einer solchen Lesart des Textes ist dann selbst der Hinweis
darauf, daß mit dem »freien Grund« nicht ein im emphatischen Sinne
freier Grund gemeint sein dürfte, sondern, wie es in der ersten Fassung
heißt, ein »wahrhaft eigner Grund und Boden«, d. h. einer, der nur Faust
allein gehört, sogar vergleichsweise irrelevant.

Von der Naturbeobachtung zur
Gesellschaftswissenschaft: Goethes Methoden

1 *Die Metamorphose der Pflanzen – Schicksal der Handschrift,* Hamburger
Ausgabe (HA) 13, S. 102.

2 Elena Nährlich-Slatewa, *Das groteske Leben und seine edle Einfas-*
sung. ›Das Römische Karneval‹ Goethes und das Karnevalskonzept von
Michail M. Bachtin, in: Goethe-Jahrbuch 106 (1989), S. 188.

3 HA 13, S. 107.

3a Eindrucksvolle Belege für Goethes Genauigkeit in der Beobachtung
des Alltagslebens ›des Volkes‹ aus Deutschland, Böhmen, Italien, Frankreich und der Schweiz stellte kürzlich zusammen (mit illustrierenden
Goethe-Zeichnungen) Egon Freitag, *Goethes Alltags-Entdeckungen,*
Leipzig 1994.

4 Alle Goethe-Zitate, die nicht im einzelnen belegt sind, wurden entnommen von mir herausgegebenen Band: *Goethes Anschauen der Welt. Schriften und Maximen zur wissenschaftlichen Methode*, Frankfurt/Main 1994. Das Nachwort – »Goethes wissenschaftliche Methode« – ist als eine komplementäre Ergänzung zu diesem Essay zu betrachten.

5 18. Januar 1827.

6 J. W. Goethe, *Naturwissenschaftliche Schriften*, hg. v. Rudolf Steiner (1887), Dornach 1982, Bd. 2, S. 315.

7 *Bedeutende Fördernis durch ein einziges geistreiches Wort*, HA 13, S. 37 ff.

8 6. April 1797. – Wilhelm und Caroline von Humboldt, *Ein Leben in Briefen*, Düsseldorf 1956, S. 76.

9 Für Goethe selbst war das – neben Raffael und Mozart – William Shakespeare, den er bescheiden genug als »göttlich« zu verehren wußte.

10 HA 13.

10a *Reise in die Schweiz 1779*, in: Artemis Gedenkausgabe Bd. 12, S. 92.

11 Zit. Franz Schnabel, *Das humanistische Bildungsgut im Wandel von Staat und Gesellschaft*, Bayerische Akademie der Wissenschaften, München 1956, S. 66 f.

12 20. Februar 1831.

13 Zit. Felix Höpfner, *Wissenschaft wider die Zeit. Goethes Farbenlehre aus rezeptionsgeschichtlicher Sicht*, Heidelberg 1990, S. 232.

14   Als ich einmal eine Spinne erschlagen,
        Dacht ich ob ich das wohl gesollt?
        Hat Gott ihr doch wie mir gewollt
        Einen Antheil an diesen Tagen!
        (*Westöstlicher Divan*, Buch der Sprüche)

15 Höpfner, a.a.O., S. 236.

16 Artemis Gedenkausgabe Bd. 17, S. 769.

17 *Vita Activa oder Vom tätigen Leben*, München 1981.

18 Die wissenschaftliche »Untergrund-Tradition«, in der Goethe stand, wurde – nicht zufällig! – von einem indischen Philosophen erstmals versucht herauszustellen: J.P.S. Uberoi, *The Other Mind of Europe. Goethe as a Scientist*, Delhi: Oxford University Press 1984.

19 Zit. Dorothea Kuhn, *Empirische und ideelle Wirklichkeit. Studien über Goethes Kritik des französischen Akademiestreites*, Graz/Wien/Köln 1967, S. 18. – Hier auch (u.a.) eine überaus konzise Übersicht über Goethes Entwicklung als Wissenschaftler.

20 Ilya Prigogine, Isabella Stengers, *Dialog mit der Natur. Neue Wege naturwissenschaftlichen Denkens*, München 1990, S. 12 f.

21 Ebd., S. 29. – Den Hinweis auf Prigogine und Stengers verdanke ich vor allem dem Aufsatz von Frank Schweitzer, *Natur zwischen Ästhetik und Selbstorganisationstheorie*, in: Joachim Wilke (Hg.) für das Kulturamt

der Landeshauptstadt Stuttgart, *Zum Naturbegriff der Gegenwart,* Bd. 2, Stuttgart 1993, S. 93-119.

22 Zit. Höpfner, a.a.O., S. 60.

Sich an Goethe politisch orientierend

1 Auch wenn Weber für diese Unterscheidung urheberlich ›verantwort-lich‹ ist: er hat – liest man die Stelle in *Politik als Beruf* genau – kei-nen Zweifel daran gelassen, daß auch jede Verantwortung auf einer sittli-chen, ethisch fundierten Gesinnung beruhen muß, die Unterscheidung also keineswegs eindeutig und kategorisch ist, wie sie zynisch – oder oberflächlich-apologetisch – von Politikern heute gern berufen wird.

2 Dazu ausführlich der zweite Beitrag »Die Stimme der Polis« in diesem Band.

3 Es ist eine durchaus offene Frage, ob ein anderer großer Kritiker tradi-tioneller Politik, Mahatma Gandhi, hätte er sich zur Wahl stellen müssen, jene Autorität für Indien erlangt hätte, die ihm durch die Selbstlosigkeit und ethische Strenge seiner Haltung zufiel: Seine Politik konnte – ver-mutlich glücklicherweise – nie auf dem Stimmenmarkt getestet werden. Vgl. dazu das einschlägige Kapitel in meinen Essays über politische Hal-tung: *Schöpferische Unzufriedenheit,* Frankfurt/Main 1999.

4 Friedrich Meinecke, *Die deutsche Katastrophe;* Wiesbaden 1947.

5 Vgl. dazu Wolfgang Binder, *Das Ungeheure und das Geordnete. Die Schweiz in Goethes Werk;* Zürich, Artemis 1979.

6 Die Rede ist abgedruckt in Václav Havel, *Moral in Zeiten der Globali-sierung;* Reinbek b. Hamburg 1998; S. 89-100.